中国数据要案

（第一辑）

姜启波 主编

法律出版社
LAW PRESS·CHINA
北京

图书在版编目(CIP)数据

中国数据要案. 第一辑 / 姜启波主编. -- 北京 :
法律出版社, 2023
ISBN 978-7-5197-7916-0

Ⅰ. ①中… Ⅱ. ①姜… Ⅲ. ①数据保护－科学技术管
理法规－研究－中国 Ⅳ. ①D922. 175

中国国家版本馆 CIP 数据核字(2023)第 082070 号

中国数据要案(第一辑)
ZHONGGUO SHUJU YAOAN(DI-YI JI)

姜启波 主编

策划编辑 朱 峰
责任编辑 苗 婕 李天一 金 姗
装帧设计 贾丹丹

出版发行 法律出版社
编辑统筹 辞书 · 融出版编辑部
责任校对 李慧艳
责任印制 吕亚莉
经　　销 新华书店

开本 710 毫米×1000 毫米 1/16
印张 19.75 **字数** 266 千
版本 2023 年 5 月第 1 版
印次 2023 年 5 月第 1 次印刷
印刷 天津嘉恒印务有限公司

地址:北京市丰台区莲花池西里 7 号(100073)
网址:www. lawpress. com. cn
投稿邮箱:info@ lawpress. com. cn
举报盗版邮箱:jbwq@ lawpress. com. cn
销售电话:010-83938349
客服电话:010-83938350
咨询电话:010-63939796

书号:ISBN 978-7-5197-7916-0
定价:116. 00 元

鸣　谢

（按姓氏笔画为序）

刘晓春　许　可　宋建立　张晓津

编委会成员

主　　编： 姜启波

副 主 编： 李玉萍　丁文严

执行编辑： 姚俊萍

编　　务： 韩笑冬

撰 稿 人：（按姓氏笔画为序）

丁文严　丁宇翔　王　迁　王栖鸾　田　芬　刘金瑞

刘晓春　刘蔚雯　许　可　孙铭溪　杜　颖　李苓珲

杨　洁　吴沈括　沙　丽　张　璇　张乃毓　张玲玲

张新宝　姚　瑶　姚俊萍　高　翡　高富平　郭　彤

黄伟峰　曹丽萍　韩圣超　谢甄珂　熊俊丽　潘才敏

序　言

当今世界已进入数字时代，数据成为经济发展和社会管理中最活跃的要素。大数据、云计算、人工智能等数字技术的迅猛发展已经并正在深刻改变着我们的生产和生活方式，并对数据权益的保护提出了新的挑战。进入新时代，以习近平同志为核心的党中央高度重视数据要素发展和数据产权保护。立法机关和学术领域都在加紧研究构建数据产权基础制度。人民法院处在数据司法保护的前沿，多年来审结了一大批涉及数据保护的案件，在促进数据资源利用和安全保护方面进行了诸多积极有益的探索。

为贯彻落实习近平法治思想，以应用法学研究服务司法审判，促进企业权益保护，服务数字经济高质量发展，传播数字法治中国经验，我们围绕“数据权益”这一核心议题，选编了 15 个与数据权益保护相关的典型案例进行分析、研究，旨在总结数据权益保护的裁判规则，揭示人民法院对数据权益保护的认识与实践过程，以期为当前数据权益保护的司法实践提供参考和指引，对数据权益保护制度的探索与完善有所助益。为确保所选案例经得起检验，我们邀请最高人民法院、最高人民检察院及相关司法部门的业务骨干、数据权益与个人信息保护方面的专家学者、数字经济前沿的企业代表对书稿进行了论证，以尽最大努力保证案例质量，挖掘案例价值。

关于数据权益保护的探索是一个不断清晰和发展的过程。尽管《个人信息保护法》《数据安全法》等法律已将数据与信息作出了区分，《民法典》第 127 条和第 111 条分别规定了数据和个人信息，但在此之前，个人信息，特别是以电子方式记录的个人信息作为数据权益的一部分进行探讨是符合当时认知，且是十分必要的。本书内容包括了个人信息保护的相关案例，这些案例在当时的历史背景下为涉数据法律、法规的制定与完善提供了很好的实践素材。本书收入这些案例既符合《民法典》等法律实施之前的实际，也揭示了我国对数据权益保护的探索历程。本书之谓“中国数据要案”，主要选取了数据领域被称为“第一案”的重要案例，是在综合考虑所甄选案例的影响力、关注度、代表性、典型性等因素后而得来的，其重要性是得到业界和社会普遍认可的。本书选取的“人脸识别”“大数据杀熟”“被遗忘权”等案例标签，主要源于案例的特殊性与值得探讨的问题，或者是引起社会广泛关注的讨论点，并不完全是法律概念或者司法裁判中对相关问题的回应。

法律具有天然的滞后性。本书为尽可能反映数据权益司法保护的探索过程，选取案例的时间跨度较大，既有《民法典》出台之前的案例，也有《民法典》实行后的相关案例，借此可以看到审判实践包括立法实践的演变过程。这意味着不能机械地认为当时的裁判如何处理，现在也应如何处理。《中国数据要案》（第一辑）所选取的数据领域被称为“第一案”的重要案例，作为“第一个吃螃蟹”的案例，“第一案”是个勇士，是个先锋，是个试验，可能会与之后的裁判、审理思路有些出入甚至不同，从这个意义上本书案例涉及的问题也许仍有研讨空间，但也无法湮没其作为先锋的意义与作用。本书案例无论是引起大家的进一步关注还是为后续的讨论奠定基础，都让我们觉得与有荣焉。

随着数字领域法治研究的不断加深，人们对数据权益的认识也会不断深入，期望通过对这些案例的研究和总结，可以进一步加深大家对数据权益保护和个人信息保护的认识，提高对数据保护与安全的关注，促进相关法律、法规的完善和执行力度的加强。相信随着数字经济的飞速发展和法律制度的完善，新的司法要案还会不断产生，对此，我们将持续关注。

谨以此书，以飨读者。

姜启波

2023 年 5 月 12 日

目 录

一、朱某诉北京百度网讯科技有限公司隐私权纠纷案

——COOKIE 隐私第一案

编者按

cookie技术是一项基础的互联网技术工具，主要用于服务器与浏览器之间的信息交互，可以支持服务器端在浏览器端存储和检索信息。本案即因为百度网讯公司使用cookie技术收集用户信息引起的隐私权纠纷。本案裁判时个人信息只能按照隐私保护的规范加以保护，依照当时《全国人民代表大会常务委员会关于加强网络信息保护的决定》的规定，“国家保护能够识别公民个人身份的电子信息”，cookie信息难以纳入个人信息范畴。本案裁判后，《民法典》《个人信息保护法》关于个人信息的概念不断完善，新法定义为将cookie信息纳入个人信息保护提供了制度空间。本案的裁判及后续立法反映了我国关于个人信息保护制度不断完善的过程。

关键词

隐私权　个人隐私　网络服务提供者责任

【裁判要旨】

国家保护能够识别公民个人身份和涉及公民个人隐私的电子信息。网络精准广告中使用 cookie 技术收集、利用的匿名网络偏好信息不能与网络用户个人身份对应识别，网络服务提供者和社会公众无法确定该偏好信息的归属主体，因而该行为不构成侵犯隐私权。

【案件索引】

一审：江苏省南京市鼓楼区人民法院（2013）鼓民初字第 3031 号

二审：江苏省南京市中级人民法院（2014）宁民终字第 5028 号

【基本案情】

原告（被上诉人）朱某诉称：其在家中和单位上网浏览相关网站过程中发现，利用百度搜索引擎搜索“减肥”“丰胸”“人工流产”等关键词，并浏览相关内容后，在 www. 4846. com、www. paolove. com、www. 500kan. com 等一些网站上就会相应地出现“减肥”“丰胸”“人工流产”的广告。北京百度网讯科技有限公司（以下简称百度网讯公司）未经朱某的知情和选择，利用网络技术记录和跟踪朱某所搜索的关键词，将朱某的兴趣爱好、生活学习工作特点等显露在相关网站上，并利用记录的关键词，对朱某浏览的网页进行广告投放，侵害了朱某的隐私权，使朱某感到恐惧，精神高度紧张，影响其正常的工作和生活。故诉至法院，请求判令百度网讯公司立即停止侵害，赔偿精神损害抚慰金 10,000 元、公证费 1000 元。

被告（上诉人）百度网讯公司辩称：cookie 技术是一项合法的、基础的、中立的工具，在全球范围内被谷歌、雅虎、亚马逊等网络服务商普遍采用。百度网讯公司收集的 cookie 并不包含任何个人身份识别信息，无法识别特定网民在现实世界的个人信息，更无法与特定的人身相联系。百度网讯公司在合作网站上展示推广的内容仅是个性化展现在朱某控制的电脑中，并未公开、宣扬朱某隐私为公众所知悉，不涉及隐私侵权。百度网讯公司网站首页“使用百度前必读”的“隐私权保护声明”中已经明确告知用户，使用cookie技术是为用户提供服务，保障了用户的知情权。而且网站也提供了选择退出机制，朱某可以通过关闭设置，非常轻松且没有任何成本地阻止推广结果的展现。同时，朱某也可以通过浏览器对cookie进行设置，包括禁用cookie或清除cookie。综上，百度网讯公司并未侵犯朱某的隐私权，请求驳回朱某的诉讼请求。

法院经审理查明：朱某在家中和单位上网浏览相关网站过程中发现，其利用“百度”搜索引擎搜索相关关键词后，在百度网络联盟的特定的网站上会出现与关键词相关的广告。例如，朱某在通过“百度”网站搜索“减肥”“人工流产”“隆胸”关键词后，再进入“4816”网站、“500看影视”“泡爱网”等网站时，网页上就会分别出现有关“减肥”“流产”“隆胸”的广告。2013年4月17日，朱某通过南京市钟山公证处对上述过程进行了公证并支付了1000元公证费。

百度网讯公司个性化推荐服务的技术原理是：当网络用户利用浏览器访问百度网站时，百度网站服务器就会自动发送一个cookie信息存储于网络用户浏览器。建立cookie联系后，百度网站服务器端对浏览器浏览的网页内容通过技术分析后，推算出浏览器一方可能的个性需求，再基于此种预测向浏览器的不特定使用人提供个性化推荐服务。cookie技术主要用于服务器与浏览器之间的信息交互，使用cookie技术可以支持服务器端在浏览器端存储和检索信息。当浏览器访问服务器时，服务器在向浏览器返回HTFP对象的同时发送一条状态信息保存到浏览器，这个状态信息被称为cookie信息，主要说明哪些范围的URL（链接）是有效的。此后，浏览器再向服务器发送请求时，都会将cookie信息一并发送给服务器；服务器据此可以识别独立的浏览器，以维护服务器与浏览器之间处于会话中的状态，如判定该浏览器是否已经登录过网站，是否在下一次登录网站时保留用户信息以简化登录手续等。当网络用户电脑中有多个不同内核浏览器时，就会被服务器识别为多个独立访客；当多个网络用户在同一电脑上使用同一个浏览器时，则会被识别为一个独立访客。

百度网讯公司在百度网站（www. baidu. com）首页设置了“使用百度前必读”的链接，该链接位于页面的最下方，并用下划线的方式进行了标注；但字体较小且呈灰色，夹在“◎2014Baidu”与“京 ICP 证 030173 号”中间。点击进入“使用百度前必读”，页面的右侧有“隐私权保护声明”的链接。点击进入，该声明共 6 条，第 2 条第 3 款告知用户百度网讯公司使用了 cookie 技术，cookie 主要功能是“便于您使用网站产品和/或服务，以及帮助网站统计独立访客数量等。运用 cookie 技术，百度能够为您提供更加周到的个性化服务，并允许您设定您特定的服务选项。当您使用服务时，会向您的设备发送 cookie。当您与我们提供给合作伙伴的服务（如广告和/或推广服务，以及可能显示在其他网站上的由百度提供的服务功能）进行交互时，我们允许位于百度域的 cookie 或者其他匿名标识符发送给百度的 web 服务器。您可以选择拒绝 cookie。您可以通过修改浏览器设置的方式拒绝 cookie。如果您选择拒绝 cookie，则您可能无法登录或使用依赖于 cookie 的百度服务或功能。如果您不希望在您访问百度联盟网站时，百度基于 cookie 向您推送个性化的信息，可以通过个性化配置限制百度对 cookie 的使用”。同时，百度网讯公司在上述“个性化配置”字样下插入了超链接。点击此超链接进入“个性化配置工具设置”页面，页面内容是“为了在您访问百度联盟网站时，向您推送与您更相关或您更感兴趣的推广信息，百度联盟网站通过 cookie 记录您的偏好信息（不涉及任何指向您个人的信息）；如果您不希望百度联盟网站利用记录到的偏好信息向您推送推广信息，可以通过下方按钮选择停用，停用后百度的联盟网站将不会再根据您的偏好信息向您推广信息。网盟隐私保护设置只适用于您当前使用的计算机上的当前浏览器，当您删除当前浏览器的 cookie 后，系统会自动重置您浏览器的隐私保护设置”。在上述文字下方，百度网讯公司提供了“选择停用”按钮。

百度网讯公司与联盟合作网站签订的百度联盟会员注册协议载明，百度网讯公司系租用联盟合作网站的网页位置提供个性化推荐服务，并不向联盟合作网站出售 cookie 信息、检索关键词记录以及浏览网页记录等数据信息。百度网站只是向联盟合作网站提供一个特定的代码，联盟合作网站将这个代码投放到自己的网页中，通过代码引导的有效显示、点击以及由百度服务播放而产生的效果数据将被记录下来作为百度网讯公司与联盟合作网站结算的依据。

【裁判结果】

江苏省南京市鼓楼区人民法院于 2014 年 10 月 13 日作出（2013）鼓民初字第 3031 号民事判决："一、北京百度网讯科技有限公司于判决生效之日起 10 日内向朱某赔礼道歉（如北京百度网讯科技有限公司未按判决进行赔礼道歉，法院将通过相关媒体公告判决书的内容，由此产生的费用由北京百度网讯科技有限公司承担）；二、北京百度网讯科技有限公司于判决生效之日起 10 日内赔偿朱某公证费损失 1000 元；三、驳回朱某的其他诉讼请求。"宣判后，百度网讯公司提出上诉，江苏省南京市中级人民法院于 2015 年 5 月 6 日作出（2014）宁民终字第 5028 号民事判决："一、撤销江苏省南京市鼓楼区人民法院（2013）鼓民初字第 3031 号民事判决；二、驳回朱某的全部诉讼请求。"

法院生效裁判认为：个人隐私属于受法律保护的民事权益，《侵权责任法》第 36 条第 1 款规定，网络用户、网络服务提供者利用网络侵害他人民事权益的，应当承担侵权责任。《最高人民法院关于审理利用信息网络侵害人身权益民事纠纷案件适用法律若干问题的规定》（以下简称《规定》）第 12 条第 1 款规定，网络用户或者网络服务提供者利用网络公开自然人基因信息、病历资料、健康检查资料、犯罪记录、家庭住址、私人活动等个人隐私和其他个人信息，造成他人损害，被侵权人请求其承担侵权责任的，人民法院应予支持。本案中，判断百度网讯公司是否侵犯隐私权，应严格遵循网络侵权责任的构成要件，正确把握互联网技术的特征，妥善处理好民事权益保护与信息自由利用之间的关系，既规范互联网秩序，又保障互联网发展。

首先，百度网讯公司在提供个性化推荐服务中运用网络技术收集、利用的是未能与网络用户个人身份对应识别的数据信息，该数据信息的匿名化特征不符合“个人信息”的可识别性要求。根据工业和信息化部《电信和互联网用户个人信息保护规定》对个人信息的界定，个人信息是指电信业务经营者和互联网信息服务提供者在提供服务的过程中收集的用户姓名、出生日期、身份证件号码、住址、电话号码、账号和密码等能够单独或者与其他信息结合识别用户的信息以及用户使用服务的时间、地点等信息。网络用户通过使用搜索引擎形成的检索关键词记录，虽然反映了网络用户的网络活动轨迹及上网偏好，具有隐私属性，但这种网络活动轨迹及上网偏好一旦与网络用户身份相分离，便无法确定具体的信息归属主体，不再属于个人信息范畴。经查，百度网讯公司个性化推荐服务收集和推送信息的终端是浏览器，没有定向识别使用该浏览器的网络用户身份。虽然朱某因长期固定使用同一浏览器，感觉自己的网络活动轨迹和上网偏好被百度网讯公司收集、利用，但事实上，百度网讯公司在提供个性化推荐服务中没有且无必要将搜索关键词记录和朱某的个人身份信息联系起来。因此，一审法院认定百度网讯公司收集和利用朱某的个人隐私进行商业活动侵犯朱某隐私权，与事实不符。

其次，百度网讯公司利用网络技术向朱某使用的浏览器提供个性化推荐服务不属于《规定》第 12 条规定的侵权行为。《规定》第 12 条强调的“利用网络公开个人隐私和个人信息的行为”和“造成损害”是利用信息网络侵害个人隐私和个人信息的侵权构成要件。本案中，百度网讯公司利用网络技术通过百度联盟合作网站提供个性化推荐服务，其检索关键词海量数据库以及大数据算法均在计算机系统内部操作，并未直接将百度网讯公司因提供搜索引擎服务而产生的海量数据库和 cookie 信息向第三方或公众展示，没有任何的公开行为，不符合《规定》第 12 条规定的利用网络公开个人信息、侵害个人隐私的行为特征。同时，朱某也没有提供证据证明百度网讯公司的个性化推荐服务对其造成了事实上的实质性损害。朱某虽然在诉讼中强调自己因百度网讯公司的个性化推荐服务感到恐惧，精神高度紧张，但这仅是朱某个人的主观感受，法院不能也不应仅凭朱某的主观感受就认定百度网讯公司的个性化推荐服务对朱某造成事实上的实质性损害。个性化推荐服务客观上存在帮助网络用户过滤海量信息的便捷功能，网络用户在免费享受该服务便利性的同时，亦应对个性化推荐服务的不便性持有一定的宽容度。本案中，百度网讯公司的个性化推荐服务的展示位置在百度联盟合作网站的网页，只有在网络用户控制的浏览器主动登录百度联盟合作网站时才会触发个性化推荐服务，并非由百度网讯公司或合作网站直接向网络用户的私有领域主动推送个性化推荐服务。即便没有开展个性化推荐，百度联盟合作网站也会在其网页上进行一般化推荐。百度网讯公司的个性化推荐利用大数据分析提高了推荐服务的精准性，只发生在服务器与特定浏览器之间，没有对外公开宣扬特定网络用户的网络活动轨迹及上网偏好，也没有强制网络用户必须接受个性化推荐服务，而是提供了相应的退出机制，没有对网络用户的生活安宁造成实质性损害。

最后，百度网讯公司利用网络技术对朱某提供个性化推荐服务并未侵犯网络用户的选择权和知情权。百度网讯公司在“使用百度前必读”中已经明确告知网络用户可以使用包括禁用 cookie、清除 cookie 或者提供禁用按钮等方式阻止个性化推荐内容的展现，尊重了网络用户的选择权。至于一审法院认为百度网讯公司没有尽到显著提醒说明义务的问题，二审法院认为，cookie 技术是当前互联网领域普遍采用的一种信息技术，基于此而产生的个性化推荐服务仅涉及匿名信息的收集、利用；且使用方式仅为将该匿名信息作为触发相关个性化推荐信息的算法之一，网络服务提供者对个性化推荐服务依法明示告知即可，网络用户亦应当努力掌握所需网络服务的知识和使用技能，提高自我适应能力。经查，百度网讯公司将“使用百度前必读”的链接设置于首页下方，与互联网行业通行的设计位置相符。链接字体虽小于处于首页中心位置的搜索栏字体，但该首页的整体设计风格为简约型，并无过多的图片和文字，网络用户施以普通注意义务足以发现该链接。在“使用百度前必读”中，百度网讯公司已经明确说明cookie技术和使用cookie技术的可能性后果，以及通过提供禁用按钮向用户提供选择退出机制。朱某在百度网讯公司已经明确告知上述事项后，仍然使用百度搜索引擎服务，应视为对百度网讯公司采用默认“选择同意”方式的认可。《信息安全技术　公共及商用服务信息系统个人信息保护指南》（GB/Z 28828—2012）第5.2.3条规定：“处理个人信息前要征得个人信息主体的同意，包括默许同意或明示同意。收集个人一般信息时，可认为个人信息主体默许同意，如果个人信息主体明确反对，要停止收集或删除个人信息；收集个人敏感信息时，要得到个人信息主体的明示同意。”参考该国家标准化指导性技术文件精神，将个人信息区分为个人敏感信息和非个人敏感信息的一般个人信息而允许采用不同的知情同意模式，旨在保护个人人格尊严与促进技术创新之间寻求最大公约数。举重以明轻，百度网讯公司在对匿名信息进行收集、利用时采取明示告知和默示同意相结合的方式亦不违反国家对信息行业个人信息保护的公共政策导向，未侵犯网络用户的选择权和知情权。

综上，百度网讯公司的个性化推荐行为不构成侵犯朱某的隐私权。一审判决认定事实基本清楚，但判定百度网讯公司承担侵犯朱某隐私权的法律责任不当，依法应予改判。

【案例注解】

在互联网与大数据的信息时代，一方面，每个人既是信息的生产者，也是信息的消费者，个人的任何行为都会留下“数据痕迹”。将数据挖掘、整合和分析技术应用于数据痕迹，聚合的数据痕迹有可能带来的隐私暴露问题，对信息时代的个人隐私和个人信息保护均提出了诸多挑战。另一方面，数据已经是信息时代直接的财富和社会资源，借助数据技术的应用，可以发现新的知识，创造新的价值，公私领域对于数据利用的需求也比任何一个时代更为迫切。这种信息保护与利用的价值冲突在网络精准广告的实践中就表现得尤其突出。最高人民法院2014年8月21日颁布的《规定》第12条对利用网络公开他人个人信息行为的侵权责任认定加以规定，但是该条款并未涵盖信息数据的收集、利用等行为类型。本案中，百度网讯公司的网络精准广告投放行为是否侵犯网络用户隐私权在理论和实践中存有较大争议，本案判决是在大数据信息化时代厘清隐私权保护边界与信息利用的一次探索和尝试，有利于促进社会各界深入研究我国《个人信息保护法》的规制思路和大数据时代隐私权保护的模式转型。判决作出后，《财经》杂志、《人民法院报》等媒体均进行了相关报道。

一、cookie技术与网络精准广告投放的运行原理

朱某上网时用搜索引擎查找某个关键词，之后其浏览网页时页面会自动跳出相关产品的推荐信息。这一网络推荐行为蕴含了大数据技术支撑的现代网络商业经营模式，体现了大数据应用的最新成果。互联网业界将上述行为称为“网络精准广告”或者“网络定向广告”，指的是网络公司通过对用户网络行为的数据分析，推算出用户目前或潜在的消费趋势，并以此作为投放广告类型依据做出的特殊网络广告。中国广告协会互动网络分会2014年制定实施的《中国互联网定向广告用户信息保护行业框架标准》中对网络（互联网）定向广告的定义为：“通过收集一段时间内特定计算机或移动设备在互联网上的相关行为信息，例如浏览网页、使用在线服务或应用等，预测用户的偏好或兴趣，再基于此种预测，通过互联网对特定计算机或移动设备投放广告的行为。”网络精准广告投放依赖服务器与浏览器之间信息交互的cookie技术，当网络用户利用浏览器访问服务器时，服务器就会自动发送一个cookie信息存储于网络用户浏览器。建立cookie联系后，服务器端对浏览器浏览的网页内容等通过技术分析后，推算出浏览器一方可能的个性需求，再基于此种预测向浏览器的不特定使用人提供个性化推荐服务。

虽然朱某因长期固定使用同一浏览器，感觉自己的网络活动轨迹和上网偏好被百度网讯公司收集利用，但百度网讯公司的网络精准广告投放行为是否侵犯朱某的隐私权，不能仅以此表面联系径行认定，还应当查明“冰山一角”之下的技术原理，才能为判断是否侵权提供坚实的事实基础。通过二审对技术事实的查明，可以明确以下要点：(1) 百度网讯公司收集的 cookie 信息主要是识别浏览器，识别浏览器后需要与搜索服务中保存的检索日志等其他信息结合才能分析出偏好；(2) cookie 信息锁定的是浏览器，不能定位网络用户；(3) 百度网讯公司系租用联盟合作网站的网页位置提供个性化推荐服务，并不向联盟合作网站出售 cookie 信息、检索关键词记录以及浏览网页记录等数据信息。另外，通过对网络精准广告运作原理的研究，网络精准广告的核心在于对消费人群的特征作出判断，通过数据挖掘技术对内容接触痕迹、消费行为数据、受众网络关系等数据加以分析，完成对于具备一定共性人群的“聚类”(贴标签)，从而实现对目标人群按照一定特征的重新识别与聚合。因此，网络精准广告数据应用的实质是针对“人群”，而不是“特定”用户的个人信息，其通过对不特定用户网络行为的数据分析结果，预测特定精准营销的内容。

二、个人隐私与个人信息的交错

个人隐私一般又称私人生活秘密，是指私人生活安宁不受他人非法干扰，私人信息保密不受他人非法收集、刺探和公开。理论界对隐私主要有私密说、自主决策说、私生活安宁说等不同观点。其中，私密说不能涵盖隐私空间；私生活说又很难涵盖隐私信息；自主决策说的隐私范围又过于宽泛，将所有可以由个人自主决定的事项如姓名、肖像等均纳入“隐私”的范围，明显与传统民法理论关于具体人格权划分体系不相符合。《民法典》第 1032 条第 2 款对隐私进行了定义：“隐私是自然人的私人生活安宁和不愿为他人知晓的私密空间、私密活动、私密信息。”根据该规定，隐私包括四个部分内容：私人生活安宁、私密空间、私密活动、私密信息。因此，《民法典》第 1032 条第 2 款在对隐私进行定义时，将不愿为他人知悉的、能够确定为个人私密信息定义为“隐私”，而个人私密信息本身作为个人信息的组成部分，又与个人信息形成交叉和重叠。

个人隐私与个人信息存在相当程度的重合，主要原因在于：首先，两者都属于人格权益的范畴，客观上两者客体本身具有重合性，外延上存在交叉性，隐私信息与个人信息可能存在高度重合。例如，个人的银行账户、房屋家庭住址、身体私密信息、健康信息等既是私密信息，也是个人的隐私，这些信息都有可能受到隐私的保护。另外，对私密信息的处理，包括收集、使用、加工、传输、提供、公开等，也要受到个人信息保护制度的规范。其次，个人隐私与个人信息在侵害方式上虽有区别，但都包括非法收集、转让、泄露等形式；在法律对信息科技所引发的个人信息保护制度供给不足时，往往会参照隐私保护的规范加以保护。最后，个人隐私与个人信息在功能上具有交互性。个人信息主体的权益主要在于依循自身的意愿对个人信息进行合理的利用，以便在社会交往过程中占据一个有利的地位。个人隐私虽然具有私密性，但在某些特定场景下同样具有信息的交互性，如模特允许画家以自己身体为对象进行绘画，重大疾病保险投保过程中对保险公司如实陈述自己的既往病史等健康信息。因此，个人信息和个人隐私都具有信息的交互性，只是二者的交互范围并不相同。就私密信息与个人信息的关系而言，个人信息能够实现的交互范围更大，而私密信息则是在某些特定的场景中实现信息交互。

个人隐私与个人信息也存在明显的区别，不能完全等同。一是形态载体不同。个人隐私不局限于以信息呈现的样态，还可以是私密空间或私人生活安宁；除客观样态上具备“隐”与“私”两大示明种差的内涵外，还包含“不愿为他人知晓”的主观要件。个人信息通常是被记载或以数字化形式表现出来的信息。除个人隐私信息，还包括可公开、可利用的个人信息。如姓名、肖像等信息具有标表性的特征，本身就是为了使他人知晓，公开度高，不属于隐私范畴。二是性质属性和内容侧重不同。个人隐私主要是一种精神性的人格利益，隐私权保护的重心在于防范个人的秘密不被披露，而不在于保护这种秘密的控制与利用。因此，权利人通常只有在隐私遭受侵害时才能提出主张。个人信息在性质上属于一种综合性的权益，同时包含精神利益和财产利益，而且对两者的利用和保护应当并重。三是侵害方式不同。《民法典》第1033条详细列举了侵害隐私权的各种方式。此种列举是和第1032条关于隐私的内涵相对应的，即分别针对私生活安宁、私密空间、私密活动、私密信息四种类型规定了不同的侵害模式。基本包括两种类型：一种是非法公开他人不愿为人知晓的隐私；另一种是采用非法公开以外的其他侵害方式，如非法拍摄、私闯民宅、非法窥视、非法窃听等。但《民法典》关于个人信息的侵害方式的规定主要体现为未经许可非法处理（收集、存储、使用、加工、传输等）个人信息，以及因过错导致个人信息的泄露、篡改和丢失。四是损害证明标准不同。侵害隐私权并不必然要求受害人必须证明有损害的发生。如非法跟踪、非法窥探，只要证明行为人实施了该行为，且没有法定免责事由（如不是出于公共利益需要等），行为人就应当承担责任。但是对于个人信息的侵害，究竟如何承担证明责任是一个难题。通常认为，受害人应当证明实际损害的发生，无论是财产的损害还是精神的损害，都应该伴随有损害发生的证明。五是法律保护强度不同。隐私权是一项人格权，性质上属于绝对权和支配权。根据《民法典》第1033条第5项的规定，处理他人的隐私信息，要么是取得隐私权人的“明确同意”，要么是依据“法律”的规定。但是，在《民法典》第1036条关于个人信息处理的免责事由里，则要求须经自然人或者其监护人“同意”或者依据“法律、行政法规”的规定。“明确同意”和“同意”的区别，并非立法的疏漏，而是立法者经过反复研究的结果。加上“明确”二字，表明对隐私信息的收集必须是明示的，不能采用默示同意的方法；而对个人信息的收集，不一定必须取得权利人的同意，也不一定必须是明示的同意，默示的也可以。

根据查明的事实，百度网讯公司在网络精准广告投放中使用cookie技术收集、利用的是匿名网络浏览偏好信息，这一信息本身（不涉及这个信息的归属或主体问题）反映了网络用户的网络活动轨迹及上网偏好；但是如果要构成个人隐私信息，必须与特定自然人相关联，才属于受法律保护的个人隐私信息的范畴。当网络服务提供者和社会公众无法确定该偏好信息的归属主体时，该信息就不能构成个人隐私信息，无法造成原告隐私权事实上的损害。如一条信息说“小明和邻居家女孩早恋”，毫无疑问，这条信息具有“私密”内容特点；但公开这条信息的人可能并未侵犯任何人的隐私权。因为“小明”可能只是个化名，或者同一个小区叫“小明”的人很多，无法识别到底是哪个小明。在隐私侵权判定时，需要考虑信息与特定主体对应关系的问题，如果公布的“隐私信息”并未找到具体的匹配对象，公布这条信息的人可能并未侵犯任何人的隐私。单纯的 cookie 信息不能直接识别特定自然人，网络服务提供者收集、利用 cookie 信息不构成处理个人隐私信息，没有侵犯隐私权。

三、本案的法律价值与个人信息保护制度的完善

2011 年 5 月，麦肯锡公司发布了全球范围内从经济和商业维度诠释大数据发展潜能的第一份研究报告《大数据：创新、竞争和生产力的下一个前沿领域》。该报告指出：“数据已经渗透到每一个行业和每一个业务职能领域，逐渐成为重要的生产因素；而人们对于海量数据的运用将预示着新一波生产率增长和消费者盈余浪潮的到来。”① 大数据及其技术的应用将使人类的决策空前智能化、精准化。因此，信息业者具有强烈的收集、利用用户信息的利益诉求，以通过经营活动获取经济利益。由信息科技所引发的个人信息保护问题成为现代社会所面临的新挑战，本案正是在当年的历史背景下产生的 cookie 第一案。

本案裁判时的法律背景是《民法典》和《个人信息保护法》尚未制定，以致个人信息只能按照隐私保护的规范加以保护。实践中往往难以将

---

① Big data：The next frontier for innovation，competition，and productivity，https：//www. mckinsey. com/capabilities/mckinsey-digital/our-insights/big-data-the-next-frontier-for-innovation.

个人信息与隐私权作出区分，如果一概采取隐私权的强保护标准，将难以兼顾个人信息保护与个人信息合理利用的平衡。因此，本案的重大法律价值是为司法实践中对个人信息与隐私权进行界分提供了有益尝试。案件裁判保持了审慎的态度，考虑当时最高人民法院《规定》第 12 条在调整的行为形态上仅规范了利用信息网络公开个人信息的行为，并未涵盖收集和利用行为类型。立法上并未就信息主体的权益内容、个人信息的收集和利用规则进行明确规定，相关行为规则需要立法进行权衡，以兼顾大数据时代对个人信息保护与合理使用个人信息的要求，故驳回原告诉讼请求。

该案判决后，我国法学界和立法者进一步关注了个人信息与隐私权的界分，并逐渐在理论准备和观念转变的基础上构建了独立的个人信息保护体系，促进“个人信息”的法律内涵不断完善。该案判决时，《全国人民代表大会常务委员会关于加强网络信息保护的决定》规定的是“国家保护能够识别公民个人身份的电子信息”，故按照该规定，cookie 信息难以纳入个人信息范畴。但此后的立法关于“个人信息”的定义不断完善，如 2016 年 11 月 7 日颁布的《网络安全法》第 76 条第 5 项规定：“个人信息，是指以电子或者其他方式记录的能够单独或者与其他信息结合识别自然人个人身份的各种信息，包括但不限于自然人的姓名、出生日期、身份证件号码、个人生物识别信息、住址、电话号码等。”《民法典》第 1034 条第 2 款规定：“个人信息是以电子或者其他方式记录的能够单独或者与其他信息结合识别特定自然人的各种信息，包括自然人的姓名、出生日期、身份证件号码、生物识别信息、住址、电话号码、电子邮箱、健康信息、行踪信息等。”2021 年 8 月 20 日颁布的《个人信息保护法》第 4 条第 1 款规定：“个人信息是以电子或者其他方式记录的与已识别或可识别的自然人有关的各种信息，不包括匿名化处理后的信息。”上述关于个人信息法定含义的演进，将“识别性”标准从识别个人身份转变为识别特定个人，且包括直接识别和间接识别。新的法律定义为 cookie 信息纳入国家个人信息保护提供了制度空间。单纯的 cookie 信息是无法识别出特定自然人的，但是如果和IP地址结合起来，考虑行为人大多数情况下是在自己家中的个人电脑上进行检索，这些信息相结合就很容易识别特定自然人，从而构成个人信息，应当适用个人信息保护的有关规定。利用个人信息进行自动化处理，涉及多种价值之间的协调和多种手段之间的运用，需要综合多种法律手段进行整体性、系统性的规范，以保证此自动化处理的透明度与处理结果的公平合理。

一审法院合议庭成员：王素平　郭贤东　赵美丽

二审法院合议庭成员：黄伟峰　叶　存　周家明

编写人：南京市中级人民法院　黄伟峰

【专家点评】

一、案情回顾与审判要旨

原告朱某诉称，2013年她在家中和单位上网浏览相关网站过程中，发现利用百度搜索引擎搜索相关关键词后，会在特定网站上出现与关键词相关的广告。其后，朱某通过南京市钟山公证处对这一过程进行公证并出具公证书，证明朱某在通过百度网站搜索“减肥”“人工流产”“隆胸”关键字后，再进入“4816”网站和“500看影视”网站时，页面就会分别出现有关减肥、流产和隆胸的广告。原告认为，百度公司未经其知情和选择，利用网络技术记录和跟踪其所搜索的关键词，将其兴趣爱好、生活学习工作特点等显露在相关网站上，并利用记录的关键词，对其浏览的网页进行广告投放，侵害了其隐私权，使其感到恐惧，精神高度紧张，影响了正常的工作和生活。于是，朱某于2013年5月6日向南京市鼓楼区人民法院起诉百度公司，请求判令立即停止侵害，赔偿精神损害抚慰金10,000元，承担公证费1000元。

一审法院——南京市鼓楼区人民法院于2014年10月13日作出（2013）鼓民初字第3031号民事判决，认定百度公司利用cookie技术收集朱某信息，并在朱某不知情和不愿意的情形下进行商业利用，侵犯了朱某的隐私权，对朱某要求百度公司停止侵权的诉讼请求予以支持。由于朱某未能证明严重后果，法院对其要求赔偿精神抚慰金的诉讼请求不予支持。二审法院——南京市中级人民法院于2015年5月6日作出（2014）宁民终字第5028号终审判决，认定在网络精准广告中使用cookie技术收集、利用的匿名网络偏好信息虽具有隐私属性，但不能与网络用户个人身份对应识别，网络服务提供者和社会公众无法确定该偏好信息的归属主体，不符合个人隐私和个人信息的“可识别性”要求，因而该行为不构成侵犯隐私权。

该案是一起非常典型的个人信息民事损害赔偿案件，案件的核心问题是利用cookie技术收集用户的浏览记录，分析潜在个性需求的行为是否侵犯用户的隐私权。二审法院最终判定百度公司的个性化推荐行为不构成侵犯朱某的隐私权。虽然笔者认同这样的结论，但是该案也揭示了我国法律对个人信息民事保护存在的许多认知问题需要澄清。尤其在我国《个人信息保护法》出台后，相关法律的适用问题更需澄清。

二、cookie技术收集的用户信息的定性

该案发生于《全国人民代表大会常务委员会关于加强网络信息保护的决定》发布之后，因而该案的裁判代表个人信息保护制度初步确立之后，法院对个人信息保护及其与隐私保护关系的理解和法律适用，具有重要的意义。

第一，cookie信息的法律属性是否属于个人信息？

一审法院认为cookie收集特定用户的信息属于个人信息的逻辑在于：用户（原告）使用固定的IP地址；cookie收集信息（搜索词汇）对应特定IP地址；该信息可以归属到特定的用户（原告）。二审法院则认为，百度公司在提供个性化推荐服务中运用网络技术收集、利用的信息只与特定IP地址相对应，而并不直接识别特定用户身份（具有匿名性），因而不符合个人信息的“可识别性”要求。显然，一审法院和二审法院对cookie信息的法律性质认定差异的关键在于个人信息的“可识别性”是否包括间接识别。

在《个人信息保护法》出台之前，个人信息并没有清晰的定义，关于cookie信息是否属于个人信息更是没有判断依据。在当时可供法院参考的主要是工业和信息化部于2013年发布的《电信和互联网用户个人信息保护规定》。该规定第4条规定："本规定所称用户个人信息，是指电信业务经营者和互联网信息服务提供者在提供服务的过程中收集的用户姓名、出生日期、身份证件号码、住址、电话号码、账号和密码等能够单独或者与其他信息结合识别用户的信息以及用户使用服务的时间、地点等信息。"显然，该定义并没有直接回答cookie是否属于个人信息的问题。不过，能够单独或与其他信息结合识别用户的抽象标准，可以提示法院对具体的信息是否属于个人信息作出裁判。

在该案中，百度网讯公司收集的cookie信息主要是识别浏览器，每个用户在第一次登录时都会获得cookie；如果在同一个域名登录过很多用户的话也会有很多cookie。在这种情形下，cookie与用户并非直接对应关系，只是在技术上商家仍然可以识别是哪个具体用户身份（对应于现实社会中具体个人）。因此，cookie的确可以识别特定用户，只是一般不会识别出该用户是谁（身份）。因此，在目前个人信息保护研究和实践中，一般将cookie视为间接识别符范畴。2017年12月发布的国家标准《信息安全技术个人信息安全规范》（GB/T 35273—2017）除给出个人信息的定义外，还在附录A中认为，判定某项信息是否属于个人信息，应考虑识别和关联两条路径。① 这对于我们判断一项信息是否属于个人信息具有重要的参考价值。

在今天，尤其是《个人信息保护法》出台后，类似cookie是否属于个人信息并不是一个问题；但是在2013年前后，这的确是困扰法官的一个问

① 2020年，国家市场监督管理总局、国家标准化管理委员会发布新版《信息安全技术个人信息安全规范》（GB/T 35273—2020），替代GB/T 35273—2017版本国标。附录A个人信息示例明确，判定某项信息是否属于个人信息，应考虑以下两条路径：一是识别，即从信息到个人，由信息本身的特殊性识别出特定自然人，个人信息应有助于识别出特定个人。二是关联，即从个人到信息，如已知特定自然人，由该特定自然人在其活动中产生的信息（如个人位置信息、个人通话记录、个人浏览记录等）即为个人信息。符合上述两种情形之一的信息，均应判定为个人信息。

题。甚至在今天，我们对什么是识别这样的问题还没有很深入地研究。实际上，《个人信息保护法》中的“识别”是从信息本身是否可以指向个人的角度而言的。就信息识别性角度而言，信息本身的识别性是一条连续的光谱，光谱的一端是识别身份、行为和属性，另一端是无法识别，中间则是识别行为和属性。[①] 这是我们判断个人信息范畴的标准。汇集信息进行结合、识别，则取决于场景、信息量和方法，我们无法从信息本身判断其是否具有识别性，而只能看后果。恰恰是在这个环节中，会出现仁者见仁，智者见智的情形。因为，从是否可以识别用户的身份或是谁的角度，cookie 显然不属于能够直接识别个人的信息；但是，如果一项信息可识别特定 IP 地址，特定 IP 地址对应特定的用户，而用户身份又是可识别的，那么它又是可间接地识别特定个人的信息的。在这个意义上，当时法院认定 cookie 不属于个人信息是可以接受的。我们不能用今天明确的规则来苛责彼时的法官的认知和判断。但需要指出的是，按照目前对于个人信息概念的认识，cookie 信息显然属于个人信息范畴。

第二，利用 cookie 技术收集的用户信息是否属于隐私？

对于被告利用 cookie 技术收集用户的浏览记录，分析潜在个性需求的行为是否侵犯原告的隐私权，一审和二审法院同样得出两个完全不同的结论。一审法院认为除个人身份证信息、住址、电话号码等，公民的个人隐私还包括私人活动和私有领域；而且原告使用固定的 IP 地址形成的有特点的词汇搜索，这些信息的掌控权应归原告所有。而百度网讯公司通过 cookie 技术收集并利用这些信息时未经原告同意，因而客观上侵害了对方的权益。由此得出结论，百度网讯公司利用 cookie 技术收集原告信息，并在原告不知情和不情愿的情形下进行商业利用，侵犯了原告的隐私权。

二审法院虽然认为 cookie 技术收集的用户信息并不能直接识别特定用户，不属于个人信息范畴，但是认为网络用户通过使用搜索引擎形成的检

---

① 参见高富平：《个人信息流通利用的制度基础——以信息识别性为视角》，载《环球法律评论》2022 年第 1 期。

索关键词记录，“反映了网络用户的网络活动轨迹及上网偏好，具有隐私属性”。在这一点上，笔者同意二审法院的判断。因为用户网络活动记录，反映一个人的偏好、喜好、倾向，如果涉及不愿让不特定人知晓的特殊偏好时，则属于隐私范畴。但是，隐私必须是特定个人的隐私，也就是这些偏好、倾向等要与具体的个人相联系。在这方面，由于两级法院均认为cookie并没有将该信息与原告直接联系起来，因而认定没有构成侵犯隐私权。二审法院的重要理由是“无法确定具体的信息归属主体，因此不再属于个人信息范畴”。显然，“不再属于个人信息范畴”换成“不能直接联系到是具体个人”，表述可能更准确一些。

从法院的表述可以隐约看出，在刚刚确立个人信息受法律保护制度初期，司法实践对于个人信息与隐私的关系还存在模糊的认识。在《民法典》颁布之后，个人信息保护与隐私权相互区分遂成共识。但在2013年前后，受美国的“大隐私”观念影响，个人信息作为隐私保护很流行。事实上，隐私保护主要是防止私密信息的公开，而个人信息保护主要防止个人信息被滥用或不法使用。但由于私密信息包含于个人信息中，因而《个人信息保护法》中也内含隐私保护规则。当然，由于个人信息分析可能揭示私密信息，因而混用个人信息与私密信息仍然反映出当时的认知水平。

三、利用cookie技术收集用户信息对用户进行分析是否需要用户同意

在《个人信息保护法》出台前，工信部2013年的《信息安全技术公共及商用服务信息系统个人信息保护指南》通常被作为行业标准的行为指引，即“选退机制”为行业指引。二审法院根据该指南第5.2.3条认为，利用用户的匿名信息，不需要用户事先表示同意，只要依法明示告知即可。在使用百度浏览器前必读的“百度隐私权保护声明”中，百度网讯公司已经告知用户其可能使用cookie收集和使用用户信息，并为用户提供了退出机制。在此情况下，原告仍然使用百度搜索引擎服务，应视为默示同意。显然，二审法院这样的认定符合当时的社会认知，也符合个人信息应用实践。因此，法院作出这样的判决无可厚非。只是，在《个人信息保护法》颁布和实施之后，处理个人信息的同意并不能包括这里的“默示同意”甚至事后的拒绝。

《个人信息保护法》出台后，行业模式由之前的“选退机制”转变为“选进机制”，即个人信息的收集与使用均需征得信息主体的有效同意，为此，个人信息处理者必须尽到充分的告知、说明义务。① 诚然，“选进机制”相较于“选退机制”可以更好地保护信息主体权益，但个人信息之上毕竟还承载着他人和整个社会利益，② 百度网讯公司利用 cookie 收集信息从而为用户提供个性化推荐服务便为此举。故平衡个人信息的社会价值与个人信息主体权益应当为法律适用追求的目标。在《个人信息保护法》已成型的体系下，仍然存在实现二者平衡的解释空间。

具体而言，在《个人信息保护法》立法目的的指导下，可将“同意”的适用限缩至含直接标识符的信息。③ 经对《个人信息保护法》第 51 条进行解释，将去标识化明确为去除数据集中的直接标识符，在防范直接关联风险（不允许再识别或重新关联）的前提下，可不经信息主体同意进行个人信息的合理利用（流通利用），从而兼顾个人信息社会价值和信息主体权益。④ 将去标识化解释为个人信息处理者的行为约束，是承认技术有限性的结果。即不可能消除信息的可识别性，而只能对信息处理者进行行为上的约束，科以信息处理者相关行为义务，避免其再识别身份；若其欲再识别身份，则需获得信息主体同意。基于该解释路径，用户网页浏览记录为间接识别的信息，并不包含直接标识符，信息处理者可不获取信息主体同意从而对该信息进行合理利用，但须受相应的行为约束，这可为未来的裁判规范提供些许指引。当然，这样的解释是否合理，尚待司法裁判探索。

---

① 关于有效的同意，参见江必新、李占国主编：《中华人民共和国个人信息保护法条文解读与法律适用》，中国法制出版社 2021 年版，第 50～52 页。

② 参见高富平：《个人信息保护：从个人控制到社会控制》，载《法学研究》2018 年第 3 期。

③ 参见李群涛、高富平：《信息主体同意的适用边界》，载《财经法学》2022 年第 1 期。

④ 参见高富平：《个人信息流通利用的制度基础——以信息识别性为视角》，载《环球法律评论》2022 年第 1 期。

四、利用 cookie 信息为合作伙伴投放广告的行为是否侵犯用户的个人信息权益

利用用户的 cookie 信息对用户进行分析再投放广告，这是一种典型的互联网商业模式。用户使用 cookie 技术会留下自己的使用信息，cookie 技术可以根据这些信息默认用户习惯的上网途径而使以后的使用更加便捷、快速。这些使用信息一般不能直接识别用户身份，但网络服务提供商可以利用这些信息，通过大数据分析用于各种商业活动，包括投放精准广告以取得合理回报。这被称为免费网络服务的一种商业模式：用户免费享用网络服务，而网络服务提供商利用用户的浏览记录（或数字脚印）获得商业利益。

如果承认 cookie 信息属于个人信息，那么百度网讯公司将该信息提供给第三方用于广告投放的行为是否构成侵权呢？按照当时及现今我国法律规定，对合法收集的个人信息应当依法或依约进行使用，不得非法出售或者非法向他人提供个人信息。那么，该案为第三方投放广告行为是否属于向他人提供个人信息呢？关于这个问题，一审和二审均予以回避。显然，如果这里属于向他人提供信息，未经同意即构成不法处理行为。在该案中，百度网讯公司并没有将用户（包括原告）的信息提供给广告主（第三方），让其自行投放广告，而是接受广告主的委托，为其投放广告。在这种情形下，用户的个人信息实质上没有被提供给第三方，并没有导致用户的个人信息为广告主所掌握。在严格意义上不属于向第三方提供信息的行为，但是在效果上达到了使他人（广告主）接触数据或使用数据的后果。

然而，即使利用 cookie 从事互联网广告不作为向第三方提供个人信息的行为，也应纳入个人信息的利用行为加以规范。尽管该案对此予以忽略，但在《个人信息保护法》实施之后，这样的行为就应当纳入法律的评判范畴。这里实际上有两个问题。

一是使用 cookie 来收集和利用个人信息应当遵循怎样的规则。如前所

述，在《个人信息保护法》强化“同意”的背景下，尊重用户的选择成为普遍趋势。由于cookie具有可以让网站记住用户，确保舒适和轻松的浏览体验等功能，所以禁用cookie不切实际。对于人们担心的个人信息滥用和隐私问题，浏览器运营者则允许用户更改默认cookie设置给用户更多自主控制权。个人可以通过禁用cookie或者不时清除浏览器的缓存来防止详细信息被滥用。这样的做法是否符合《个人信息保护法》规则仍然存在争议，有待司法实践进一步明确。

二是根据用户浏览习惯或信息向用户的商业推送或广告行为是否构成对用户的干扰，侵害用户隐私权（安宁利益）。按照我国现行法律，商业推送或广告行为必须为用户提供“选择退出”按钮，应当符合《广告法》的规定。当用户选择拒绝仍然持续向其发送的行为即构成对用户的侵扰。这也是平衡用户安宁权与商业自由的一种安排。笔者认为，cookie的利用者需要注意以下几点：不得对外公开特定网络用户的网络活动轨迹及上网偏好，不得擅自向第三人提供该信息；不得强制网络用户接受某项个性化推荐服务，应当为用户提供退出机制。① 如果网络服务提供商违反这些义务，网络用户可以网络服务提供商违法行为导致自己隐私或生活安宁受到侵害为由，寻求司法救济。

二审判决充分注意到“免费”对网络服务权利和义务的影响。认为“网络用户在免费享受该服务便利性的同时，亦应对个性化推荐服务的不便性持有一定的宽容度”。并在判决书中指出，“判断百度公司是否侵犯隐私权，应严格遵循网络侵权责任的构成要件，正确把握互联网技术的特征，妥善处理好民事权益保护与信息自由利用之间的关系，既规范互联网秩序又保障互联网发展”。可见，二审法院在判决时充分运用了公共政策

① 2015年修订后的《广告法》第44条第1款也明确“利用互联网从事广告活动，适用本法的各项规定”。广告作为一种向公众传播商业信息的方式，并不需要事先取得受众的同意或许可。但是，定点投放的广告则例外。这方面，《广告法》对向住宅、交通工具等投放广告和向网络用户投放的广告作了区分。对于前者采取的是同意规则，而对于后者采取的是拒绝（选出）规则。

考量，但这只是在法律规则缺失或不明确情形下的一种补救，而不应当成为法院裁决的常态。

高富平*

【相关法条】

《中华人民共和国网络安全法》

第七十六条第五项 个人信息，是指以电子或者其他方式记录的能够单独或者与其他信息结合识别自然人个人身份的各种信息，包括但不限于自然人的姓名、出生日期、身份证件号码、个人生物识别信息、住址、电话号码等。

《中华人民共和国民法典》

第一千零三十四条第二款 个人信息是以电子或者其他方式记录的能够单独或者与其他信息结合识别特定自然人的各种信息，包括自然人的姓名、出生日期、身份证件号码、生物识别信息、住址、电话号码、电子邮箱、健康信息、行踪信息等。

第一千一百九十四条 网络用户、网络服务提供者利用网络侵害他人民事权益的，应当承担侵权责任。法律另有规定的，依照其规定。

《中华人民共和国个人信息保护法》

第四条第一款 个人信息是以电子或者其他方式记录的与已识别或可识别的自然人有关的各种信息，不包括匿名化处理后的信息。

《全国人民代表大会常务委员会关于加强网络信息保护的决定》

第一条 国家保护能够识别公民个人身份和涉及公民个人隐私的电子信息。

任何组织和个人不得窃取或者以其他非法方式获取公民个人电子信

---

* 高富平，华东政法大学法律学院教授、互联网法治研究院（杭州）常务副院长。

息，不得出售或者非法向他人提供公民个人电子信息。

《最高人民法院关于审理利用信息网络侵害人身权益民事纠纷案件适用法律若干问题的规定》

第十二条第一款 网络用户或者网络服务提供者利用网络公开自然人基因信息、病历资料、健康检查资料、犯罪记录、家庭住址、私人活动等个人隐私和其他个人信息，造成他人损害，被侵权人请求其承担侵权责任的，人民法院应予支持。但下列情形除外：

（一）经自然人书面同意且在约定范围内公开；

（二）为促进社会公共利益且在必要范围内；

（三）学校、科研机构等基于公共利益为学术研究或者统计的目的，经自然人书面同意，且公开的方式不足以识别特定自然人；

（四）自然人自行在网络上公开的信息或者其他已合法公开的个人信息；

（五）以合法渠道获取的个人信息；

（六）法律或者行政法规另有规定。

《电信和互联网用户个人信息保护规定》

第四条 本规定所称用户个人信息，是指电信业务经营者和互联网信息服务提供者在提供服务的过程中收集的用户姓名、出生日期、身份证件号码、住址、电话号码、账号和密码等能够单独或者与其他信息结合识别用户的信息以及用户使用服务的时间、地点等信息。

二、任某诉北京百度网讯科技有限公司名誉权纠纷案

——“被遗忘权”第一案

编者按

“被遗忘权”是欧盟法院通过判决正式确立的概念，虽然我国学术界对“被遗忘权”的本土化问题进行过探讨，但我国现行法律中并无对“被遗忘权”的法律规定，亦未规定“被遗忘权”的权利类型。本案原告主张百度公司“相关搜索”服务显示的相关检索词侵犯其姓名权、名誉权的同时，还侵犯了其一般人格权中的“被遗忘权”。生效裁判认为原告主张的“被遗忘权”应属一种人格利益，该人格利益若想获得保护，必须证明其在本案中的正当性和应予保护的必要性，但原告未能证明上述正当性和必要性，故法院对原告的请求不予支持。

关键词

被遗忘权　一般人格权　权利保护

【裁判要旨】

我国现行法律中并无对“被遗忘权”的法律规定，亦无“被遗忘权”的权利类型。依据一般人格权主张其“被遗忘权”时应将所谓“被遗忘权”认定为一种人格利益；该人格利益若想获得保护，权利主张者必须证明其在本案中的正当性和应予保护的必要性。

【案件索引】

一审：北京市海淀区人民法院（2015）海民初字第 17417 号

二审：北京市第一中级人民法院（2015）一中民终字第 09558 号

【基本案情】

原告任某自称系国家高级人力资源师，是中国著名管理设计大师，中科院中科博大特聘高级工程师，曾入选《中国世纪专家》《新世纪功臣大典》《中国国情报告·专家学者卷》等。任某在教育及管理领域均享有极高的声誉。从 2015 年 2 月初开始，任某陆续在北京百度网讯科技有限公司（以下简称百度公司）的网站上发现“陶氏教育任某”“无锡陶氏教育任某”等字样的侵权内容及链接。任某未曾在陶氏教育公司上班，也从未在网上上传过“陶氏教育任某”“无锡陶氏教育任某”等信息。由于陶氏教育在外界颇受争议，“陶氏教育任某”“无锡陶氏教育任某”等侵权信息给任某名誉造成极大侵害。任某曾应聘多家公司，但均由于负面信息严重影响其取得公司信任而无法工作。任某认为，还有一个“被遗忘权”问题，现在陶氏跟任某没有关系，公众会误解任某与陶氏还有合作，误导潜在合作伙伴和学生。陶氏教育在行业内口碑不好，经常有学生要求退钱；如果有学生搜索任某的名字，看到这个结果会对任某产生误解。于是，任某起诉请求：（1）判令百度公司立即停止对侵犯任某姓名权、名誉权实施的一切侵权行为，并赔礼道歉、消除影响。其中，在百度搜索界面输入“任某”进行搜索，搜索结果中不得出现“陶氏任某”“陶氏超能学习法”

"超能急速学习法""超能学习法""陶氏教育任某""无锡陶氏教育任某"6个关键词。(2) 判令百度公司支付任某精神损害抚慰金20,000元。(3) 判令自2015年3月12日至百度公司停止一切侵权行为（删除上述关键词以及赔礼道歉完毕）之日，百度公司向任某每月支付经济赔偿金50,000元。(4) 判令百度公司支付任某为维权支付的合理费用，包括公证费1200元，住宿费2270元，交通费差旅费965.5元。

百度公司在原审法院辩称：第一，在本案事实中，百度公司只提供互联网搜索引擎服务，包括"关键词搜索"和"关键词相关搜索"，无论哪一种搜索方式都客观体现了网民的搜索状况和互联网信息的客观情况，具有技术中立性和正当合理性。第二，本案中客观上不存在任某姓名权和名誉权受侵犯的情形。第三，任某主张的权利没有明确的法律依据。第四，关于任某主张的经济赔偿金和精神损害抚慰金的理由不成立。没有证据证明任某存在精神损害和经济损失，以及与本案中百度公司提供的搜索引擎服务存在任何因果关系。

法院审理查明：任某系人力资源管理、企事业管理等管理学领域的从业人员，曾以笔名"加羽"著有《合一兵法》一书。其于2014年7月1日起在无锡陶氏生物科技有限公司从事相关的教育工作。2014年11月26日由该公司向其发出自动离职通知书解除劳动关系。百度公司系提供网页搜索、相关搜索等网络搜索服务的提供商。

2015年4月8日，任某向湖南省怀化市天桥公证处申请对百度网页上"任某"及任某个人邮箱内的相关内容进行证据保全，该处作出（2015）湘怀天证字第642号公证书。该公证书显示：点击"浏览器为360-7"，打开页面；点击"百度"，键入"任某"，"网页"页面中在"相关搜索"处显示有"任""陶氏教育任某""任某酷6""国际超能教育任某""美国潜能教育任某""香港跨世纪教育任某"。另外，在搜索框内键入"陶氏教育"，在"相关搜索"处显示有"无锡陶氏教育""陶氏教育怎么样""陶氏""陶氏教育骗局""陶氏远航教育是骗局吗""陶氏教育集团""陶氏远航教育”“陶某”“右脑开发”。该公证书还显示：用李某云手机上网，点击“百度”，键入“任某”，手机页面中“相关搜索”处显示“美国潜能教育任某”“dna 全脑超能学习法”“突围突围”“全脑开发音乐”“陶氏教育任某”“国际超能教育任某”“任”“任某酷 6”。

2014 年 6 月 26 日，百度公司向北京市方正公证处申请对百度网页相关内容进行证据保全，该处作出（2014）京方正内经证字第 09695 号公证书。该公证书显示：打开已连接互联网的计算机，清除计算机缓存，打开 IE 浏览器，自动显示该计算机设置的默认空白页面，在该页面的地址栏中输入“www. baidu. com”，分别点击该页面下方的“使用百度前必读”“权利声明”“隐私权保护声明”，对页面显示进行截屏保存。在“使用百度前必读”部分中显示：“百度提醒您：在使用百度搜索引擎（以下简称百度）前，请您务必仔细阅读并透彻理解本声明。您可以选择不使用百度，但如果您使用百度，您的使用行为将被视为对本声明全部内容的认可。”在“权利声明”部分中“权利通知”显示：“任何个人或单位如果同时符合以下两个条件：1. 权利人发现网络用户利用网络服务侵害其合法权益；2. 百度的搜索引擎系统以自动检索方式而链接到第三方网站的内容侵犯了上述权利人的合法权益。请上述个人或单位务必以书面的通讯方式向百度提交权利通知……请您把以上资料和联络方式书面发往以下地址：北京市海淀区上地十街 10 号，北京百度网讯科技有限公司法务部，邮政编码 100085。”

2015 年 5 月 18 日，百度公司向北京市方正公证处申请对百度网页相关内容进行证据保全，该处作出（2015）京方正内经证字第 05338 号公证书。该公证书显示：打开已连接互联网的计算机，清除计算机缓存，打开 IE 浏览器，自动显示该计算机设置的默认空白页面，在该页面的地址栏中输入“www. baidu. com”，在搜索栏中输入“任某”，点击“百度一下”，对显示页面进行截屏保存。在网页搜索中首页显示链接分别为：“任某百度百科”“任某的最新相关信息”“任某：争做教育行业的领跑者”“任某的微博腾讯微博”“任某互动百科”“任某的相关视频 在线观看 百度视频”“任某-热门标签-高清视频在线观看-爱奇艺”“香港跨世纪教育任某技术效果明显 视频在线观看 56. com”“台湾灵感教育任某-凤凰水寨-凤凰论坛”“少年大学教育-任某 视频在线观看 56. com”“国际超能教育任某-PPS 爱频道”。相关搜索中显示词条分别为“任”“任某酷 6”“国际超能教育任某”“美国潜能教育任某”“香港跨世纪教育任某”。

2015 年 5 月 19 日，百度公司向北京市方正公证处申请对使用手机查看百度网页相关内容进行证据保全，该处作出（2015）京方正内经证字第 05525 号公证书。该公证书显示：打开 iPhone 手机，对手机进行重置处理，重置过程中选择公证处设置的无线局域网并连接，通过手机主界面点击“App Store”，进入“手机百度”界面，点击“进入首页”，显示新的界面；连续点击“不允许”；点击“确定”；在搜索栏中输入“任某”，点击“确认”，显示新界面并浏览，连续点击“下一页”，显示新界面并浏览。公证员用摄像机进行摄像取证保存，后打开计算机，清除计算机缓存，在计算机中新建 word 文档，打开摄像机的录像内容，对视频中相关内容进行截屏并将截屏内容均保存在文档中。在该手机页面中相关搜索于 2015 年 5 月 19 日 11:43 显示词条分别为：“国际超能教育任某”“超能极速学习法”“全脑开发巨人”“香港跨世纪教育任……”“间脑开发骗局”“全脑开发好吗有用吗”“dna 全脑超能学习法”“陶氏超能学习法有……”

2015 年 5 月 19 日，百度公司向北京市方正公证处申请对使用手机查看百度网页相关内容进行证据保全，该处作出（2015）京方正内经证字第 05526 号公证书。该公证书显示：打开华为手机，对手机进行重置处理，重置过程中选择公证处设置的无线局域网并连接，通过手机主界面点击“应用市场”，进入“手机百度”界面，点击“进入首页”，显示新的界面；点击“禁止”，关闭广告弹窗；在搜索栏中输入“任某”，点击“搜索”，显示新界面并浏览，连续点击“下一页”，显示新界面并浏览。公证员用摄像机进行摄像取证保存，后打开计算机，清除计算机缓存，在计算机中新建 word 文档，打开摄像机的录像内容，对视频中相关内容进行截屏并将截屏内容均保存在文档中。在该手机页面中相关搜索于 2015 年 5 月 19 日 10:59 显示词条分别为“国际超能教育任某”“超能极速学习法”“全脑开发巨人”“香港跨世纪教育任某”“间脑开发骗局”“全脑开发好吗有用吗”“dna 全脑超能学习法”“陶氏超能学习法有用吗”。

2015 年 5 月 21 日，任某向湖南省怀化市天桥公证处申请对百度网页上“任某”的相关内容进行证据保全，该处作出（2015）湘怀天证字第 1085 号公证书。该公证书显示：点击“浏览器为 360-7”，打开页面，点击“百度”，键入“任某”，“网页”页面中在“相关搜索”处显示有“任”“任某酷 6”“国际超能教育任某”“美国潜能教育任某”“香港跨世纪教育任某”。另外，在公证人员的面前，由任某操作由该处提供的手机（号码：151××××0372）进行手机上网，点击“百度”，键入“任某”，手机显示页面，按顺序拍照打印页面，其中“相关搜索”处显示“国际超能教育任某”“超能极速学习法”“全脑开发巨人”“香港跨世纪教育任某”“间脑开发骗局”“全脑开发好吗有用吗”“dna 全脑学习法”“陶氏超能学习法有用吗”。

另查明，2015 年 1 月 28 日 8:33，任某通过电子邮箱 266××××099@qq. com 向百度公司的电子邮箱 ask@ baidu. com 及 question@ baidu. com 发送电子邮件，主题为：“ask@ baidu. com：请认真详读！严重侵权！尽快删除！严重侵权！尽快删除！”2015 年 1 月 28 日 9:17，百度公司通过电子邮箱 ask@ baidu. com 向任某电子邮箱 266××××099@ qq. com 回复邮件“尊敬的客户，您好：为了高效的处理问题，请按以下路径进行投诉处理。投诉路径：1. 登录网页，http：//tousu. baidu. com/webmaster/add 进行投诉；2. 移动端，首页底部，用户反馈入口进行投诉，感谢您对百度的支持和关注”。

2015 年 2 月 26 日，任某通过电子邮箱 266××××099@ qq. com 向百度公司的电子邮箱 ask@ baidu. com 发送电子邮件，表示“严重侵权信息，请务必删除”，并附上一张百度搜索手机网页截屏，相关搜索处显示“美国潜能教育任某”“陶氏教育任某”“dna 全脑超能学习法术”“陶氏任某”“凤凰军事”“英语右脑教育机构”“陶氏教育”“香港跨世纪教育任”。

2015 年 3 月 24 日，任某通过电子邮箱 266××××099@ qq. com 向百度公司的电子邮箱 ask@ baidu. com 及 question@ baidu. com 发送电子邮件，表示“用手机百度搜索‘任某’会出现‘陶氏教育任某’‘无锡陶氏教育任某’字样，我是‘任某’严重声明，我也早已经不在陶氏教育，陶氏教育声名狼藉（此信息作为法律证据）”，并附上一张百度搜索手机网页截屏，相关搜索处显示“美国潜能教育任某”“无锡陶氏教育任某”“dna 全脑超能学习法术”“全脑开发音乐”“陶氏教育骗局”“广州培训师联合会”“任”“陶氏教育任某”。

百度公司表示未收到任某按照其公示投诉渠道的正式投诉，未对任某的投诉进行删除处理。

【裁判结果】

北京市海淀区人民法院于 2015 年 7 月 21 日作出（2015）海民初字第 17417 号民事判决，驳回原告任某的全部诉讼请求。宣判后，任某不服原审判决，向北京市第一中级人民法院提起上诉。北京市第一中级人民法院于 2015 年 12 月 9 日以同样的事实作出（2015）一中民终字第 09558 号民事判决，驳回上诉，维持原判。

法院生效裁判认为：本案争议的焦点问题是百度公司“相关搜索”服务显示的涉及任某的检索词是否侵犯了任某的姓名权、名誉权及任某主张的一般人格权中的所谓“被遗忘权”。

关于姓名权。姓名权是公民享有的依法决定、使用和依法变更自己姓名的权利。一般而言，侵害姓名权的行为主要有：第一，干涉他人行使其姓名权。主要包括干涉他人命名、干涉他人合法使用其姓名、干涉他人改名等行为。第二，应使用而不使用他人姓名。主要包括在使用他人作品时应标明作者而未标明，在特定场合应称呼他人姓名而未称呼，以及在特定场合以谐音或起绰号方式恶意不使用他人姓名等行为。第三，非法使用他人姓名。主要包括盗用他人姓名和假冒他人姓名的行为。第四，故意混同使用他人姓名。主要包括恶意使用与他人姓名在外观上和发音上相类似的姓名，恶意对某物命名与他人姓名相同的名称等行为。本案中，百度公司相关搜索服务显示涉及任某的检索词显然不符合上述第一种、第二种、第四种情形。就第三种情形即"非法使用他人姓名"而言，相关检索词的出现虽然未经任某本人允许，但检索词本身系网络用户在搜索引擎中键入的指令，搜索结果中的"检索词"也只是动态反映过去特定时间内网络用户使用检索词的客观情况，并为当前用户的信息检索提供参考指引。即"任某"是百度搜索引擎经过相关算法的处理过程后显示的客观存在网络空间的字符组合，并非百度公司针对"任某"这个特定人名的盗用或假冒。故百度公司并未侵犯任某的姓名权，原审法院认定正确。

关于名誉权。侵害名誉权责任的法定构成要件包括行为人的违法行为、受害人确有名誉被损害的事实、违法行为与损害后果之间有因果关系、行为人主观上有过错。具体到本案中，首先，涉案检索词"陶氏任某""陶氏超能学习法""陶氏教育任某"等，明显不存在对任某进行侮辱的言辞，亦未捏造事实对任某进行诽谤。任某认为"陶氏教育"在业界口碑不好，与其关联影响声誉；法院认为任某对"陶氏教育"的个人主观评价不能作为认定相关词汇具有侮辱性、诽谤性的依据。其次，"任某"与"陶氏"或"陶氏教育"机动同时出现是对特定时间内网络用户所使用的检索词的客观情况的反映，任某本人在庭审中亦认可检索词的序列动态变化，时时更新。故百度公司对"陶氏任某""陶氏超能学习法"等关键词在搜索结果中出现并不存在主观过错。

综上，百度公司既不存在侵权事实亦不存在主观过错，故对任某的名誉权不构成侵犯，原审法院认定正确。

关于"被遗忘权"。"被遗忘权"是欧盟法院通过判决正式确立的概念，虽然我国学术界对“被遗忘权”的本土化问题进行过探讨，但我国现行法律中并无对“被遗忘权”的法律规定，亦无“被遗忘权”的权利类型。任某依据一般人格权主张其“被遗忘权”应属一种人格利益，该人格利益若想获得保护，任某必须证明其在本案中的正当性和应予保护的必要性，但任某并不能证明上述正当性和必要性。故原审法院认定正确。

在百度公司不构成侵权的前提下，原审法院驳回任某对百度公司赔偿其相关损失及精神损害抚慰金的诉讼请求亦是正确的。

【案例注解】

本案中，虽然法官在生效判决中涉及“被遗忘权”部分的说理非常简短，但它透露了一个非常重要的信息，即二审判决并没有绝对地、一概地仅因为“被遗忘权”并非法定权利类型而不予保护。生效判决之所以最终驳回任某诉求，最重要的原因是任某没有证成或说服合议庭，即其在本案这一具体案件中对于“陶氏教育任某”“无锡陶氏教育任某”“陶氏超能学习法”等字样的内容及链接的删除有何正当性和必要性。这一司法考量主要基于我国现有民事法律体系中对自然人人格权保护的类型范围，以及我国社会发展对“被遗忘权”进行司法保护的可接受程度。

一、我国自然人人格权民法保护的类型

现有国内文献中对于任某所主张的“被遗忘权”是不是应该被承认有很大争议，但对于“被遗忘权”本身可以归为人格权家族中的一员则没有太大分歧。[①] 本案中任某也是以一般人格权受侵害为由主张其“被遗忘权”应受保护的。在该案判决的 2015 年，我国当时的民事法律体系中涉及自然人的人格权保护类型的法律规范主要是《民法通则》（已废止）第 98 条至第 103 条，《侵权责任法》（已废止）第 2 条。现在我国有了《民法典》，

① 参见杨立新、韩煦：《被遗忘权的中国本土化及法律适用》，载《法律适用》2015 年第 2 期。

则根据《民法典》第109条和第110条,[①] 我国民法体系所保护的自然人人格权类型主要是如下9种：生命权、身体权、健康权、姓名权、肖像权、名誉权、荣誉权、隐私权、婚姻自主权。除此之外，《侵权责任法》第2条还将民事权益纳入保护范围，《民法典》第1164条承继了这一立场，这就使上述9种法定的人格权类型不能涵盖的部分民事权益还存在由侵权法提供保护的可能性。立法机关所作的侵权责任法释义书也明确指出，除上述权利外，还有其他民事权益也属于侵权责任法的保护对象。[②]

但是，侵权法的功能不仅在于保护权利，还要兼顾人的行为自由。如果只关注保护权利，从而任意将保护范围扩展到任何民事利益，则人的行为自由必将受到严重妨害。因此，有学者指出，侵权法旨在权衡行为自由与权益保护。[③] 基于此，无论本案裁判当时的《侵权责任法》第2条，还是《民法典》第1164条所保护的民事权益，都不是无限制的，而至少应该满足以下两个条件：第一，该民事权益必须是合法的权益，这是对民事权益提供保护的正当性要求；第二，该民事权益具有受保护的重要价值，这是对民事权益提供保护的必要性要求。在任某案中，任某主张的"被遗忘权"很显然不属于以上9种法定的人格权，因而只能将其归入其他民事权益中寻求保护的可能性。而如果将"被遗忘权"纳入其他民事权益中寻求保护，则必须满足前述的正当性要求和必要性要求；但这两个条件并非不证自明的，而是需要原告任某就此进行充分的论证说明。

二、对非法定人格权请求司法保护时的额外论证负担

一方面，任某需要就本案中"陶氏教育任某""无锡陶氏教育任某""陶氏超能学习法"等信息被遗忘（删除）的正当性进行论证。尽管任某

---

① 由于学界对个人信息的权利属性争议较大，这里没有把《民法典》第111条规定的个人信息利益放入人格权的法定类型。关于个人信息权利属性的争议，参见张平：《大数据时代个人信息保护的立法选择》，载《北京大学学报（哲学社会科学版）》2017年第3期。

② 参见王胜明主编：《中华人民共和国侵权责任法释义》（第2版），法律出版社2013年版，第28页。

③ 参见王泽鉴：《侵权行为》，北京大学出版社2009年版，第7页。

在诉讼中曾主张，陶氏教育在行业内口碑不好，经常有学生要求退钱，如果有学生搜索任某的名字，看到这个结果会对其产生误解，但这样的意见并不能让人信服。因为，第一，这些信息对任某没有任何倾向性。从这些信息的具体内容看，“陶氏教育任某”“无锡陶氏教育任某”“陶氏超能学习法”等表述是完全中性的，没有任何褒贬的感情色彩。从这些表述中所获取的信息都是曾经存在过的客观事实，并且按照一般观念看，这些客观事实存在于网络空间并没有对任某造成任何妨害或产生明显的消极影响。第二，任某所谓的口碑在本案中并未得到证明。陶氏教育的口碑好坏，在很大程度上是一个主观感受问题。而客观上的口碑如何，本身还是需要证明的问题。第三，这些客观信息的继续存在有利于促进行业自律。一个市场的口碑是随着其经营业绩的变化而不断变化的，与市场主体相关的从业人员的从业经历也构成整体市场信息的一部分。这些信息的保存有利于促进市场主体及其从业人员的行业自律。第四，任某并非需要给予特殊保护的群体。基于对特定人群特别保护的需要，很多国家规定某些群体的信息需要被严格控制而不能公开。例如，法国就将与犯罪和刑事有罪判决相关的个人信息的处理控制在很小的范围而不得公开。① 欧盟的《一般数据保护条例》（GDPR，以下简称《条例》）在多处体现出对未成年人的个人信息的特殊保护。② 我国《刑事诉讼法》第 275 条第 1 款也规定，犯罪时如果未满 18 周岁，并且被判处 5 年有期徒刑以下的刑罚的，要对其有关的犯罪记录进行封存。这都是基于特殊的政策考量而作出的制度安排，但是任某并不属于这种特殊人群。

另一方面，任某还需要就本案中“陶氏教育任某”“无锡陶氏教育任某”“陶氏超能学习法”等信息被遗忘（删除）的必要性进行论证。一个国家的历史是由一个个具体的人和事件组合而成的，而呈现这些具体的人和事靠的就是信息的记载和传承，这样才能有历史。如果不加选择地、盲

① See Data Processing, Data Files and Individual Liberties, Art. 6.

② See General Data Protection Regulation, Art. 6, Art. 8, Art. 40.

目地支持任何人可以删除任何有关自己的个人信息，则历史将被人为地选择或剪裁，甚至清除，从而导致历史危机，[①] 并进而导致信任危机——因为人们将不能相信任何既有信息的客观全面性，同时还会导致信息优势一方对劣势一方的霸凌。因此，大到一个国家，小到一个个人，确保彼此平等沟通的重要条件之一就是信息的对称和对等。本案中，任某的工作经历信息是其行业经历的组成部分，与其当时的个人行业资信具有直接的相关性及时效性。就任某而言，他希望通过对自己在网络空间内的信息的选择和过滤吸引潜在客户或潜在学生。但就潜在客户或学生而言，包括任某工作经历在内的合法公开的个人信息正是他们借以判断是否合作或就学的重要依据，双方都应保护。平等保护的最好方式就是确保信息的对称和对等。而信息对称的最优选择就是不应允许任某任意删除其此前合法公布的个人非隐私信息。基于此，涉及任某的“陶氏教育任某”“无锡陶氏教育任某”“陶氏超能学习法”等中立信息的存在反而是必要的，任某要求删除这些信息缺乏必要性。

在本案二审的处理过程中，曾经有一种思路是直接按照一般侵权责任的构成要件进行论证说理。按照这一思路，如果要件事实不具备即可直接判决驳回任某诉求。而本案中，任某很难证明百度公司对于上述关键词出现在搜索结果中有过错；也很难证明上述并没有明显褒贬倾向的关键词与任某所述的经济损失和精神痛苦之间存在因果关系，因而百度公司的侵权责任很难成立。但是，合议庭经过反复评议后认为，如果直接按照构成要件理论去驳回任某诉求，则对于其提出的“被遗忘权”就完全回避了。尽管国内当时尚没有对“被遗忘权”进行充分的研究，但生效判决如果采取一种“谨慎但不明确拒绝”的态度，则有利于引导学界更好地展开对“被遗忘权”的研究，从而为司法判断提供更好的理论支持。基于此，判决说理部分最终没有采取完全回避的态度，而是着重从个案保护的正当性和必

① 杨乐、曹建峰：《从欧盟“被遗忘权”看网络治理规则的选择》，载《北京邮电大学学报（社会科学版）》2016 年第 4 期。

要性角度出发，对任某所主张的“被遗忘权”进行了适度的回应。

三、删除、屏蔽——利益被侵害时的救济

在我国的法律语境下，虽然没有欧盟所谓“删除权”或“被遗忘权”的概念，但删除作为权利和利益受侵害时的救济措施早已有之，甚至可以追溯到《民法通则》中。而《民法典》第179条关于民事责任的承担方式的规定更是对《民法通则》的一脉相承。也就是说，任某的所谓“被遗忘权”的人格利益如果真的有必要保护，那也可以直接在我国现行法体系内找到救济规范，而不是动辄新设“被遗忘权”这一权利类型。在1986年制定的《民法通则》第134条规定的承担民事责任的10种方式中，第一种就是停止侵害，这一民事责任方式同样规定在《民法典》第179条第1款第1项中。而停止侵害可以适用于各种正在进行的侵权行为。当网络空间存在的信息侵犯信息主体的隐私权、名誉权、姓名权或一般人格权时，权利人首先可以主张的救济措施就是停止侵害。而对于网络信息的侵权行为而言，停止侵害最普遍的方式就是删除涉案信息。这里的停止侵害相当于我国台湾地区“民法”规定的“除去侵害”，但在我国台湾地区“民法”中，除去侵害请求权不属于“侵权行为法”上的请求权，而在我国大陆民法中则属于侵权责任方式，这一点二者有所不同。因此，在《民法通则》之后，尤其在是《民法典》颁行之后，尽管我国法律中没有明确规定删除的责任方式，但实践中早已存在侵权信息被删除的实际效果。

2009年通过的《侵权责任法》第36条第2款就网络空间内的侵权信息，首次明确规定了删除、屏蔽以及断开链接等救济措施。《民法典》第1195条在对上述规定意旨继受的基础上进行了优化，同样规定了删除、屏蔽、断开链接等措施。但从性质上看，这里的删除并不是《民法典》意义上的民事责任。根据该规定，如果网民在网络空间发布侵权信息，受害的信息主体有权通知该网站采取删除、屏蔽以及断开链接等措施。网站接到通知后没有及时采取以上必要措施的，将对损害的扩大部分与该网民一起负连带责任。这一规定很好地划分了信息处理者（网络服务提供者）和网络用户在互联网空间的行为边界。当“被遗忘权”所涉及的信息利益被侵犯时，如果涉嫌侵权的信息是信息处理者自行发布的，根据《民法典》第1194条规定，由其直接承担责任，这里的责任当然包括停止侵害，而停止侵害的具体实现方式当然应当包括删除侵权信息。[①] 如果涉嫌侵权的信息是网络用户在网络平台上自行发布的，根据《民法典》第1195条第1款规定，则在受害人（信息主体）通知后，信息处理者就需要采取删除、屏蔽或断开链接的措施。其实，早在《民法典》颁行之前，最高人民法院就曾借鉴美国《数字千年版权法》第512条的做法，[②] 通过司法解释对通知的具体方式进行了明确。[③] 即信息主体必须以特定方式（书面形式或公示的特定方式）提出通知，并且通知中应该标明姓名、联系方式、可以定位侵权信息的信息以及删除理由。在接到该通知后，网络服务者即应采取删除等措施，这也就是所谓的“避风港”规范。由此可见，本案中如果任某提出的“被遗忘权”所涉及的信息利益具有保护必要性和正当性，只要可以归入上文阐述的侵害类型中，信息处理者如网络服务者就会根据信息主体的通知要求而予以删除或屏蔽。这样的效果，也符合欧盟《条例》第17条的删除权（“被遗忘权”）的基本逻辑。

不仅如此，为了强化网站采取删除、屏蔽等措施的积极性，《民法典》第1197条继受《侵权责任法》第36条第3款的立场，竖起了“红旗”标准。即网站明知用户利用其网络发布侵权信息而不采取措施，将负连带责任。这将倒逼网络服务者（信息处理者）对于非常明显的侵权信息进行主动过滤或删除，进一步激发网络服务者对于“被遗忘权”所涉及的信息利益进行保护的积极性。

---

① 最高人民法院侵权责任法研究小组编著：《〈中华人民共和国侵权责任法〉条文理解与适用》，人民法院出版社2010年版，第263页。

② 全国人大常委会法制工作委员会民法室编：《侵权责任法立法背景与观点全集》，法律出版社2010年版，第591页。

③ 参见《最高人民法院关于审理利用信息网络侵害人身权益民事纠纷案件适用法律若干问题的规定》第5条的规定。

由此可见，即使不移植欧盟关于“被遗忘权”的概念，直接在我国法律规范体系中侵犯人格权的法律框架内解决所谓“被遗忘权”所涉及的人格利益保护问题，也是完全可以做到的，但前提是这一人格利益有必要且值得保护。在确定给予保护的情况下，权利人无须借助“被遗忘权”这样的概念，而是直接可以请求删除、屏蔽。当然，如果造成损失，还可以请求损害赔偿。

一审法院独任审判员：陈昶屹

二审法院合议庭成员：丁宇翔　汤　平　王国庆

编写人：北京金融法院　丁宇翔

【专家点评】

“被遗忘权”是一种十分形象的说法，尽管在我国立法中并未直接出现这样一种权利，但是“被遗忘权”背后所涉较为复杂的利益冲突，是互联网时代个人权利和产业发展、信息传播之间产生新型互动关系的典型写照。尽管案件事实和判决结果与境外的“被遗忘权”案件有所不同，但该案判决回应了网络时代国内外的共同关切，体现了我国司法审判中的国际视野，反映了“前个人信息立法时代”我国司法实践处理新型权利诉求的分析思路，也为新格局下个人信息保护规则的构建提供了重要的参考场景和样本。

该案提出的“被遗忘权”主张背后，是互联网时代提出的新型权利冲突场景，体现多重利益关系在网络时代进行规则重塑的需求。原告诉求所代表的个人主张扩大对于自身信息外在呈现的控制和自治权利范围；被告所代表的以搜索引擎为例的技术服务平台坚持信息时代技术中立抗辩和商业模式经营的自主性；而相关信息处理和传播的背后亦体现了公众对于信息充分披露、流动的诉求和利益。这三重利益之间的重叠、交锋和权衡决定了公开信息领域基本规则的确立和格局，也体现了多元价值之间的选择和导向。

该案判决在当时的法律规则和价值体系下，对上述问题作出了定性明确、逻辑严谨、思路清晰的回答，也为基于这些问题的后续立法和价值取舍提供了重要的场景和规则参考。判决对于原告诉求，从具体人格权到一般人格权展开了层层递进的分析，明确了新型权利主张和一般人格权适用的分析逻辑，厘清了一般人格权保护规则在该案的适用思路。同时，针对搜索引擎对于涉案信息的呈现过程和结果也进行了法律的定性，支持了搜索引擎对于技术中立的抗辩，也确立了公众对于公开信息知情权这一重要利益的保护原则。整体上，判决采取了十分全面均衡的裁判思路，确立了分析复杂利益冲突的裁判典范，也为后续法律的发展提供了空间。

该案判决之时，无论是《民法典》中的个人信息权益保护条款，还是《个人信息保护法》，都尚未出台。该案判决的重要意义在于，在当时的法律体系下，界定了原告所主张的特定个人信息相关权益和一般人格权规则适用之间的关系，从而清晰厘定了司法规则适用的边界，为后续立法的推动和完善提出了问题和空间。“被遗忘权”这一概念的提出，也使我国的网络法司法实践产生与国际接轨的讨论视野；将个人信息保护需求的鲜活场景进行展现，亦为后续立法过程中相关问题的深入探讨提供了重要的实践基础。

刘晓春*

【相关法条】

《中华人民共和国民法典》

第一千一百六十五条第一款 行为人因过错侵害他人民事权益造成损害的，应当承担侵权责任。

第一千一百九十四条 网络用户、网络服务提供者利用网络侵害他人

* 刘晓春，中国社会科学院大学副教授讲师，互联网法治研究中心执行主任。

民事权益的，应当承担侵权责任。法律另有规定的，依照其规定。

第一千一百九十五条第一款 网络用户利用网络服务实施侵权行为的，权利人有权通知网络服务提供者采取删除、屏蔽、断开链接等必要措施。通知应当包括构成侵权的初步证据及权利人的真实身份信息。

《中华人民共和国民事诉讼法》

第六十四条第一款 当事人对自己提出的主张，有责任提供证据。

三、北京微梦创科网络技术有限公司诉北京淘友天下技术有限公司、北京淘友天下科技发展有限公司不正当竞争纠纷案

——互联网用户数据信息商业使用第一案

编者按

本案是国内首例涉及互联网用户数据信息商业化使用的典型案例。因二淘友公司超出合作权限获取并使用新浪微博用户的职业信息等引发大数据使用纠纷。案件的审理涉及互联网用户个人数据信息的商业化利用、互联网新技术手段和新商业模式的评判，兼具技术查明、法律适用及利益平衡三重难题。本案的审理综合考虑了当时正在修订的《反不正当竞争法》、《网络安全法》和国外关于个人信息保护的最新立法成果。总结确立的互联网中商业化利用用户数据信息的三重授权原则，对大数据时代个人用户数据信息保护和商业性使用以及基于数据的竞争行为规范具有重要的意义。

关键词

不正当竞争　用户数据信息　OpenAPI　商业诋毁

【裁判要旨】

网络平台提供方在用户同意的前提下可以基于自身经营活动收集并进行商业性使用的用户数据信息主张权益。互联网中第三方应用通过开放平台如 OpenAPI 模式获取用户信息时，应坚持“用户授权” + “平台授权” + “用户授权”的三重授权原则，第三方应用未经用户同意且未经开放平台授权，获取并使用平台用户信息的行为，构成不正当竞争行为。

在互联网行业中，一方披露另一方负面信息时，虽能举证证明该信息属客观、真实，但披露方式显属不当，且足以误导相关公众产生错误评价的行为构成商业诋毁。

【案件索引】

一审：北京市海淀区人民法院（2015）海民（知）初字第 12602 号

二审：北京市知识产权法院（2016）京 73 民终 588 号

【基本案情】

原告北京微梦创科网络技术有限公司（以下简称微梦公司）诉称：微梦公司独立运营新浪微博，北京淘友天下技术有限公司、北京淘友天下科技发展有限公司（以下简称二淘友公司）共同运营脉脉软件。新浪微博与脉脉软件同属社交类软件，二淘友公司与微梦公司存在竞争关系。二淘友公司通过脉脉软件对微梦公司实施了四项不正当竞争行为：第一，非法抓取、使用新浪微博平台用户信息，包括头像、名称（昵称）、职业信息、教育信息及用户自定义标签、用户发布的微博内容。第二，通过脉脉用户手机通信录中联系人信息，非法获得、非法使用这些联系人与新浪微博用户的对应关系。第三，模仿新浪微博的加 V 认证机制及展现方式。第四，对微梦公司进行商业诋毁。二淘友公司的不正当竞争行为造成新浪微博开放平台计划运营受阻，微博用户误认为微梦公司措施不当导致信息泄露，致使用户流失、活跃度下降，损害了微梦公司声誉，直接影响微梦公司运营收入。故请求法院判令二淘友公司：（1）立即停止四项不正当竞争行为；（2）在 www. maimai. cn 网站首页显著位置及 App 应用显著位置连续30 日刊登声明，消除影响；（3）赔偿微梦公司经济损失 1000 万元及合理开支 30 万元（合理开支包括律师费 20 万元、公证费等其他费用 10 万元）。

被告二淘友公司共同辩称：（1）二淘友公司一直遵守“开发者协议”，由于微梦公司的关联公司负责人向二淘友公司法定代表人提出非法要求未获同意，微梦公司将二淘友公司的微博接口关停。（2）二淘友公司与微梦公司非同业竞争者，不存在竞争关系。（3）微梦公司的开放平台授权二淘友公司可以获取新浪微博用户的相关信息，二淘友公司未绕开新浪微博的开放接口抓取用户数据；二淘友公司未获取被授权用户联系方式中的邮箱等联系方式，联系方式中的手机号不是从新浪微博获取的。（4）微梦公司提出二淘友公司取得的非授权用户信息，并非全部从新浪微博获得。二淘友公司从新浪微博网页获取的未授权用户信息系基于与微梦公司的合作关系，也已经取得用户的同意；且仅针对授权用户显示，不向不特定的第三方用户显示，并非针对微梦公司的不正当竞争行为。（5）二淘友公司未抄袭新浪微博的设计及相关内容，也未诋毁微梦公司的商誉。（6）除了律师费和公证费外，微梦公司未提交任何证据证明其经济损失。二淘友公司不同意微梦公司的诉讼请求。

法院经审理查明：微梦公司是新浪微博的经营人，是网站 www. weibo. com、www. weibo. com. cn、www. weibo. cn 的备案人，获得网络文化经营许可证。二淘友公司共同经营脉脉软件及脉脉网站（网址为 www. maimai. cn），双方签订“开发者协议”通过微博平台 OpenAPI 进行合作，合作期自 2013 年 9 月 11 日至 2014 年 8 月 15 日。合作期间，二淘友公司超出合作权限获取并使用新浪微博用户的职业信息、教育信息。双方合作结束后，二淘友公司对从新浪微博获取的非脉脉用户的信息进行了清理，但截至 2014 年 9 月，脉脉软件中仍显示部分非脉脉用户的新浪微博用户信息。二淘友公司未经新浪微博的授权及新浪微博用户的同意，展示脉脉用户手机通信录联系人与新浪微博用户的对应关系。脉脉软件对其用户采用了加V认证标识，但并非抄袭新浪微博的加V设计。二淘友公司在脉脉网站、脉脉软件及第三方网站上发表声明“因新浪微博今日要求交出用户数据才能继续合作，我们拒绝接受……用户隐私是底线，脉脉无法接受与用户数据有关的任何要求，我们选择关闭微博登录!”所用配图有新浪微博标识被加禁止符号。

【裁判结果】

北京市海淀区人民法院于2016年4月26日作出（2015）海民（知）初字第12602号民事判决：“一、本判决生效之日起，被告北京淘友天下技术有限公司、被告北京淘友天下科技发展有限公司停止涉案不正当竞争行为；二、本判决生效之日起三十日内，被告北京淘友天下技术有限公司、被告北京淘友天下科技发展有限公司共同在脉脉网站（网址为www.maimai.cn）首页、脉脉客户端软件首页连续四十八小时刊登声明，就本案不正当竞争行为为原告北京微梦创科网络技术有限公司消除影响（声明内容须经本院审核，逾期不履行，本院将根据原告北京微梦创科网络技术有限公司申请，在相关媒体公布判决主要内容，费用由被告北京淘友天下技术有限公司、被告北京淘友天下科技发展有限公司承担）；三、本判决生效之日起十日内，被告北京淘友天下技术有限公司、被告北京淘友天下科技发展有限公司共同赔偿原告北京微梦创科网络技术有限公司经济损失二百万元及合理费用二十万八千九百九十八元；四、驳回原告北京微梦创科网络技术有限公司的其他诉讼请求。”宣判后，二淘友公司向北京知识产权法院提起上诉。北京知识产权法院对一审法院认定的部分事实进行了纠正，于2016年12月30日作出（2016）京73民终588号民事判决，驳回上诉，维持原判。

法院生效裁判认为：互联网中第三方应用通过开放平台如OpenAPI模式获取用户信息时，应坚持“用户授权”+“平台授权”+“用户授权”

的三重授权原则。本案二淘友公司与微梦公司通过新浪微博平台 OpenAPI 进行合作，二淘友公司未经新浪微博用户的同意，且未取得新浪微博的授权，获取并使用新浪微博用户的职业信息、教育信息，侵犯了微梦公司的竞争优势，破坏了互联网行业的公平竞争秩序，构成《反不正当竞争法》第 2 条规定的不正当竞争行为。在现阶段技术手段无法实现相应技术效果的情况下，技术实施者有义务就其采取的具体技术手段进行举证。本案二淘友公司是否通过脉脉用户手机通信录联系人展示与新浪微博用户的对应关系，在现有技术手段无法实现如此高精准和极具个性化信息的匹配关系时，二淘友公司无法举证如何获得该种对应关系，应当对此承担举证不能的不利后果。在互联网环境中，一方披露另一方负面信息时，虽能举证证明该信息属客观、真实，但披露方式显属不当，且足以误导相关公众产生错误评价的行为构成商业诋毁。本案二淘友公司没有客观、完整地披露其与微梦公司终止合作的前因后果，其公开发表的声明将会误导新浪微博用户及其他相关公众，对微梦公司产生泄露用户信息及以交换用户数据为合作条件的错误评价，进而导致新浪微博的信用度降低，影响微梦公司的商业信誉。故二淘友公司的前述行为构成对微梦公司的商业诋毁。

【案例注解】

本案是国内首例涉及互联网用户数据信息的不正当竞争纠纷案件，因涉及互联网用户个人数据信息的商业化利用及互联网新技术手段和新商业模式的评判，使本案兼具技术查明、法律适用及利益平衡三重难题。本案虽以《反不正当竞争法》（1993 年）为法律依据，但亦充分考虑了《反不正当竞争法（修订草案送审稿）》及该领域专家对于《反不正当竞争法》修订的相关意见。同时，虽然《网络安全法》尚未生效，但其中关于保护个人信息的相关规定亦为本案所吸纳。此外，本案在审理时还查阅了当时国家层面关于个人用户信息保护以及用户数据信息商业化利用的相关规定及案例，特别是经合组织《隐私保护和个人数据跨境流通指南》、欧洲委员会《个人信息自动化处理中的个人保护公约》、欧盟《统一数据保护条例》、美国《正当信息通则》等，亦从比较法的视角总结、提炼涉及用户数据信息商业化使用时的基本商业道德和行业惯例。本案在此基础上首次明确网络平台提供方在用户同意的前提下可以基于自身经营活动收集并进行商业性使用的用户数据信息主张权益，为个人用户数据信息保护及商业性利用确立了保护基础。同时，总结提炼出互联网行业中适用《反不正当竞争法》第 2 条的六个条件和互联网中商业化利用用户数据信息的基本原则，即互联网中第三方应用通过开放平台等模式获取用户信息时应坚持"用户授权" + "平台授权" + "用户授权" 的三重授权原则；第三方应用未经用户同意且未经开放平台授权，获取并使用平台用户信息的行为，构成不正当竞争行为。本案确立的原则对大数据时代个人用户数据信息保护和商业性使用以及基于数据的竞争行为规范具有重要的意义。

一、互联网行业中适用《反不正当竞争法》第 2 条的六个条件

根据《反不正当竞争法》第 2 条第 1 款的规定，经营者在生产经营活动中，"应当遵循自愿、平等、公平、诚信的原则"，遵守法律和商业道德。该条款属于原则性条款，直接适用原则性条款应当慎重。但由于互联网行业的飞速发展，出现了一些利用技术手段实施的有悖诚实信用原则和公认的商业道德的竞争行为，《反不正当竞争法》第 2 条在司法实践中被直接适用的情形越来越多。虽然在一定程度上遏制了不正当竞争行为，但不可避免地在一定程度上亦限制了新技术的发展和新商业模式的推广。为了明确《反不正当竞争法》第 2 条的适用规则，在规范互联网行业竞争行为的同时，给予新技术和新商业模式自由发展空间。本案在分析互联网行业中的技术形态及市场竞争模式特点的基础上，明确提出互联网行业中适用《反不正当竞争法》第 2 条更应秉持谦抑的司法态度。不仅如此，本案在最高人民法院（2009）民申字第 1065 号"山东省食品进出口公司等诉青岛圣克达诚贸易有限公司等不正当竞争纠纷再审案"（"海带配额案"）中总结的三个条件（1. 法律对该种竞争行为未作出特别规定；2. 其他经营者的合法权益确因该竞争行为而受到了实际损害；3. 该种竞争行为因确属违反诚实信用原则和公认的商业道德而具有不正当性）的基础上，基于互联网行业竞争的特点，又提出适用《反不正当竞争法》第 2 条的三个附加条件：（1）该竞争行为所采用的技术手段确实损害了消费者的利益，如限制消费者的自主选择权、未保障消费者的知情权、损害消费者的隐私权等；（2）该竞争行为破坏了互联网环境中的竞争秩序，从而引发恶性竞争或者具备这样的可能性；（3）对于互联网中利用新技术手段或新商业模式的竞争行为应首先推定具有正当性，不正当性需要证据加以证明。

本案中，《反不正当竞争法》及其他部门法对互联网行业中利用用户数据信息的不正当竞争行为没有具体规定，因而本案具有适用《反不正当竞争法》第 2 条的前提条件。同时，二淘友公司未经微梦公司授权及微博用户同意获取并商业性使用用户数据信息的行为确实损害了消费者的隐私权、知情权和选择权，损害了微梦公司基于用户同意收集并进行商业性使用的用户数据信息集合而具有的竞争资源和竞争优势。此外，二淘友公司未经用户同意及平台授权获得并使用用户数据信息违反了诚实信用原则和公认的商业道德，破坏了互联网环境中的公平竞争秩序；若不加以制止可能引发互联网行业中基于技术能力任意获取并商业性使用用户数据信息的恶性竞争或具有这样的可能性。《反不正当竞争法》所保护的是经营者通过自身诚实经营而获得的经营利益。正当的市场竞争必须是竞争者通过付出劳动而进行的诚实竞争；自己不付出劳动，不当地利用他人已经取得的市场成果获取竞争优势的行为，就是不正当竞争。在此基础上，本案适用《反不正当竞争法》第 2 条认定二淘友公司获取并使用用户数据信息等行为构成不正当竞争。

二、网络平台提供方可以对在用户同意的前提下基于自身经营活动收集并进行商业性使用的用户数据信息主张权益

网络平台提供方能否基于自身经营活动收集的用户数据信息主张权益是本案的焦点问题之一。被告二淘友公司主张用户数据信息的所有者应为用户而非网络平台方，因而本案中原告微梦公司基于在其经营的微博平台上收集的用户数据信息无权主张权益。从目前的法律法规来看，基于平台运营过程中收集的用户数据信息集合是否可以构成法律保护的客体；如果该数据集合应当受到法律保护，那么，谁是该权利或权益的主体等问题均未有明确规定。但无法回避的是，基于用户数据信息集合主张权利的案件（本案）已经出现在司法实践中，法官不能拒绝裁判。因此，法院于本案中在分析用户数据信息产生的过程、价值等基础上认定用户数据信息应该给予保护。同时，考虑现行《反不正当竞争法》并未赋予消费者依照该法提起诉讼的权利，竞争者对于损害消费者权益，进而危及合法有序竞争秩序的行为享有诉权，才能使《反不正当竞争法》保护消费者权益的立法目的得以实现。最终认定网络平台提供方可以对在用户同意的前提下基于自身经营活动收集并进行商业性使用的用户数据信息主张权益。

互联网时代，用户信息已成为数字经济中提升效率、支撑创新的最重要的基本元素之一。数据的获取和使用，不仅能成为企业竞争优势的来源，更能为企业创造更多的经济效益，是经营者重要的竞争优势与商业资源。而社交软件存在明显的用户网络效应，使用用户越多则社交软件越有商业价值。因此，网络平台提供方可以就他人未经许可擅自使用其经过用户同意收集并使用的用户数据信息主张权利。本案中，微梦公司经营的新浪微博兼具社交媒体网络平台和向第三方应用提供接口开放平台的身份，通过其多年经营活动而积累了数以亿计的微博用户。这些用户根据自身需要及新浪微博提供的设置条件，公开、向特定人公开或不公开自己的基本信息、职业、教育、喜好等特色信息。经过用户同意，收集并进行商业利用的用户信息不仅是微梦公司作为社交媒体平台开展经营活动的基础，也是其向不同第三方应用提供平台资源的重要商业资源。二淘友公司作为第三方应用，未经新浪微博授权及新浪微博用户的同意，获取并使用非脉脉用户的新浪微博信息，节省了大量的经济投入，变相降低了同为竞争者的新浪微博的竞争优势，在一定程度上侵害了微梦公司的商业资源。微梦公司基于其 OpenAPI 合作开发提供数据方的市场主体地位，可以就第三方应用未按照“开发者协议”约定的内容、未取得用户同意、无正当理由使用其平台相关数据资源的行为主张自己的合法权益。

三、保护消费者利益与不正当竞争之间的关系

保护消费者利益与不正当竞争之间一直存在紧密的联系。本案的典型意义之一就在于保护消费者利益对于不正当竞争行为认定的作用到底是什么，以及如何厘清保护消费者利益与判断不正当竞争行为之间的关系。

本案在分析二淘友公司实施的涉案行为对于消费者的影响后，明确一种行为如果损害了消费者的权益但没有对公平竞争秩序构成损害，则不属于不正当竞争行为，消费者可以通过其他法律手段维护自己的权益，不正当竞争必然与竞争行为联系在一起。消费者作为竞争行为的作用对象，是竞争结果和市场产品的承受者，提升消费者福利是法律追求的最终目标，认定竞争行为是否正当最终要看是否有利于提升消费者福利。消费者利益经常与公共利益交叉和重合，其代表或者延伸了公共利益；而《反不正当竞争法》所追求的合法有序的竞争秩序最终必然有利于公共利益。因此，是否损害消费者权益和公共利益理应作为认定不正当竞争行为的重要标准。在依据《反不正当竞争法》第 2 条认定不正当竞争行为时，应当将是否损害消费者利益作为重要判断标准，综合考虑经营者、消费者和社会公众的利益，在各种利益之间进行平衡。判断互联网竞争行为是否具备正当性时，对经营者、消费者和社会公众三者利益的不同强调将直接影响对行为的定性。在我国互联网行业中，判断某一行为是否正当需要考虑保护经营者和消费者的合法权益。不正当性不仅只是针对竞争者，不当地侵犯消费者利益或者侵害公众利益的行为都有可能被认定行为不正当。在具体案件中认定不正当竞争行为，要从诚实信用原则出发，综合考虑涉案行为对竞争者、消费者和社会公众的影响。

本案中，法院正是考虑被告二淘友公司实施的涉案行为损害或限制了用户的隐私权、知情权和选择权，从保护消费者利益的角度以及最终提升消费者福利的终极目标，将被告二淘友公司的涉案行为定性为不正当竞争行为。

四、互联网不正当竞争纠纷中被诉行为采取的技术手段的举证责任分配问题

虽然由于涉及互联网技术手段的不断迭新，但互联网不正当竞争纠纷案件本质上仍为民事诉讼。因此，对互联网不正当竞争纠纷中被诉行为本身所采取的技术手段的认定，仍应适用举证责任分配的一般规则，即“谁主张，谁举证”。强调互联网不正当竞争中所采用的技术手段举证责任分配，有利于为网络技术营造自由的发展空间；在无证据证明技术手段存在使用不当的情况下，该技术手段应为正当的，是鼓励发展和运用的。这能够避免因网络技术手段迭新而处于动辄得咎的尴尬境地。同时，由于网络技术存在扑朔迷离的特点，在现阶段技术手段无法实现相应的技术效果的情况下，技术实施者有义务就其采取的具体技术手段进行举证。适度的举证责任转移能够更好地查清技术事实，从而有利于对运用该技术的竞争行为进行正确的定性。

本案中，微梦公司主张二淘友公司通过 OpenAPI 以外的非法手段抓取新浪微博用户的职业信息和教育信息，对此应由微梦公司进行举证。微梦公司对于前述信息是否被爬虫手段或其他手段抓取均不能提供证据，应当承担举证不能的不利后果。此外，微梦公司主张二淘友公司通过脉脉用户手机通信录中联系人展示与新浪微博用户的对应关系，二淘友公司抗辩主张其系通过协同过滤算法实现该对应关系；但在基础数据有限的情况下协同过滤算法无法实现如此高精准和极具个性化信息的匹配关系时，二淘友公司有义务说明其采取何种技术手段及如何实现该种匹配关系的计算。对于技术问题的查明，法院应当充分运用举证规则，从证据优势的角度判断法律事实而不能直接基于常理进行推断。同时，本案在判决中明确指出，互联网时代保护用户信息是互联网企业的社会责任，互联网企业应当采取相应的技术措施反爬虫抓取用户数据信息并在后台留存所有爬虫记录，这既是对用户信息的保护，也能避免类似本案中举证不能的情况。

五、第三方应用通过开放平台如 OpenAPI 模式获取用户信息时应坚持“用户授权” + “平台授权” + “用户授权”的三重授权原则

大数据时代，数据经济的发展离不开对数据信息的利用和开发，对涉及个人用户数据的信息资源如何进行商业性使用成为数据经济中首要解决的问题。如何在保护个人用户数据信息和充分发挥数据信息对于经济的推动作用之间实现平衡考验着司法的智慧。本案首次提出在对个人用户数据信息进行商业性使用时应坚持“用户授权” + “平台授权” + “用户授权”的三重授权原则，既实现了对个人用户的知情权、选择权和隐私权的保护，又能够有效利用数据资源，推动数据经济的发展。

本案是基于 OpenAPI 合作模式的数据共享，为此，本案首先对 OpenAPI 进行研究。OpenAPI，即开放 API（Application Programming Interface，应用编程接口），是服务型网站常见的一种应用。网站的服务商将自己的网站服务封装成一系列 API 开放出去，供第三方开发者使用，这种行为被称作开放网站的 API，所开放的 API 被称作 OpenAPI。OpenAPI 是互联网新的应用开发模式，这种网络应用开发模式能够更好地发挥数据资源价值，实现开放平台方和第三方应用之间的合作共赢。OpenAPI 通过“开发者协议”来约定双方的权利义务，亦通过该协议来保护用户数据信息。OpenAPI 的权限控制和安全权限控制由 OpenAPI 的提供方通过技术手段来实现，应用开发者必须在满足相应权限的前提下才有可能访问相关资源。应用开发者通过 OpenAPI 平台调用数据，平台系统可通过检测响应时间和 Http 响应的状态码获得相应时间和可用性，同时通过综合可用性的历史信息得到该 OpenAPI 当前的稳定性指标。互联网企业在运用 OpenAPI 开展合作开发时，应事先取得用户的同意再收集并利用相关信息。第三方应用基于 OpenAPI 合作模式利用用户信息时，除应取得网络平台提供方同意外，还应再次取得用户的同意，尊重用户的自由选择权。

本案中，微梦公司作为网络平台提供方，二淘友公司作为第三方应用，应当遵守双方签订的“开发者协议”，在读取和运用用户数据时，以“用户同意”+“平台同意”+“用户同意”的三重同意为原则，以保护用户的隐私权、知情权和选择权为底线，以公平、诚信为行为准则，维护互联网络的公平竞争秩序，实现数据经济的合作共赢。

六、互联网中网络平台收集利用用户数据信息应遵循合法、正当、必要的原则，网络运营者应尽到管理义务

网络平台提供方在自身经营中如何收集和利用用户数据信息，应该坚持怎样的原则事关广大网络用户的切身利益，又影响着数据经济的发展方向和模式。本案首次在民事案件中明确互联网中网络平台收集利用用户数据信息应遵循合法、正当、必要的原则，网络运营者应尽到管理义务。同时，在判决中倡导性提出网络运营者管理义务的主要内容，对于互联网行业中数据的管理和运用作出规范性指引。

《全国人民代表大会常务委员会关于加强网络信息保护的决定》第2条规定：“网络服务提供者和其他企业事业单位在业务活动中收集、使用公民个人电子信息，应当遵循合法、正当、必要的原则，明示收集、使用信息的目的、方式和范围，并经被收集者同意，不得违反法律、法规的规定和双方的约定收集、使用信息。”从上述规定可以看出，网络服务提供者收集、利用用户信息应当遵循合法、正当、必要的原则并经被收集者同意。此外，国际上关于个人信息保护方面的主要法律文本，如OECD隐私框架、APEC隐私框架、欧盟《通用数据保护条例》（*General Data Protection Regulation*）、欧美“隐私盾”协议（Privacy Shield）、美国“消费者隐私权法案（讨论稿）”（Consumer Privacy Bill of Rights Act of 2015）等亦规定，商业化利用个人信息必须告知用户并取得用户的同意。因此，网络运营者作为网络建设与运行的关键参与者，在保障网络安全中具有优势和基础性作用，应当遵循合法、正当、必要的原则，尽到网络运营者的管理义务：（1）制定内部数据信息安全管理制度和操作规程，确定网络安全负责人，落实网络数据信息安全保护责任；（2）采取防范计算机病毒和网络攻击、网络侵入等危害网络数据信息安全行为的技术措施；（3）采取监测和记录网络运行状态、网络安全事件的技术措施，并按照规定留存相关的网络日志；（4）采取数据分类、重要数据备份和加密等措施；（5）制定网络安全事件应急预案，及时处置系统漏洞、计算机病毒、网络攻击、网络侵入等安全风险。第三方应用开发者作为网络建设与运行的重要参与者，在收集、使用个人数据信息时，应当遵循诚实信用的原则及公认的商业道德，取得用户明示同意并经网络运营者授权后合法获取、使用数据信息。同时，在收集和使用用户信息时应坚持最少够用原则，网络运营者不得收集与其提供的服务无关的个人信息。

七、互联网行业中商业诋毁的认定要件

《反不正当竞争法》第 14 条规定：经营者不得捏造、散布虚伪事实，损害竞争对手的商业信誉、商品声誉。商业诋毁有三个构成要件：（1）主体是经营者；（2）行为是捏造、散布虚伪事实；（3）后果是损害竞争对手的商业信誉、商品声誉。本案中，二淘友公司与微梦公司同为社交软件的经营者，软件的功能及用户群体存在重叠，符合商业诋毁行为的主体要件。关于被诉行为是否构成商业诋毁的行为要件，可以从以下四个方面进行判断：（1）披露原告负面信息时，存在虚构、歪曲、夸大等情形，误导相关公众对原告作出负面评价的；（2）披露原告负面信息时，虽能举证证明该信息属客观、真实，但披露方式显属不当，且足以误导相关公众从而产生错误评价的；（3）以言语、奖励积分、提供奖品或者优惠服务等方式，鼓励、诱导网络用户对原告作出负面评价的；（4）其他构成商业诋毁的情形。

根据在案证据显示，二淘友公司在脉脉网站、脉脉软件及第三方网站上发表声明“因新浪微博今日要求交出用户数据才能继续合作，我们拒绝接受……用户隐私是底线，脉脉无法接受与用户数据有关的任何要求，我们选择关闭微博登录！”所用配图有新浪微博标识被加禁止符号。二淘友公司披露双方终止合作的方式显属不当，二淘友公司没有客观、完整地呈现双方终止合作的前因后果，其在公开声明中的表达将会误导新浪微博用户及其他相关公众对微梦公司产生泄露用户信息及以交换用户数据为合作条件的错误评价，故前述行为符合商业诋毁的行为要件。此外，自媒体时代网络的发达便捷使互联网信息传播速度非常快，二淘友公司在公开发表的声明中称“新浪微博今日要求交出用户数据才能继续合作”等内容可能在短时间内就会广泛传播，进而可能误导相关公众认为微梦公司泄露用户信息并试图不正当使用用户数据，从而导致新浪微博的信用度降低，影响微梦公司的商业信誉，故二淘友公司的前述行为符合商业诋毁行为的后果要件。因此，在互联网环境中，一方披露另一方负面信息时，虽能举证证明该信息属客观、真实，但披露方式显属不当，且足以误导相关公众产生错误评价使企业信誉受损的行为构成商业诋毁。

本案中，虽然法律对互联网中网络平台提供者和第三方应用基于用户数据信息的竞争行为未作出特别规定，但二淘友公司非法获取、使用新浪微博用户职业信息、教育信息的行为违反诚实信用原则和公认的商业道德，二淘友公司获取、使用脉脉用户手机通信录联系人与新浪微博用户对应关系所采用的技术手段损害了新浪微博用户的合法利益，微梦公司的竞争优势及商业信誉因二淘友公司的不正当竞争行为受到实际损害，二淘友公司的不正当竞争行为破坏了 OpenAPI 的竞争秩序，具有引发互联网行业恶性竞争的可能性。因此，二淘友公司违反《反不正当竞争法》第 2 条的规定，构成不正当竞争行为。

一审法院合议庭成员：曹丽萍　王嘉佳　梁铭全

二审法院合议庭成员：张玲玲　冯　刚　杨　洁

编写人：北京知识产权法院　张玲玲　田　芬

【专家点评】

一、该案判决的思路和意义

（一）数据的商业秘密保护路径

在起诉书中，微梦公司以用户数据系商业秘密为由，主张二淘友公司对用户数据的抓取和使用侵犯其商业秘密，理应承担《反不正当竞争法》责任。然而，除一审法院在事实描述时对此有所提及外，二级法院均未认可二淘友公司构成《反不正当竞争法》第10条项下侵犯商业秘密的不正当竞争行为。在此，我们将相关理由剖析如下。

1. 用户数据是否符合商业秘密的法定条件

并非所有的技术信息和经营信息都能作为“商业秘密”，只有符合法定条件的企业信息才能获得保护。依据《反不正当竞争法》，该等条件系“不为公众所知悉、能为权利人带来经济利益、具有实用性并经权利人采取保密措施”。

（1）用户数据是否为公众所知悉

顾名思义，“秘密性”是商业秘密的首要属性。根据WIPO国际局在《关于反不正当竞争保护的示范规定》的注释，这里的“秘密性”是指“不为通常涉及该信息的同行业者所普遍了解或容易获得”。这包含双重含义：一是不为相关技术或经营领域内的人员普遍知悉；二是同行业者如欲获得相关信息，必须付出创造性劳动，而非轻易收集。在此意义上，用户数据并不欠缺秘密性。

尽管单个新浪微博用户的信息可能是公共信息，但对于数量众多的用户的信息汇聚结果，绝非其他互联网企业所能知悉；或者如二淘友公司所言，即便可得知悉，也必须通过复杂的协同过滤算法才可获得。更重要的是，世界上很少有新的东西，绝大部分都是旧东西的新组合而已。因此，无论其来源是否发端于公开信息，只要相关信息的收集、加工、筛选和组合的结构本身是无法轻易获得的，即具有未公开性。① 在“青年旅行社诉中国旅行社商业秘密纠纷案”中，青年旅行社有关客户的单位名称、地址电话和联系人都可以从公开渠道查询，但这些客户作为一个有机组合和精确配置的整体，则并不为同行周知，该客户名单并不丧失秘密性。

① Harvey Barnett Inc. v. Shidler，338 F. 3d 1125（10th Cir. 2003）.

（2）用户数据是否具有经济利益和实用性

根据《最高人民法院关于审理不正当竞争民事案件应用法律若干问题的解释》（以下简称《解释》）的规定，商业秘密必须具有现实的或者潜在的商业价值，能为权利人带来竞争优势。这又被称为商业秘密的“价值要件”。

在信息时代，大数据技术的发展激发了商业模式创新，不断催生新业态，已成为互联网等新兴领域提升企业核心价值的重要驱动力。就用户数据而言，其规模及质量反映了网络平台用户的活跃度，影响互联网企业的吸引力。掌握用户数据越多，越有可能拥有更大的用户规模。显然，只有维持已有用户并不断吸引新用户，才能推进企业的经营发展。同时，用户数据是网络经营者分析整理用户需求，开发特色产品和服务，提升用户体验的重要来源。故而，用户数据不但是新浪微博的竞争力，也是其生产力，当然具有非凡价值。

（3）微梦公司是否对用户数据采取保密措施

商业秘密因特定信息的出现而自动生成，企业必须以独特的方式表明对商业秘密的占有、支配和控制，这就是商业秘密的“合理保护措施”之要求，或称为“外观要件”。[①] 所谓“合理”，意谓在综合考量所涉信息的商业价值、载体特性、保密意愿、保密措施的可识别程度以及他人通过正当方式获得的难易程度等因素后，达到足以防止信息泄露的程度。作为一个不确定概念，合理措施无法一概而论，只能个案认定。为避免在实践中认定过苛，《解释》第 11 条对可以认为采取合理保密措施的具体情形进行了列举。

就用户数据而言，必须区分单个微博用户的数据和众多用户的数据集合，前者在新浪微博系统内的公开，并不意味着后者的普遍公开。因为只有汇聚大量信息的数据，才是具有经济价值的商业秘密。由此出发，微梦

① 参见谢晓尧：《竞争秩序的道德解读》，法律出版社 2005 年版，第 298 页。

公司对用户数据的保护措施可分为三个层面。其一，微梦公司在与二淘友公司达成的“开发者协议”中已经申明用户数据属于商业秘密，并有权要求其遵守用户数据的管理规则，有权限制或阻止其获取用户数据。“开发者协议”第2.5.6条明确约定：“开发者不得以任何方式将用户数据给第三人……不得以任何方式将收集到的用户数据转移或使用在该特定应用或服务之外。”相关条款构成《解释》第11条下“签订保密协议”的实质内容。其二，微梦公司通过OpenAPI控制第三方获取用户数据。根据OpenAPI的运作原理，无论是授权有效期、调用频次，还是接口调用高级权限，均需要由合作方单独申请，由微梦公司批准。这与《解释》第11条项下“限定涉密信息的知悉范围，只对必须知悉的相关人员告知其内容”的要求相符。其三，微梦公司采取Robots协议禁止第三方通过网络爬虫（spider）程序进行用户数据抓取。有别于数据获取，数据抓取是在未经数据控制者授权的情形下，由爬虫程序根据预先设定的策略路径，对网页数据进行访问和爬取，将主要信息存储于本地服务器中，并进行分析整理。Robots协议，又称“网络爬虫排除标准”，其表现为存放于网站程序根目录下的文本文件，它是爬虫访问网站内容之前必须访问的第一个文件，旨在公示该网站允许哪些爬虫对哪些内容进行爬取。作为被普遍接受的商业道德和行业惯例，Robots协议具有软法的效力。中国互联网协会发布的《互联网搜索引擎服务自律公约》第7条亦对此予以确认。考虑数据自身特性，Robots协议可视为《解释》第11条项下所述“在涉密信息的载体上标有保密标志”。基于上述，可以认定微梦公司就用户数据采取了合适的保密措施。

从商业秘密的法定条件观察，用户数据似乎业已具备《反不正当竞争法》三项要件，但法院却没有据此立论，这并非思虑不及，而是别有隐衷。

2. 数据的商业秘密定位与我国立法意旨不符

自20世纪60年代以来，商业秘密一般作为可获保护的无形财产，被纳入知识产权法的保护体系之中。美国的《侵权法重述》及相关判例均承认商业秘密是受到宪法保护的财产，“应视为除土地和有形财产以外和发明概念相一致的无形财产”。[①] 1994 年《与贸易有关的知识产权协议》(TRIPs) 在国际条约的层面上，首次赋予商业秘密以财产属性，使之成为知识产权的独立类别。我国《民法总则》(已废止) 亦延续这一做法，将商业秘密与作品、发明、实用新型、外观设计、地理标志、集成电路布图设计、植物新品种并列。

与之相反，《民法典》却将数据排除在知识产权之外。在 2016 年 7 月 5 日公布的《民法总则》(一审稿草案) 中，“数据信息” 曾作为一种知识产权加以保护。但在后续讨论中，有人主张数据是对事物属性的描述和记录，而知识产权的核心是人的智慧成果。为了避免扩大知识产权保护范围引发的体系混乱风险，在《民法总则》的最终稿中将之删除，而另辟第 127 条，作为数据保护的指引性规则。根据这一立法历史解释，一旦将用户数据归入商业秘密，其不得不面临与《民法典》对数据定位的冲突。

(二) 数据的商业秘密定位可能导致保护不足

除与我国《民法总则》相抵牾外，将数据定位于商业秘密，还可能无法为数据控制者提供充分且有效的保护。

首先，尽管商业秘密被归入知识产权中，但它并非一项权利，而是一种法益。[②] 无论是美国的《侵权法重述》《法律重述 (第三版) 反不正当竞争》，还是德国的《反不正当竞争法》，均拒绝将“商业秘密”权利化。即便是对商业秘密明确保护的 TRIPs，也没有使用任何“权利”(right) 用语，从而与专利、商标等其他保护对象中“权利人”(right holder) 或“权利”(right) 的措辞迥然有异。究其实质，商业秘密制度旨在维护自由而正当的交易秩序，并非赋予其专属权利，以排除他人参与竞争。

---

① Ruckelshaus v. Monsanto Co., 463 U. S. 1315 (1983).

② 参见孙山:《无根的“商业秘密权”——从制定法看“商业秘密权”的虚妄》，载《河北法学》2011 年第 3 期。

较诸法律积极承认的权利，未上升为权利的法益一般只能获得相对薄弱的保护，其体现为权益区分的立法梯次保护、以司法救济为主的消极保护以及法律解释上的缩限保护倾向。据此，作为一项法益的商业秘密，在动静两面均存在保护不足：就动态而言，由于法益仅以事实状态获得保护，一旦脱离支配或占有，就丧失了保护基础，这有碍于商业秘密的转让和权能分离的多重利用；就静态而言，鉴于法益欠缺社会典型公开性，对它的保护以事先确定类型的法定义务违反为前提。例如，对于非绝对权的法益，德国民法只在违反保护性法律和故意违反善良风俗时，才承担侵权责任。我国《反不正当竞争法》第 10 条亦通过列举方式，规定了侵犯商业秘密的三种行为，以此作为保护前提。

其次，商业秘密系不具排他效力的法益。商业秘密不能公之于众，因此它不可能产生对世的排他权，而只能是秘密保有和使用。严格地说，侵犯商业秘密表现为“窃取”（misappropriation），而非“侵害”（infringement）。这一区分说明，商业秘密保护的核心在于“过错”（wrong），即不当获得或使用他人的私有信息。因此，若他人使用正当程序，如独立研发、自行搜集或反向工程等方式获得信息，商业秘密持有人无权干预。商业秘密这一特征，令持有人不得不承担更重的举证责任，进一步弱化了保护力度。[①] 实际上，该案面对通过爬虫抓取数据和利用协同过滤算法实现数据匹配这两种相互对立的主张，正是因为法院无法查明事实，故而难以直接判定二淘友公司侵犯微梦公司的商业秘密。

总之，虽然用户数据的商业秘密定位符合数据控制者的预期，并能以简洁明了的方式提供保护，但由于立法和司法上的双重窒碍，法院最终舍弃了这一路径，转向了《反不正当竞争法》的一般条款。

---

① 将来随着《反不正当竞争法》的修改可能会改观。2016 年 2 月 25 日《反不正当竞争法（修订草案送审稿）》第 22 条第 2 款特别明确了举证责任倒置，即由被告承担其使用信息具有合法来源的举证责任。

（三）数据的反不正当竞争法保护

该案中，法院依据《反不正当竞争法》第 2 条第 1 款、第 2 款“经营者在市场交易中，应当遵循自愿、平等、公平、诚实信用的原则，遵守公认的商业道德。本法所称的不正当竞争，是指经营者违反本法规定，损害其他经营者合法权益，扰乱社会经济秩序的行为”之规定作出判决，这一被称为《反不正当竞争法》的“一般条款”意蕴丰富且具有开放性，亟待辨明。

1.《反不正当竞争法》的一般条款的既有实践

《反不正当竞争法》之一般条款是各国普遍采用的立法例：德国 1909 年《反不正当竞争法》第 1 条、《法国民法典》第 1382 条和第 1383 条、《意大利民法典》第 2598 条、瑞士 1986 年《联邦反不正当竞争法》第 1 条和第 2 条、澳大利亚 1974 年《商业行为法》第 52 条、美国《联邦贸易委员会法》第 5 条、欧盟 2005 年《公平交易行为指令》第 5（2）条均是适例。一般条款之所以成为各国普遍选择，实因不正当竞争行为纷繁芜杂、难以穷尽，故而通过兜底规范，在法律规定的具体事实构成不敷适用的地方，发挥查缺补漏的作用。

鉴于内在的模糊性和开放性，一般条款在成为“整个竞争法领域之帝王规范”的同时，也是一份给予司法机关的“授权书”。① 通过此项授权，法院得依据“诚实信用”和“商业道德”将一切有害市场竞争的行为囊括其中，从而克服成文法的不周延性和滞后性。正因如此，如欲把握《反不正当竞争法》第 2 条，必须从我国司法实践出发，探明其真意。

在涉及第 2 条的大量纠纷中，“海带配额案”具有里程碑式的意义。在该案中，最高人民法院以再审方式第一次确立了独立适用第 2 条的“三要件”：（1）法律对该种竞争行为未作出特别规定；（2）其他经营者的合法权益确因该竞争行为而受到实际损害；（3）该种竞争行为因确属违反诚

① 参见吴秀明：《竞争法研究》，台北，元照出版公司 2010 年版，第 12~13 页。

实信用原则和公认的商业道德而具有不正当性或者说可责性。尽管“海带配额案”为后续审判提供了操作性指引，但在互联网行业的场景中，为保障新技术和市场竞争模式的发展空间，其适用还有待进一步具体化。在“北京奇虎科技有限公司等与腾讯科技（深圳）有限公司不正当竞争纠纷上诉案”（“扣扣保镖案”）和“奇虎公司与百度网讯公司、百度在线公司不正当竞争纠纷案”（“百度插标案”）中，法院分别增加了“正当商业模式”条件和“非公益必要不干涉原则”的限制。质言之，前者意味着互联网企业对营业模式的创新构成“合法权益”，后者意味着除非为了公共利益，互联网产品或服务之间不得相互干扰。《反不正当竞争法》第2条的既有司法实践构成了该案审理的基础。

2.《反不正当竞争法》一般条款在该案中的运用

该案中，二审法院在援引“海带配额案”后特别指出，互联网行业中的技术形态、市场竞争模式与传统行业存在显著差别，因而对《反不正当竞争法》第2条更应秉持谦抑的司法态度。质言之，对不正当竞争行为的认定在基本“三要件”外，还需满足“额外三要件”：（1）该种竞争行为所采用的技术手段确实损害了消费者的利益；（2）该种竞争行为破坏了互联网环境中的公开、公平、公正的市场竞争秩序，从而引发恶性竞争或者具备这样的可能性；（3）对于互联网中利用新技术手段或新商业模式的竞争行为，应首先推定具有正当性，不正当性需要证据加以证明。可见，要件2映射“百度插标案”的“非公益必要不干涉原则”，要件3类似于“扣扣保镖案”的“正当商业模式”。至于要件1则突出对消费者的保护，顺应了一般条款二元结构的世界潮流，[①] 亦符合《反不正当竞争法（修订草案送审稿）》第2条将“损害消费者的合法权益”纳入不正当竞争行为的立法趋势。基于上述，我们可以对二淘友公司的数据获取行为加以剖析。

---

① 参见邵建东：《德国反不正当竞争法研究》，中国人民大学出版社2001年版，第36~37页。

其一，微梦公司是否因二淘友公司的数据获取而受损？在起诉状中，微梦公司主张淘友公司的行为“造成新浪微博开放平台计划运营受阻，微博用户误认为我公司措施不当导致信息泄露，致使用户流失、活跃度下降，损害我公司声誉，直接影响我公司运营收入”。但微梦公司就该等损失却没有提交任何证据。对此，二审法院并未展开论述，仅简单认定：“诚实遵守《开发者协议》的其他经营者及作为数据开放平台的微梦公司的合法权益确因该竞争行为而受到了实际损害。”

其二，二淘友公司是否违反商业道德？商业上的诚信是最大的商业道德。在判断商业交易中的诚信时，需要综合考虑经营者、消费者和社会公众的不同利益。法院认为，该案中的商业道德有两层含义：一是 OpenAPI 相关的“开发者协议”所要求的平等互利、诚实信用的基本原则；二是在采集和利用用户个人信息时，互联网企业必须已取得用户同意这一基本要求。二淘友公司的数据获取行为同时构成了对两种道德的违反。

其三，二淘友公司是否损害消费者权益？互联网用户即消费者，对用户合法利益的保护是每一个互联网企业的责任。法院指出，二淘友公司在未取得用户同意的情况下读取非脉脉用户的新浪微博信息，未能尊重用户的知情权及自由选择权，违反了《消费者权益保护法》第 29 条对消费者个人信息保护的规定。

其四，二淘友公司是否破坏竞争秩序？当前，数据资源已经成为互联网企业重要的竞争优势。新浪微博是我国主流社交媒体，庞大的用户信息是微梦公司重要的商业资源。法院判定，作为一款基于移动端的人脉社交应用，其经营者二淘友公司对新浪微博用户数据的获取，不正当地取得竞争优势，破坏了互联网行业的竞争秩序。

其五，二淘友公司的商业模式和技术是否正当？互联网行业中新的商业模式和技术手段层出不穷，其正当性并非建立在创新性和进步性上，而应揆诸是否符合公共利益，亦即其是否符合消费者的一般利益和社会大多数人的利益。在该案中，无论二淘友公司是否通过协同过滤算法获得相关信息，其均应以保护用户的利益为优先选择，而不是任凭技术的能力不正当取得竞争优势。

综上所述，二审法院最终判定：二淘友公司获取新浪微博信息的行为存在主观过错，违背了第三方通过 OpenAPI 获取用户信息时应坚持“用户授权” + “平台授权” + “用户授权”的三重授权原则，违反了诚实信用原则和互联网中的商业道德，故其行为构成《反不正当竞争法》第 2 条下的不正当竞争行为。

二、用户数据保护的三重授权原则与法理反思

基于《反不正当竞争法》的路径，法院进一步提炼出用户数据保护的三重授权原则，即互联网中第三方应用通过开放平台等模式获取用户数据时应坚持“用户授权” + “平台授权” + “用户授权”的三重授权，第三方应用未经用户同意且未经开放平台授权，获取并使用平台用户数据的行为，构成不正当竞争行为。在平台、用户和第三方中，用户占据着最终决定性的地位，它既可以授权数据收集方（平台），也可以授权数据接收方（第三方）。因此，认可用户和平台企业共享用户数据控制权，有利于对用户及企业数据的权益保护，对于我国个人信息保护以及数据信息产业的健康发展具有指导意义。但毋庸讳言，作为一项制度创新，三重授权原则也存在有待进一步改进之处。

（一）三重授权原则的不足

将用户置于最终决定权的位置是三重授权原则的逻辑起点。不过，用户对于用户数据的实质性控制权和排他性独占将会造成大量的负外部性。这是因为，作为一种流动性资源，数据不可能被任何一方控制，否则将不可避免地导致负外部性，影响数据的二次利用和数据要素的价值发挥。即使对用户而言，三重授权原则亦有不足：一方面，用户作为数据使用最终决定人，将面临反复告知和询问，可能侵害用户隐私权中的安宁权；另一方面，用户很难判断第三方的能力、信用和资质，相较于原始的数据收集人和用户之间基于平台的密切关联，用户和第三方的关系比较疏远，此时交由用户来判断，可能会导致实质不理性。

（二）三重授权原则的改进

为矫正用户作为最终决定人的弊端，有待引入用户无须授权的情形，即在特定情形下，只需经平台授权就可向第三方提供相应数据。其一，若用户数据不负载个人信息（包括匿名化）时，平台可以自己决定数据使用，此时双方获利而无人受损，符合经济学上的帕累托最优定律。其二，尽管用户数据中负载个人信息，但向第三方提供时符合《个人信息保护法》第 13 条中规定的“为订立、履行个人作为一方当事人的合同所必需，或者按照依法制定的劳动规章制度和依法签订的集体合同实施人力资源管理所必需”；“为履行……法定义务所必需”；“为应对突发公共卫生事件，或者紧急情况下为保护自然人的生命健康和财产安全所必需”；“在合理的范围内处理个人自行公开或者其他已经合法公开的个人信息”时，亦无须用户授权即可向第三方提供数据。

三、该判决的参考意义及将来的课题

该判决作为首例涉及互联网用户数据的不正当竞争纠纷案件，开创性地运用数据的不正当竞争法保护路径，提出三重授权原则，具有典范性的意义。2018 年，“淘宝诉美景案”沿用了三重授权原则，在将用户行为痕迹信息认定为非个人信息的同时参照对个人信息的保护，对用户行为痕迹信息进行保护，将该原则扩展到其他网络运营者收集的用户信息场景。2019 年“微信诉抖音、多闪案”将三重授权原则定位为开放平台模式下经营者应遵循的商业道德。三重授权原则由此成为评判第三方数据获取行为是否具有“不正当性”的行业标准。[①] 而在《个人信息保护法》《数据安全法》生效和数据要素市场培育的顶层设计下，如何妥善适用《反不正当

① 参见向秦：《三重授权原则在个人信息处理中的限制适用》，载《法商研究》2022 年第 5 期。

竞争法》一般条款，实现用户、平台、第三方之间的利益平衡，依然有待进一步探索。

许可*

【相关法条】

《中华人民共和国反不正当竞争法》

第二条 经营者在生产经营活动中，应当遵循自愿、平等、公平、诚信的原则，遵守法律和商业道德。

本法所称的不正当竞争行为，是指经营者在生产经营活动中，违反本法规定，扰乱市场竞争秩序，损害其他经营者或者消费者的合法权益的行为。

本法所称的经营者，是指从事商品生产、经营或者提供服务（以下所称商品包括服务）的自然人、法人和非法人组织。

第十四条 监督检查部门调查涉嫌不正当竞争行为，被调查的经营者、利害关系人及其他有关单位、个人应当如实提供有关资料或者情况。

第二十条 经营者违反本法第八条规定对其商品作虚假或者引人误解的商业宣传，或者通过组织虚假交易等方式帮助其他经营者进行虚假或者引人误解的商业宣传的，由监督检查部门责令停止违法行为，处二十万元以上一百万元以下的罚款；情节严重的，处一百万元以上二百万元以下的罚款，可以吊销营业执照。

经营者违反本法第八条规定，属于发布虚假广告的，依照《中华人民共和国广告法》的规定处罚。

《中华人民共和国民法典》

第一百七十九条 承担民事责任的方式主要有：

（一）停止侵害；

* 许可，对外经济贸易大学副教授，对外经济贸易大学数字经济与法律创新研究中心主任。

（二）排除妨碍；

（三）消除危险；

（四）返还财产；

（五）恢复原状；

（六）修理、重作、更换；

（七）继续履行；

（八）赔偿损失；

（九）支付违约金；

（十）消除影响、恢复名誉；

（十一）赔礼道歉。

法律规定惩罚性赔偿的，依照其规定。

本条规定的承担民事责任的方式，可以单独适用，也可以合并适用。

四、淘宝（中国）软件有限公司诉安徽美景信息科技有限公司不正当竞争纠纷案

——数据资源开发应用与权属判定第一案

编者按

本案是国内首例明确大数据法律地位与性质的司法判例。彼时大数据尚属新生事物，以大数据等高新技术加持下的新业态、新模式、新场景、新应用不断涌现，对经济治理体系的完善、法律法规和司法制度的完善不断提出挑战。本案回应了大数据行业的迫切需求，首次确认互联网平台就其开发的数据产品享有竞争性财产权益，明确大数据产品是在原始数据脱敏基础上的新的分析和创造，是全新的智力成果，厘清了大数据开发者享有大数据权益的理论路径，确立了网络运营者收集、使用、许可他人使用数据的行为标准和规范，保障了大数据下个人信息的稳妥保护，对于数字行业大数据的开发利用具有开创性意义。

关键词

大数据竞争性财产权益　技术中立

【裁判要旨】

数据产品研发者应当遵循合法、正当、必要的原则，在严格履行对用户信息的安全保护义务，保障个人信息权利和网络安全的基础上，依法采集、使用各类数据信息，获得相应的数据权益。数据产品是在用户浏览、搜索、收藏、架构、交易等行为而形成的原始痕迹数据的基础上，经综合、计算、整理而得到的趋势、占比、排行等分析意见，其对信息的使用结果与原始痕迹信息本身不具有直接关联，已脱出个人信息范畴，不属于对用户信息的公开使用。网络大数据产品可以为运营者所实际控制和使用，给网络运营者带来相应的经济利益。数据分析被作为“生意参谋”数据产品的主要内容进行商业销售，可以为淘宝公司带来直接经营收入，无疑属于竞争法意义上的财产权益；同时基于其大数据决策参考的独特价值，构成淘宝公司的竞争优势，应当受到《反不正当竞争法》的保护。

【案件索引】

一审：杭州铁路运输法院（2017）浙 8601 民初 4034 号

二审：浙江省杭州市中级人民法院（2018）浙 01 民终 7312 号

【基本案情】

淘宝（中国）软件有限公司（以下简称淘宝公司）系阿里巴巴卖家端“生意参谋”零售电商数据产品（以下简称“生意参谋”数据产品）的开发者和运营者，该产品主要提供商品大盘趋势图及子类目商品交易指数排行数据、热销商品榜、热销店铺榜等流量指数，交易指数与搜索人气的排行数据，以及各类商品关键词的搜索与点击率排行数据和趋势图，高端版本还能提供商品买家的性别、年龄、职业、区域分布、消费水平及支付习惯等数据。同时，淘宝平台服务协议载明同意淘宝按照在淘宝平台上公布的隐私权政策收集、存储、使用、披露和保护消费者在注册、使用相关服务期间提供、形成的信息。淘宝网法律声明及隐私权政策载明淘宝网服务提供者会根据消费者的浏览及搜索记录、设备信息、位置信息、订单信息，提取其浏览、搜索偏好、行为习惯、位置信息等特征，基于特征标签进行间接人群画像并展示、推送信息。一审庭审中经查验，淘宝网上运行的“生意参谋”数据产品所显示的数据内容均为趋势图、排行榜、占比图等形式的预测型、指数型、统计型数据信息，未发现有可识别特定个人的数据信息。安徽美景信息科技有限公司（以下简称美景公司）运营“咕咕生意参谋众筹”网站，以“租用者（电脑+咕咕客户端）→咕咕专用网（自动远程连接）→出租者（电脑+咕咕客户端+子账号）→淘宝‘生意参谋’（自动登录）”的形式组织淘宝“生意参谋”账户租赁经营。

案件焦点：（1）大数据的性质及其审查；（2）大数据是否享有法定权益；（3）“技术中立”与大数据的合理利用。

【裁判结果】

杭州铁路运输法院于 2018 年 8 月 16 日作出（2017）浙 8601 民初 4034 号民事判决，认定美景公司以不正当的方式获取、使用（包括提供他人使用）、泄露淘宝公司享有竞争性财产权益的“生意参谋”数据产品中的数据内容，判令停止侵权，并赔偿淘宝公司经济损失及为制止不正当竞争行为所支付的合理费用共计 200 万元。浙江省杭州市中级人民法院于 2018 年 12 月 18 日作出（2018）浙 01 民终 7312 号民事判决，驳回上诉，维持一审判决。

法院生效裁判认为：“淘宝公司未收集与其提供的服务无关的个人信息，其收集的原始数据系依约履行告知义务后所保留的痕迹信息，不违反《网络安全法》《全国人民代表大会常务委员会关于加强网络信息保护的决定》等法律法规关于个人信息保护的规定。‘生意参谋’数据产品进行了商业销售，可以为淘宝公司带来直接经营收入，无疑属于竞争法意义上的财产权益，同时基于其大数据决策参考的独特价值，构成淘宝公司的竞争优势，故其性质应当受到《反不正当竞争法》的保护。美景公司在经营活动中有违诚信原则和商业道德，引诱淘宝公司‘生意参谋’用户违约分享账户，由此不正当获取淘宝公司投入大量人力、物力获取研发的大数据后分销牟利，其行为扰乱了市场竞争秩序，对淘宝公司合法权益造成了损害，构成不正当竞争。”

【案例注解】

本案是国内首例明确确立大数据法律地位与性质的司法判例，彼时大数据尚属新生事物。近年来互联网、大数据、云计算、人工智能、区块链等技术加速创新，日益融入经济社会发展各领域全过程，数字经济发展速度之快、辐射范围之广、影响程度之深前所未有，正在成为重组全球要素、重塑全球经济结构、改变全球竞争格局的关键力量。[①] 以大数据为代表的高新技术加持下的新业态新模式新场景新应用的不断涌现，创新引领发展的社会需求，对经济治理体系的完善、法律法规和司法制度的完善提出越来越高的要求。为推动数字信息技术在社会的深度应用，争夺国际数字经济治理规则的话语权，美国提出《创新及线上选择法》《终止平台垄断法》《平台竞争及机会法》法案；欧盟出台《通用数据保护条例》《数字市场法》《数字服务法》等重要立法；我国继 2013 年发布《电信和互联网用户个人信息保护规定》《规范互联网信息服务市场秩序若干规定》部门规章，到 2021 年《数据安全法》《电子商务法》《个人信息保护法》等法律纷纷出台。

一般来说，大数据诉讼案件具有以下特点：所涉领域居产业前沿地带，技术事实查明难度大；所涉法律问题纷繁复杂，法律规定较为模糊，尤其涉及确权问题；涉及多方社会主体利益平衡，个人信息安全与创新产权制度理念交织，案件处理对规范行业健康发展具有规则指引意义。相应

① 《习近平在中共中央政治局第三十四次集体学习时强调 把握数字经济发展趋势和规律推动我国数字经济健康发展》，载新华网，https：//cn. chinadaily. com. cn/a/202110/19/WS616eb83fa3107be4979f38ba. html。

地，现有的知识产权法律体系尚无法对大数据等新兴客体提供周全保护以充分满足数字经济时代新业态新模式的发展需求，以明确适应数字经济发展的知识产权保护规则。加强对大数据的知识产权司法保护力度，平衡平台、用户和第三方利益，促进数字技术创新应用，本案判决就此作出了有益示例。

一、大数据的由来是否正当

知识产权权利的确立通常隐含合法性审查前提。基于这样的“毒树之果”战略，美景公司在本案中对淘宝公司大数据的来源合法性提出疑问，认为淘宝公司收集的是原始数据而非衍生数据，违反《规范互联网信息服务市场秩序若干规定》第 11 条，《电信和互联网用户个人信息保护规定》第 8 条、第 9 条、第 10 条及《全国人民代表大会常务委员会关于加强网络信息保护的决定》第 2 条等禁止性规定，同时“生意参谋”数据产品对于用户数据权利的约定逃避了淘宝平台服务协议对于数据信息及隐私的约束。由于用户不同意淘宝平台服务协议就无法使用浏览、搜索、交易等基本服务，这实际剥夺了用户的选择权而强行使用了用户信息。

什么样的数据属于大数据？显然，此处之“大”非指数据之多，而是指向宏观层面对众多微观个体数据的采集分析，是升华之后的数据集合。其概念肇始于 1997 年美国宇航局研究员迈克尔·考克斯和大卫·埃尔斯沃斯用于描述超级计算机模拟飞机气流所生成的不能被处理和可视化的大量信息的“大数据问题”。而今我国的官方定义为“大数据是以容量大、类型多、存取速度快、应用价值高为主要特征的数据集合，正快速发展为对数量巨大、来源分散、格式多样的数据进行采集、存储和关联分析，从中发现新知识、创造新价值、提升新能力的新一代信息技术和服务业态”。[①]而无论是《电信和互联网用户个人信息保护规定》《规范互联网信息服务市场秩序若干规定》，还是《数据安全法》《电子商务法》《个人信息保护

① 《国务院关于印发促进大数据发展行动纲要的通知》（国发〔2015〕50 号）。

法》，均未对大数据给予法律上的限定。本案法院的解决之道，是基于对法律法规有关用户信息保护的规定甄别大数据的外延，同时借由用户信息到大数据的形成方法和过程，明确大数据的合法性审查标准。

首先，关于用户信息的分类保护。网络用户对于其用户信息依法享有获得安全保护的权利，故本案中，在“生意参谋”数据产品形成过程中淘宝公司是否具有不正当行为，主要应考量其收集并使用原始数据信息是否符合相关法律规定，是否存在侵害网络用户信息安全的行为。网络运营者收集、使用网络用户信息，应根据信息的不同类型，分别承担相应的安全保护义务。《网络安全法》第22条第3款规定：“网络产品、服务具有收集用户信息功能的，其提供者应当向用户明示并取得同意；涉及用户个人信息的，还应当遵守本法和有关法律、行政法规关于个人信息保护的规定。”该法第76条定义，个人信息是指以电子或者其他方式记录的能够单独或者与其他信息结合识别自然人个人身份的各种信息，包括但不限于自然人的姓名、出生日期、身份证件号码、个人生物识别信息、住址、电话号码等。根据上述法律规定，用户信息包括个人信息和非个人信息，前者指向单独或与其他信息结合识别自然人个人身份的各种信息和敏感信息，对该信息仅容许最低限度地收集利用，以完成网络用户的明示用途为限。后者包括无法识别到特定个人的诸如网络活动记录等数据信息，如“生意参谋”数据产品所涉网络用户信息主要表现为网络用户浏览、搜索、收藏、加购、交易等行为痕迹信息以及由行为痕迹信息所推测得出的行为人的性别、职业、所在区域、个人偏好等标签信息。这些行为痕迹信息与标签信息并不具备能够单独或者与其他信息结合识别自然人个人身份的可能性，故其不属于《网络安全法》中的网络用户个人信息，而属于网络用户非个人信息，在此基础上存在衍生大数据的可能。

其次，关于非个人信息的脱敏处理。网络运营者不仅对于网络用户信息负有安全保护的法定义务，同时基于网络运营者与网络用户之间服务合同关系“公平、诚信”的契约要求，对于保护网络用户的个人信息与非个人信息安全均负有高度关注的义务。盖因行为痕迹信息包含涉及用户个人偏好或商户经营秘密等敏感信息，可能容易与网络用户在网络上留存的其他个人信息结合或发生对应联系而暴露网络用户的个人隐私或经营秘密。故基于《网络安全法》第 42 条第 1 款“网络运营者不得泄露、篡改、毁损其收集的个人信息；未经被收集者同意，不得向他人提供个人信息。但是，经过处理无法识别特定个人且不能复原的除外”的规定，网络运营者公开使用或许可他人使用其收集的网络用户个人信息、个人行为痕迹信息的，应当排除非个人信息定位到个人的风险。涉案“生意参谋”数据产品所使用的网络用户信息经过匿名化脱敏处理后已无法识别特定个人且不能复原，公开“生意参谋”数据产品的数据内容，对网络用户信息提供者不会产生不利影响。

最后，收集使用用户信息应当遵循的原则。《网络安全法》第 41 条规定：“网络运营者收集、使用个人信息，应当遵循合法、正当、必要的原则，公开收集、使用规则，明示收集、使用信息的目的、方式和范围，并经被收集者同意。网络运营者不得收集与其提供的服务无关的个人信息，不得违反法律、行政法规的规定和双方的约定收集、使用个人信息，并应当依照法律、行政法规的规定和与用户的约定，处理其保存的个人信息。”据此，公开收集、使用规则，明示收集、使用信息的目的、方式和范围并经被收集者同意。淘宝公司作为淘宝网的服务提供者，在网络上已公示了淘宝平台服务协议与淘宝隐私权政策，淘宝隐私权政策明确宣示了收集、使用用户信息的目的、方式、范围，其收集、使用各类网络用户信息与所提供的服务能相互对应，符合“必要与最少限度”的要求，其用户信息收集、使用规则在形式上符合“合法、正当、必要”的原则要求。

综上，本案数据产品是淘宝公司在前述原始痕迹数据的基础上，经综合、计算、整理而得到的趋势、占比、排行等分析意见，其对信息的使用结果与原始痕迹信息本身不具有直接关联，已远远脱出个人信息范畴，不属于对用户信息的公开使用，其行为符合法律规定，具有正当性。

二、大数据是否享有法定权益

“生意参谋”数据产品是否享有法定财产权？美景公司对此坚决否认，而淘宝公司则提出其对涉案“生意参谋”数据产品享有财产所有权的主张。对此，一审、二审法院均认为：一方面，基于“物权法定”原则，我国民事法律制度目前对于数据产品的权利保护尚未作出具体规定，司法并无创设财产权的空间。且从理论上来说，即使在数字经济时代，未经审慎的立法调研、全面评估所涉用户、平台、第三方的权利平衡而创设一项作为绝对权的财产权，亦不属于合理之举。

另一方面，鉴于本案系不正当竞争纠纷，对于权利基础，首先仍应基于权利人所主张的法律关系来进行审查。不正当竞争的成立以经营者存在经营上的合法权益为前提。该合法权益可以是法定的有名权益，如企业字号、商业秘密等；也可以是不违反法律法规规定的无名权益，只要其可以给经营者带来营业收入，或者属于带来潜在营业收入的交易机会或竞争优势。本案中，淘宝公司“生意参谋”大数据产品的表现形式是对于产品购买者开展商业活动而言具有相当参考意义的趋势图、排行榜、占比图等。具体包括如行业、产品、属性、品牌粒度下的热销商品榜、热销店铺榜、流量商品榜、流量店铺榜等流量指数、交易指数与搜索人气的排行数据；各类商品关键词的搜索人气与点击率排行数据及趋势图；各类商品交易数、流量数、搜索人气排行数据；各类商品的卖家数、卖家星级、占比数；商品人群的性别、年龄、职业、支付习惯的占比数等数据。此类大数据产品不同于原始数据，其提供的数据内容虽然同样源于网络用户信息，但经过网络运营者大量的智力劳动成果投入，经过深度开发与系统整合，最终呈现给消费者的数据内容，已独立于网络用户信息、原始网络数据之外，是与网络用户信息、原始网络数据无直接对应关系的衍生数据。“生意参谋”数据产品系淘宝公司付出了人力、物力、财力，经过长期经营积累而形成的，具有显著的即时性、实用性，能够为商户店铺运营提供系统的大数据分析服务，通过帮助商户提高经营水平而实现平台与商户的共赢。本案大数据是网络运营者市场竞争优势的重要来源与核心竞争力所在，且已被作为“生意参谋”数据产品的主要内容进行了商业销售，可以为淘宝公司带来直接经营收入，无疑属于竞争法意义上的财产权益；同时基于其大数据决策参考的独特价值，构成淘宝公司的竞争优势，其性质应当受到《反不正当竞争法》的保护。

三、“技术中立”与大数据的合理利用

美景公司辩称其系技术中立的平台服务商，与淘宝公司不存在竞争关系。所谓“技术中立”，通常是指法律应当对交易使用的技术手段一视同仁，不应把对某一特定技术的理解作为法律规定的基础而歧视其他形式的技术，是目前世界各国和国际组织在电子商务立法中共同遵守的基本原则之一，源自 WTO 对于成员国的要求。技术中立的概念存在诸多歧义，包含功能、责任和价值等方面的意涵。技术中立难题的核心在于价值中立，因此必须将其置于法律与科技的关系之中加以界定。①

最高人民法院很早就针对技术中立与侵权行为的关系指出，既要准确把握技术作为工具手段所具有的价值中立性和多用途性，又要充分认识技术所反映和体现的技术提供者的行为与目的。既不能把技术所带来的侵权后果无条件地归责于技术提供者，窒息技术创新和发展；也不能将技术中立绝对化，简单地把技术中立作为不适当免除侵权责任的挡箭牌。② 为此我们理解，在侵权案件中对于技术手段的衡量，不是从技术角度看待其技术内容，不关注其将行为实施者、结果承受者置于怎样的技术逻辑链路之中，而是从法律上评估行为人通过实施该技术所作出的法律行为的后果，从而审查该技术是否未损害他人合法权益、有利于促进科技和商业创新，防止以技术中立为名行侵权之实。

---

① 参见郑玉双：《破解技术中立难题——法律与科技之关系的法理学再思》，载《华东政法大学学报》2018 年第 1 期。

② 参见《最高人民法院关于充分发挥知识产权审判职能作用推动社会主义文化大发展大繁荣和促进经济自主协调发展若干问题的意见》（法发〔2011〕18 号）。

据此本案判决指出，技术创新与技术进步应当成为公平竞争的工具，而不能用作干涉、破坏他人正当的商业模式，不正当攫取自身竞争优势的手段。技术本身虽然是中立的，但在将技术作为不正当竞争的手段或工具时，该行为即具有可罚性。美景公司所经营的“咕咕互助平台”以淘宝公司的“生意参谋”数据产品为对象，该平台分享“生意参谋”账号的行为直接导致淘宝公司“生意参谋”数据产品的减少，两者存在此消彼长的替代性。“生意参谋零售电商大数据软件服务协议”明确约定账号购买者被禁止出售、转售、出租、出借或以其他方式提供给第三方使用账户。美景公司作为分享账户的平台方，理应知道前述约定，并明知其组织分享账户的行为会导致“生意参谋”数据产品销售数量的减少，故其恶意组织分享“生意参谋”账户、借由损害淘宝公司利益而从中牟利的行为，属于直接实施侵权行为。所谓“技术中立”不能成为美景公司免责的合理理由。

数字经济时代的大数据是一个集合性的概念，正处于飞速发展阶段，面貌日新。由于大数据的表现形式相对开放而价值巨大，司法应当注意防止对其发展施加不必要的限制，同时应依法审查，确保大数据的取得、形成和使用行进在借由技术和经济组织方式进步而谋求发展的正确道路上，开拓数字经济的蓝海，而非通过对用户、第三方等进行不合理的数据资源掠夺以实现平台的垄断利益。本案作为司法先行的一个成果范例，首次确认淘宝公司就其开发的数据产品享有竞争性财产权益，并明确大数据产品是在原始数据脱敏基础上的新的分析和创造，是全新的智力成果，其性质与在公知常识基础上通过创造性劳动形成的专利并无区别；据此厘清了大数据开发者享有大数据权益的理论路径，树立了网络运营者收集、使用、许可他人使用数据的行为标准和规范，保障了大数据下个人信息的稳妥保护，对于电子商务行业大数据的开发利用具有开创性的重要意义。

一审合议庭成员：王江桥　沙　丽　盛　放

二审合议庭成员：潘才敏　徐　雁　黄斯蓓

编写人：杭州市中级人民法院　潘才敏　李苓珲

【专家点评】

数据作为数字经济时代的基本生产要素，数据产业价值链上众多环节和阶段的数据形态，其合法的财产性利益需要得到法律的确认和保护。法律一方面激励数据产业的投资和产出，另一方面也为数据产业各个参与方实现利益平衡和有序生产提供较为清晰、确定的预期。该案回应了大数据行业的迫切需求，针对电商领域典型的大数据产品及其凝结的数据权益，提供了明确的保护规则，给出指引性的司法适用路径和分析模式，为产业链中数据权益的确权、界权问题提供了样本和模板，具有重要的典型意义，对司法实践和政策制定产生了重要的影响。

企业基于大数据和算法技术开发大数据产品，是激发数据要素价值的重要商业模式。该案最为重要的贡献在于，对于凝结了企业实质性投入的大数据产品的法律属性作了明确，认定其作为竞争性财产权益，应当获得《反不正当竞争法》的保护，并确认了保护模式。这一旗帜鲜明的保护原则，为我国数据财产权利建构的顶层设计提供了重要的参考和支持。在《关于构建数据基础制度更好发挥数据要素作用的意见》（以下简称《数据二十条》）等国家制定的战略层面的数据要素市场基本制度建设的文件中，都可以看到针对数据处理者、加工者的权益保护的内容。该案提供的法律保护规则都可以成为重要的场景参考和实践支撑。

除了提供基础的法律定性和保护规则外，该案也对大数据作为财产权益获得保护的具体规则进行了分析和建构。该案判决明确指出，大数据财产权益的保护需要具有合法性基础，对于个人信息的收集和处理需要符合《个人信息保护法》的规定；并且认定涉案数据产品中所处理数据的合法性，认为脱敏后的信息不构成个人信息。这一前提要件的分析，为司法实践中对于数据权益的确权提供了合法性分析的规则。在大数据财产权益的保护方式中，该案涉及“搭建账号出租平台”这一具有代表性的新型权益侵害场景，法院通过对“技术中立”抗辩的反驳，强调了被告行为有违诚信原则和商业道德，在反不正当竞争法的视野下确立了数据权益受保护的范围和形式，为市场主体划定了明确的行为边界和预期，提供了清晰的数据权益保护规则。

我国数据权益保护的司法实践已经涌现多种场景，为数据财产保护的制度构建提供了丰富的样本和基础。该案针对数据产业链中数据产品这一典型样态构建法律保护模式和规则，既具有鲜明的保护立场，又确立细致的分析思路，可为数据产业链上其他环节和形态的数据保护提供样本和模板，对数据财产保护的基础制度构建提供重要参考。

刘晓春*

【相关法条】

《中华人民共和国反不正当竞争法》

第二条第一款 经营者在生产经营活动中，应当遵循自愿、平等、公平、诚信的原则，遵守法律和商业道德。

《中华人民共和国网络安全法》

第二十二条 网络产品、服务应当符合相关国家标准的强制性要求。网络产品、服务的提供者不得设置恶意程序；发现其网络产品、服务存在安全缺陷、漏洞等风险时，应当立即采取补救措施，按照规定及时告知用户并向有关主管部门报告。

网络产品、服务的提供者应当为其产品、服务持续提供安全维护；在规定或者当事人约定的期限内，不得终止提供安全维护。

网络产品、服务具有收集用户信息功能的，其提供者应当向用户明示并取得同意；涉及用户个人信息的，还应当遵守本法和有关法律、行政法规关于个人信息保护的规定。

第四十一条 网络运营者收集、使用个人信息，应当遵循合法、正当、必要的原则，公开收集、使用规则，明示收集、使用信息的目的、方

---

* 刘晓春，中国社会科学院大学副教授讲师，互联网法治研究中心执行主任。

式和范围，并经被收集者同意。

网络运营者不得收集与其提供的服务无关的个人信息，不得违反法律、行政法规的规定和双方的约定收集、使用个人信息，并应当依照法律、行政法规的规定和与用户的约定，处理其保存的个人信息。

第四十二条 网络运营者不得泄露、篡改、毁损其收集的个人信息；未经被收集者同意，不得向他人提供个人信息。但是，经过处理无法识别特定个人且不能复原的除外。

网络运营者应当采取技术措施和其他必要措施，确保其收集的个人信息安全，防止信息泄露、毁损、丢失。在发生或者可能发生个人信息泄露、毁损、丢失的情况时，应当立即采取补救措施，按照规定及时告知用户并向有关主管部门报告。

第七十六条第五项 个人信息，是指以电子或者其他方式记录的能够单独或者与其他信息结合识别自然人个人身份的各种信息，包括但不限于自然人的姓名、出生日期、身份证件号码、个人生物识别信息、住址、电话号码等。

五、黄某诉腾讯科技（深圳）有限公司、腾讯科技（北京）有限公司等隐私权、个人信息保护纠纷案

——手机阅读软件侵害用户个人信息第一案

编者按

本案在《民法典》颁布后实施前，首次在司法实践中根据《民法典》精神，系统论述个人信息知情同意质量、个人信息与隐私关系的典型案件。本案裁判明确了收集、使用用户个人信息时，应根据信息性质、使用方式、使用场景等，以合理“透明度”让用户获得清晰认知，并征得用户有效同意的原则，为司法实践中准确理解和适用《民法典》关于隐私权和个人信息权益保护的相关规定提供了有价值的典型范例。也为后续《个人信息保护法》等法律的制定提供了有价值的参考。本案为中国消费者协会评选的2019~2020年“全国消费维权十大典型司法案例”之一。

关键词

个人信息与隐私　场景判断　告知同意

【裁判要旨】

个人信息包括可识别自然人的信息及已识别的自然人的相关信息。

个人信息处理者在一个服务平台获得处理个人信息的同意，未真实、准确、完整告知个人信息主体将个人信息提供给关联产品的，不应认定个人信息处理者获得了在关联产品中处理个人信息的有效同意。

应合理区分隐私权和个人信息权益。个人信息处理者是否侵害隐私权，应结合信息类型、内容是否具有私密性、信息处理方式、个人合理预期等予以综合判定。

个人有初步证据证明个人信息处理者通过自动化方式处理其个人信息且掌握处理记录，个人信息处理者拒不提供的，人民法院应认定个人主张的处理行为成立。个人信息处理者不能证明该处理行为没有过错的，应该承担相应责任。

【案件索引】

一审：北京互联网法院（2019）京 0491 民初 16142 号

【基本案情】

原告黄某诉称：黄某在通过微信登录微信读书时发现，微信及微信读书通过不授权无法登录使用的方式，将微信好友关系的数据交予微信读书，在微信读书的“关注”栏目下出现了使用该软件的原告微信好友名单。同时，在原告没有进行任何添加关注操作的情况下，原告账户中“我关注的”和“关注我的”页面下出现了大量原告的微信好友。此外，无论是否在微信读书中添加关注关系，原告与共同使用微信读书的微信好友也能够相互查看对方的书架、正在阅读的读物、读书想法等。原告认为，微信及微信读书的上述行为侵犯了原告的个人信息权益和隐私权；腾讯公司作为微信及微信读书的开发、运营方，应当承担相应的侵权责任。

被告腾讯公司辩称：微信读书没有为原告自动添加好友，微信读书获得原告的微信好友关系数据、向原告共同使用微信读书的微信好友展示读书信息，均经过了原告的授权同意。

本案争议焦点为：（1）微信好友关系、读书信息是否属于个人信息和隐私；（2）原告主张的微信读书获取原告微信好友关系、向原告共同使用该应用的微信好友公开原告读书信息及为原告自动关注微信好友并使关注好友可以查看原告读书信息的行为，是否构成对原告个人信息权益或隐私权的侵害；（3）如构成侵权，腾讯公司应当承担的法律责任。

法院经审理查明：微信读书软件（版本号：v3.3.0）系一款手机阅读应用，用户可以在该款软件上阅读书籍、分享书评等。微信读书在应用市场中显示的开发者为腾讯广州公司；腾讯广州公司注销后，其权利义务由其总公司腾讯深圳公司承继。微信在应用市场中显示的开发者为腾讯北京公司。腾讯公司述称，腾讯计算机公司是上述两款应用软件的运营者。

微信开放平台的“移动应用微信登录开发指南”记载了移动应用通过微信登录的准备工作、授权流程等有关微信好友关系授权方式的说明。微信读书获取用户的微信好友关系已通过微信读书软件许可及服务协议（以下简称协议）第4.2条进行约定。原告首次登录微信读书时已经授权微信读书获取共同使用微信读书的微信好友。

原告进行公证的两个微信账号为微信好友关系，通过微信授权登录其中一个账号的微信读书软件，在“关注”栏目中“我关注的”和“关注我的”页面均可以搜索到另外一个微信账号主体，并可以查看其包含读书时长、最近阅读、书架、推荐的书、读书想法等在内的读书信息。两个微信账号在公证时均非首次登录微信读书。腾讯公司公证的微信账号在首次登录微信读书时没有出现自动关注好友的情况。原告主张微信读书后台自动关注好友的行为并非在初次登录时即发生。另外，V2EX、百度贴吧、知乎等网站网友发帖及评论显示微信读书存在为用户自动关注好友的行为，腾讯公司亦承认可能存在自动关注的设计。

微信读书存在向用户微信好友默认公开用户的使用信息的情形，但已通过协议第2.1条、第5.5条进行约定。微信读书留有开启私密阅读、设置“想法”为私密以及关闭微信好友互动的产品设计。腾讯公司另主张，当微信读书用户授权微信读书获取使用其微信好友关系时，微信会将与该用户具有好友关系的用户的OPEN_ ID一并提供给微信读书（仅包括已登录过微信读书的好友的OPEN_ ID）；由此微信读书可以确定相关OPEN_ ID之间的好友关系，但无法知道每个OPEN_ ID对应的具体的身份信息，如微信号、手机号等。

【裁判结果】

北京互联网法院于2020年7月30日作出北京互联网法院（2019）京0491民初16142号民事判决：“深圳市腾讯计算机系统有限公司于本判决生效之日停止微信读书收集、使用原告黄某微信好友列表信息，删除微信读书中留存的原告黄某微信好友列表信息；解除原告黄某在微信读书中对其微信好友的关注；解除原告黄某的微信好友在微信读书中对原告黄某的关注；停止将原告黄某使用微信读书软件生成的信息向原告黄某共同使用微信读书的微信好友展示的行为；腾讯科技（深圳）有限公司、深圳市腾讯计算机系统有限公司于本判决生效之日起7日内以书面形式向原告黄某赔礼道歉；三被告于本判决生效之日起7日内连带赔偿原告公证费6660元；驳回原告黄某的其他诉讼请求。”

法院生效裁判认为：

一、原告的社交软件好友列表、读书信息构成原告个人信息

个人信息的核心特点为“可识别性”，既包括对个体身份的识别，也包括对个体特征的识别。判定某项信息是否属于个人信息，应考虑以下两条路径：一是识别，即从信息到个人，由信息本身的特殊性识别特定自然人；同时，识别个人的信息可以是单独的信息，也可以是信息组合。“可识别性”需要从信息特征以及信息处理方的角度结合具体场景进行判断。二是关联，即从个人到信息，如已知特定自然人，则在该特定自然人活动中产生的信息即为个人信息。符合上述两种情形之一的信息，即应判定为个人信息。OPEN_ ID 是腾讯公司对用户的识别码，读书软件获取性别、年龄、OPEN_ ID 信息构成识别性信息；在这些可识别自然人的信息的基础上，好友列表、读书信息等亦关联性信息构成个人信息。

二、原告有初步证据证明腾讯公司实施了自动添加关注的行为，腾讯公司掌握相关数据未予提交，应认定原告的主张成立

从原告提交的已经公证的用户评论看，包含大量有关读书软件自动关注社交软件好友的内容，的确存在自动为用户添加关注的可能；腾讯公司也陈述可能存在自动关注的版本。在此前提下，除非要求原告从初次登录到不能预计的、不特定的被添加关注时间点，一直采取公证或其他证据保全措施，否则无法证明被自动添加关注的事实。因此，法院认定原告完成了初步举证。腾讯公司主张原告主动添加关注以及案涉版本的读书软件已经修改自动添加关注功能，应该提供相应的证据。腾讯公司未提交相关证据，法院采信原告的主张，认定原告读书软件中的关注关系为自动添加。

三、腾讯公司对于原告个人信息的使用方式未有效告知并获得原告同意，构成对原告个人信息权益的侵害

《网络安全法》明确了网络运营者收集使用个人信息，应符合合法、正当、必要原则，并经被收集者同意。知情及同意不仅包括信息主体对收集信息种类的知情，还包括对收集、使用的目的、方式和范围的知情及同意，且应充分、自愿、明确。

结合本案收集使用的读书信息场景：第一，从读书软件与社交软件的关系来看，两个软件共用好友关系不符合一般用户的合理预期。第二，从读书信息内容来看，书架、正在阅读的读物、推荐的读物及读书想法等信息，在一定程度上可以彰显一个人的兴趣、爱好、审美情趣、文化修养，可能勾勒刻画出一个人的人格侧面，承载着用户的人格利益。从读书软件处理好友列表信息和读书信息的方式来看，用户的读书信息对有关注关系和没有关注关系的社交软件好友均默认开放。在未明确告知用户的情况下，网络服务提供者在不同应用中共享好友列表数据，向未主动关注的好友默认公开读书信息亦不符合一般用户的合理预期。因此，基于微信读书中的信息组合与人格利益较为密切、微信读书共享社交软件好友列表数据、微信读书默认向未关注的社交软件好友公开读书信息等因素，微信读书存在较高的侵害用户隐私的风险。因此，应对用户进行显著告知，确保用户充分了解、知悉信息处理的方式、范围及风险。然而，腾讯公司仅通过用户协议概括性地获得用户的授权，并不能认定其获得了用户对于上述特定使用方式的有效、明确同意。因此，腾讯公司构成对原告个人信息权益的侵害。

四、腾讯公司是否侵害原告隐私权

个人信息与作为隐私权客体的私密信息既有交叉亦有不同。当事人主张互联网平台侵犯个人信息权益和隐私权，要求承担侵权责任的，应合理区分隐私权和个人信息权益。个人信息处理者是否侵害隐私权，应结合信息类型、内容是否具有私密性，信息处理方式和个人合理预期等予以综合判定。

在兼具一定社交属性的互联网阅读平台中，读书信息不宜笼统地纳入私密信息范畴。再结合本案，原告主张的特定读书信息尚未达到私密性标准，认定原告个人信息受到侵害亦可实现原告各项诉讼请求，保护原告合法权益。故腾讯公司不构成对原告隐私权的侵害。

【案例注解】

本案是全国首例手机阅读软件侵害用户个人信息权益的典型案件。本案裁判发生在《民法典》颁布后、实施前，《个人信息保护法》正在制定的背景下。当时的法律规范明确了收集、使用个人信息应遵循合法、正当、必要原则，应征得用户同意。但实践中如何具体适用合法、正当、必要原则，怎样才是征得用户有效的同意，缺乏更明确的规定。本案裁判对此进行了鲜明的回应，为后续类案裁判提供了实务经验。本案裁判亦与之后颁布的《个人信息保护法》的法律精神及相关规定一致，为司法实践中准确适用《民法典》及相关法律对个人信息进行保护提供了有益参考和有价值的实践素材。

一、个人信息的定义和范围

本案裁判时，关于“个人信息”定义和范围的法律规范主要是《网络安全法》第76条第5项规定：“个人信息，是指以电子或者其他方式记录的能够单独或者与其他信息结合识别自然人个人身份的各种信息，包括但不限于自然人的姓名、出生日期、身份证件号码、个人生物识别信息、住址、电话号码等。”当时已经颁布尚待实施的《民法典》中的定义与之相近，并将电子邮箱、健康信息、行踪信息等也纳入个人信息范围。此外，《信息安全技术　个人信息安全规范》（GB/T 35273—2017）（以下简称《个人信息安全规范》）中对个人信息的概念表述为“以电子或者其他方式记录的能够单独或者与其他信息结合识别特定自然人身份或者反映特定自然人活动情况的各种信息”。该标准参考了欧盟《一般数据保护条例》的规范，在实践中被广泛认可。本案判决借鉴了《个人信息安全规范》对个人信息的定义方法，认为个人信息的核心特点为“可识别性”：既包括对个体身份的识别，也包括对个体特征的识别。对个体身份的识别确定信息主体“是谁”，对个体特征的识别确定信息主体“是什么样的人”，即该信息能够显现个人自然痕迹或社会痕迹，勾勒出个人人格形象。判定某项信息是否属于个人信息，应考虑以下两条路径：一是识别，即从信息到个人，由信息本身的特殊性识别出特定自然人；同时，识别个人的信息可以是单独的信息，也可以是信息组合。可识别性需要从信息特征以及信息处理方的角度结合具体场景进行判断。二是关联，即从个人到信息，如已知特定自然人，则在该特定自然人活动中产生的信息即为个人信息。符合上述两种情形之一的信息，即应判定为个人信息。《个人信息保护法》第4条规定，“个人信息是以电子或者其他方式记录的与已识别或者可识别的自然人有关的各种信息”，事实上采纳了“可识别”及“已识别+关联”

的观点，本案完全符合之后颁布实施的《个人信息保护法》对个人信息的定义。故而，在已知用户昵称、性别、OPEN_ ID 这些可识别自然人的信息的基础上，好友列表、读书信息等关联性信息构成个人信息。

二、关联产品中共享个人信息时告知同意原则的适用

在理论和实践中，用户勾选用户协议或隐私政策是否构成有效的处理个人信息的同意，一直存在争议。

本案裁判发生在《民法典》颁布后、实施前，《个人信息保护法》正在制定的背景下，本案对在实践中如何具体适用合法、正当、必要原则，怎样才是征得用户有效的同意等进行了鲜明的回应，为后续类案裁判提供了实务经验。

知情同意原则之所以成为个人信息处理合法性的最重要原则，源于个人信息处理行为，特别是规模化、自动化个人信息处理行为中，个人信息主体与处理者的信息能力并不对等。由于互联网环境下的个人信息处理通常通过签订格式化电子协议的方式完成告知同意，在《个人信息保护法》实施之前，在格式条款下“告知同意”有效性的问题成为纠纷中的重点问题。实践中，个人信息处理者采用“默示同意”、“一次性同意”等方式普遍性获得个人同意的现象较为突出。本案的裁判虽然发生在《个人信息保护法》颁布之前，但明确提出了个人信息处理中告知同意的“透明度”标准，即一般理性用户在具体场景下，对信息处理主体处理特定信息的目的、方式和范围知晓的清晰程度，以及作出意愿表示的自主、具体、明确程度。这也与《个人信息保护法》中对个人信息相关的处理事项的精神一致。

首先，从微信读书中的告知和获取同意的方式来看。在微信读书软件许可及服务协议中，与好友列表及读书信息处理有关的条文包括第 2.1 条“你启用本软件后……可以浏览你的某信好友通过本服务阅读、分享的读物及其读书想法等”；第 5.5 条“你理解并同意，本服务默认生成软件使用信息（包括但不限于你的书架、你正在阅读的读物、你推荐的读物及你的读书想法等信息）并向与你有某信好友关系的其他用户开放浏览可见”。

这些内容不仅没有显著提示，并且两处“好友”更容易让一般用户想到的是微信读书软件内的好友，而难以联想到注册微信读书即可在没有微信读书好友关系的情况下，将微信好友关系迁移到微信读书，且读书信息默认被公开。无论是从形式上还是内容上看，其告知并没有能够直观地引起相对人的注意或者留下较深的印象。因此，关于微信好友列表与读书信息的使用方式，微信读书的告知是不充分的。

随着互联网平台的发展，越来越多的头部企业基于其较为成熟的互联网产品形成的极强的用户黏性，不断尝试将已有用户迁移到新的产品中去，随之而来的是关联产品的个人信息数据共享。

本案中，腾讯公司对用户个人信息使用方式的突出特点，是将社交软件的好友列表数据共享给读书软件，进而在好友间开放读书信息。腾讯公司认为其在用户协议中已经约定了阅读记录会向共同使用微信读书的微信好友公开，已经获得了有效的用户同意。但经法院查明，腾讯公司仅在冗长的用户协议中告知阅读记录向好友公开，无法让用户充分知晓个人信息的适用方式、范围，并不能认定被告获得了有效同意。

其次，从微信和微信读书的关系来看，两个软件共用好友关系不符合一般用户的合理预期。随着互联网产业的不断发展，互联网生活日益丰富，用户可以自由选择在各类应用中的社交圈，这是互联网自由、开放、多元的体现。一个用户社交软件中的好友并不当然可以成为音乐软件、短视频软件或者游戏软件中的好友；更何况现今微信已经几乎承载了大多数用户的全部社会关系，应用软件更不应简单地将微信好友迁移至个人生活各领域的具有社交属性的软件中。

法院认为，虽然社交软件与读书软件均由腾讯公司运营，但同一信息处理者在关联产品中共享个人信息，需要个人信息主体在充分知情的前提下，自愿、明确地同意该处理方式。同时，读书信息中可能包括用户不愿意向他人公开的信息，且腾讯公司处理的方式对用户人格权益有较大影响。因此，仅以用户概括性地同意用户协议，不能认定腾讯公司充分履行了告知和获得用户同意的义务。

最后，本院鼓励互联网公司在“一对众”整体模式下，通过个性化设置不断完善用户个人信息及隐私保护功能，如通过对去标识化后的大数据进行分析而判断用户对各类信息的隐私偏好，细化信息处理选择功能，从而为用户宣告“不愿为他人知晓”提供清晰路径，更好地保障广大网络用户权益，促进产业健康规范发展。

2021年工业和信息化部发布的《关于开展信息通信服务感知提升行动的通知》（工信部信管函〔2021〕292号）明确要求企业建立个人信息保护“双清单”，以便用户清晰掌握个人信息在手机应用程序、软件开发工具包及其他第三方之间的共享情况。以京东为例，京东公布的“京东个人信息共享清单”[①] 详细记载了第三方软件或平台的功能，收集个人信息的范围、所属机构，隐私保护说明等信息。落实好“双清单”制度，既增加了平台信息管理的责任，也能更好地保护个人信息权益。

三、对个人信息和私密信息的准确理解

《民法典》明确将隐私权与个人信息权益归入人格权编，并对隐私、个人信息以及保护方式作了定义。从隐私的定义来看，包括私生活安宁、私密空间、私密活动、私密信息几个方面。而私密信息属于个人信息范畴，这意味着隐私中的信息隐私属于个人信息范畴。

个人信息与作为隐私权客体的私密信息既有交叉亦有不同。从权利类型看，隐私权具有绝对权属性；个人信息是受法律保护的法益，并非绝对权。从立法价值取向看，隐私权与个人信息权益从根本上都体现了自然人的人格尊严和人格自由价值；但个人信息权益同时涉及信息利用、流通价值。从利益内容看，隐私权主要体现精神利益；而个人信息权益可能同时包括精神利益及财产利益。从保护客体和损害后果看，隐私权保护的具有私密性的信息，一经泄露即易导致个人人格利益受到损害；而非私密信息

---

① 参见《京东个人信息共享清单》，载京东网，https：//jdlite-privacy.jd.com/personal-info-share.html，最后访问日期：2023年3月16日。

的个人信息，仅在被过度处理的情形下才可能使信息主体受到人格或财产损害。从权利特点和保护方式看，隐私权保护更注重消极性、防御性，更为严格；而个人信息权益保护在注重预防侵害的同时，强调信息主体积极、自觉地利用权益，如选择、访问、更正、删除等。

大数据时代，大量的个人生活轨迹有了数字化呈现，个人信息可能存在个人自主、社会交往、公共利益价值上的交融，需要合理界分私密信息与一般个人信息，进而达到个人权益保护与公共利益的平衡。私密信息强调“不愿为他人知晓”及“私密性”，“不愿为他人知晓”的主观意愿应符合社会一般合理认知，该认知可能受到地域、文化传统、法律传统、习惯风俗、经济发展状况、社会普遍价值观等因素的影响。数字时代，用户对于具有社交属性的网络软件中的个人行为信息可能有不同的隐私期待，因而有必要深入实际应用场景，以场景化模式探讨该场景中是否存在侵害隐私的行为。从合理隐私期待维度上来说，个人信息基本可以划分为几个层次：一是符合社会一般合理认知共识下的私密信息，如有关性取向、性生活、疾病史、未公开的违法犯罪记录等，此类信息要强化其防御性保护，非特定情形不得处理；二是不具备私密性的一般信息，在征得信息主体的同意后，即可正当处理；三是兼具防御性期待及积极利用期待的个人信息，此类信息的处理是否侵权，需要结合信息内容、处理场景、处理方式等，进行符合社会一般合理认知的判断。

基于此种分析方法，法院认为，在互联网移动应用场景下，用户对于软件内的读书信息进行积极利用或消极防御均属于合理预期，故不宜将读书信息“一刀切”地划入隐私的范畴，还要结合具体信息内容、信息处理方式等进行判断。

具体到本案中，从两个关联产品共享的信息来看，好友列表、读书信息都属于用户可能存在隐私期待或积极使用期待的信息，不宜笼统地划入个人信息范畴。好友列表在两个产品中的迁移，更进一步是为了在微信好友中相互公开读书信息。再结合信息的使用方式来看，公开读书信息这一处理方式存在较高的侵害隐私风险。具体到本案中，因个案中信息尚未达到私密性标准，认定侵害个人信息权益已经足以保护原告的权益，故未认定侵害隐私权。

一审法院合议庭成员：孙铭溪　颜　君　郝作成

编写人：北京互联网法院　孙铭溪　张乃毓

【专家点评】

从《网络安全法》到《民法典》和《个人信息保护法》的相继出台，我国个人信息保护制度的立法体系迅速建立和完善。在此过程中，出现了法律部门之间基础概念和基础规则相互协调的需要；个人信息保护中众多新型概念和制度的规定，亦需要司法实践进行具体的解释和落实。该案作为具有高度社会关注度和产业典型性的案件，对于隐私权、个人信息、知情同意原则等一系列个人信息和隐私保护的基础概念和原则进行了回应，不仅为《民法典》相关规则的落地提供了典型范例，也为《个人信息保护法》等后续立法的制定提供了重要的参考。

《民法典》在人格权编中规定了隐私权和个人信息权益保护这两种相互独立却又存在关联的保护模式，而隐私和个人信息这一对概念之基本范畴的界定、区分和适用，是该案需要解决的最为重要的问题，也是该案在法律适用和解释上作出最为重要贡献的体现。在该案中，法官需要回答涉案的信息分别是否属于隐私和个人信息，如读书记录、社交关系等。法官没有止步于仅确认这些信息属于个人信息，而是对于认定隐私和个人信息的相关规则、原则和理论展开了十分深入的论述。这就超越了个案事实的范围，通过判决的论证，为法律概念和规则的适用提供了更加一般性的规则，力图通过典型个案的判决确立普遍行业规则，为行业合规发展提供重要的司法指引，不仅达到了积极的社会效果，也为司法实践和立法进程提供了重要的规则参考。

针对个人信息保护中的知情同意规则，该案判决也给出了具体而具有普遍借鉴价值的裁判指引。该案被告对于个人信息的利用行为，涉及集团公司内部不同个人信息处理主体之间的合作共享模式，亦即通常所说的关联公司之间的数据融合和共享行为。数据融合共享行为一方面可以为用户使用数字产品带来便利和良好的使用体验；另一方面，在知情同意机制上的设置会倾向于简化，这就体现出用户对于个人信息自主控制权利和数据处理使用便利性之间的潜在冲突。该案判决对于知情同意质量和透明度的分析，强调对于用户自主控制权利保护的同时，也考虑行业对于数据利用的现实需求，实现了不同利益之间的良好平衡，也为《个人信息保护法》及相关法律文件的制定和完善提供了具体而微观的分析样本和规则参考，对于立法和合规实践都产生重要的影响力。

刘晓春*

【相关法条】

《中华人民共和国民法典》

第一千零三十二条　自然人享有隐私权。任何组织或者个人不得以刺探、侵扰、泄露、公开等方式侵害他人的隐私权。

隐私是自然人的私人生活安宁和不愿为他人知晓的私密空间、私密活动、私密信息。

第一千零三十四条　自然人的个人信息受法律保护。

个人信息是以电子或者其他方式记录的能够单独或者与其他信息结合识别特定自然人的各种信息，包括自然人的姓名、出生日期、身份证件号码、生物识别信息、住址、电话号码、电子邮箱、健康信息、行踪信息等。

个人信息中的私密信息，适用有关隐私权的规定；没有规定的，适用有关个人信息保护的规定。

---

* 刘晓春，中国社会科学院大学副教授讲师，互联网法治研究中心执行主任。

《中华人民共和国网络安全法》

第四十一条第一款 网络运营者收集、使用个人信息，应当遵循合法、正当、必要的原则，公开收集、使用规则，明示收集、使用信息的目的、方式和范围，并经被收集者同意。

六、深圳市腾讯计算机系统有限公司、腾讯科技（深圳）有限公司诉浙江搜道网络技术有限公司、杭州聚客通科技有限公司不正当竞争纠纷案

——微信数据权益第一案

编者按

数据权益的权属及其边界应如何划分是数据权益司法保护的基础性问题。本案判决在区分不同数据类型的基础上，对数据来源者、数据处理者、第三方平台之间的数据权益关系进行了积极探索，在平衡各方利益关系的基础上，厘清不同数据权益、数据主体间的权利边界，并提出了数据抓取及其使用行为正当性的基本判断方法。在给予数据处理者数据权益司法保护的同时，也对其权利予以必要限制，以防止其滥用权利侵害用户信息权益，或形成数据垄断限制其他经营者的创新与竞争。本案判决为数据权益法律制度的建立与完善提供了可借鉴的司法案例，也为涉数据权益纠纷案件的审理提供了指引。本案曾被评为“2020年中国法院10大知识产权案件”、“2020年人民法院反垄断和反不正当竞争典型案例”、“全国法院系统2021年度优秀案例分析一等奖”和“2021年浙江法院十佳案例分析”等。

关键词

数据权益　权利边界　分类保护　不正当竞争

【裁判要旨】

网络运营者所控制的数据分为原始数据与衍生数据。对于单一原始数据个体，数据处理者只能依其与用户的约定享有有限使用权；对于由单一原始数据集合而成的数据资源整体，数据处理者享有竞争权益。

未经许可擅自使用他人控制的单一原始数据，只要不违反“合法、必要、用户同意”原则，一般不应被认定为不正当竞争。未经许可利用他人既有数据资源开展创新竞争活动，应当符合“合法、适度、用户同意、有效率”原则，规模化、破坏性使用他人所控制的数据资源且竞争效能上对于市场而言弊大于利的，应当认定为不正当竞争。

【案件索引】

一审：杭州铁路运输法院（2019）浙8601民初1987号

二审：浙江省杭州市中级人民法院（2020）浙01民终5889号

【基本案情】

由深圳市腾讯计算机系统有限公司、腾讯科技（深圳）有限公司（以下简称两原告）共同开发运营的个人微信产品，为消费者提供即时社交通信服务。浙江搜道网络技术有限公司、杭州聚客通科技有限公司（以下简称两被告）开发运营的“聚客通群控软件”，以Xposed外挂技术将该软件中的“个人号”功能模块嵌套于个人微信产品中运行，利用个人微信用户的用户账号数据、好友关系链数据、用户操作数据等个人身份数据和个人行为数据，为购买该软件服务的微信用户在个人微信平台中开展商业运营活动提供帮助。

两原告诉称：其对于所控制的微信平台数据享有数据权益，两被告擅自获取、使用微信数据，已构成不正当竞争。故请求判令两被告停止涉案不正当竞争行为，赔偿经济损失500万元并刊登声明为两原告消除影响。

两被告辩称：涉案数据的数据内容系网络用户提供的用户信息，微信用户信息所形成的涉案数据应当归用户所有，两原告并不享有任何数据权益，无权就此主张权利。被控侵权软件的应用属于创新性竞争活动，不应被认定为不正当竞争。

【裁判结果】

杭州铁路运输法院于2020年6月2日作出（2019）浙8601民初1987号民事判决：（1）两被告立即停止涉案不正当竞争行为；（2）两被告共同赔偿两原告经济损失及为制止不正当竞争行为所支付的合理费用共计260万元；（3）两被告在腾讯网等网站刊登声明为两原告消除影响；（4）驳回两原告其他诉讼请求。

两被告不服一审判决提起上诉，后又申请撤回上诉。浙江省杭州市中级人民法院于2020年8月25日作出（2020）浙01民终5889号民事裁定：准予撤回上诉。

法院生效裁判认为：首先，本案中两原告主张享有数据权益的涉案数据均为微信用户的个人身份数据或个人行为数据。该部分数据只是将微信用户提供的用户信息作了数字化记录后形成的原始数据，并非微信产品所产生的衍生数据。其次，两原告主张数据权益的涉案数据，可以分为两种数据形态：一是单一原始数据个体，二是数据资源整体。就单一原始数据个体而言，数据处理者只能依附于用户信息权益，依其与用户的约定享有原始数据的有限使用权。使用他人控制的单一原始数据只要不违反“合法、必要、征得用户同意”原则，一般不应被认定为侵权行为，数据处理者亦无赔偿请求权。就数据资源整体而言，因系网络平台方经过长期经营积累聚集而成，且能够给网络平台方带来开发衍生产品获取增值利润和竞争优势的机会，网络平台方应当就此享有竞争权益。如果未经数据处理者许可，规模化、破坏性使用其数据资源的，数据处理者有权要求获得赔偿。本案中，两原告的个人微信产品作为社交平台，其主要功能是帮助用户便利地进行社会交际。由于社交活动具有较多私密性的特点，且微信用户数据具有用户社交信息与用户身份信息一并记录的特点，微信用户对于其个人微信数据具有很高的敏感性及安全性要求。微信产品使用过程中社交信息安全性的用户体验获得，直接关系用户使用微信产品的意愿，构成微信产品经营生态的底线要求。两被告擅自收集、存储或使用微信平台中作为经营性用户微信好友的其他微信用户的个人数据，将导致该部分微信用户对微信产品丧失应有的安全感及基本信任，减损微信产品对于用户关注度及用户数据流量的吸引力，进而会恶化两原告既有数据资源的经营生态，实质性损害两原告对于微信数据资源享有的竞争权益，已构成不正当竞争行为。

关于涉案被诉行为是否属于创新性竞争，法院认为，基于数字经济“开放、共享、效率”的主要价值取向及其“共生经济”的基本特质，数字经济条件下的竞争应允许在他人既有网络产品基础上创新性地开展自由竞争。但创新竞争不能以牺牲其他竞争者对于市场发展及消费者福利的贡献力为代价。一项网络创新竞争如果在竞争效能上破坏性大于建设性，即便能够给部分消费者带来某些福利，如果不加禁止，其不仅会损害其他多数消费者的福利，还将损害其他市场主体的创造积极性，进而影响消费者整体与长远利益的提升。本案中，微信产品在国内外拥有巨量的活跃用户，其对于市场的贡献力是显而易见的。被控侵权软件虽然提升了少数经营性用户使用微信产品的体验，但恶化了多数用户使用微信产品的体验。如不加禁止会危及微信产品的整体效能的发挥与后续发展，进而会影响广大消费者的福祉。两被告此种所谓创新竞争活动，在竞争效能上对市场整体而言明显弊大于利，难谓系有效率的竞争，并不具有正当性。

【案例注解】

当前，大数据产业已成为新一轮科技革命和产业变革中一个蓬勃兴起的新产业，数据与土地、劳动力、资本、技术并列为五大要素市场。2022年6月22日，中央全面深化改革委员会第二十六次会议审议通过了《数据二十条》，指出要建立数据产权制度，推进数据分类分级确权授权制度，建立数据资源持有权、数据加工使用权、数据产品经营权等分置的产权运行机制。数据要素产权不清晰、权利属性不明确、数据要素交易规则的缺乏成为我国数据要素市场形成的制约因素。从数据权益的司法实践来看，由于现行法律规则中数据权属界分的“真空”状态，相关主体的权利义务关系处于不确定状态，应如何划分各类数据权益的权属及其权利边界是相关涉诉案件的争议焦点。

一、“价值贡献说”应作为数据权属的主要判断路径

在传统权利理论中一直存在意志说、利益说、资格说等多种权利理论。这些传统权利理论虽然在传统经济时代发挥了较为重要的作用，但在数字经济时代，数据权利理论还有待于重塑。当下，数据被称为“新石油”，成为市场激烈争夺的重要生产要素与经营资源。数据既然已成为具有经济价值的“物”而为人们竞相争夺，数据权益的属性就应以该“物”的经济价值为主要判断依据，数据权益的归属则应该相应地以创造该“物”经济价值的贡献率为主要判断依据。这亦符合《数据二十条》规定的保障各类市场主体投入的劳动和其他要素贡献获得合理回报，加强数据要素供给激励。

二、网络数据价值链中各节点的价值贡献分析

（一）网络数据价值链的“物理”构成分析

网络数据资源商业化开发过程就数据资源的外部物理形态而言是一个信息的聚变过程，大致可分为用户信息的提供、用户信息的数据化转换、数据化信息的集合与大数据产品的开发应用四个阶段。对应这四个阶段，数据资源分别呈现用户信息→原始数据→原始数据集合→大数据产品（衍生数据）四种基本形态。

（二）网络数据价值链各节点间的价值递进关系分析

用户信息主要包括用户在网络中留下的身份（姓名、身份证件号码、住址、电话号码、电子邮箱地址等）、行为（浏览、搜索、交易、社交、

移动轨迹等）、内容（视听资料、图片、文字等）等方面的资讯。单一用户信息除部分内容类资讯外，在多数情况下是反映某一事实的“描述性资讯”，其所包含的资讯价值有限，通常对社会的价值贡献十分有限。原始数据是指任何以电子或者其他方式对信息的记录。

用户信息在转换为原始数据后可以在网络上进行传播，可以被计算机网络系统处理。在此节点上，原始数据虽然提升了用户信息的传播和处理效率，但其对于社会的价值贡献仍未脱离用户信息所包含的资讯内容，并未提升用户信息的内在品质，未提供创造性价值。原始数据集合可以为大数据分析提供必要的样本，给网络企业带来开发数据衍生产品获取增值利润的机会空间。但在此节点上，其仍是原始数据的物理堆砌，并未产生新的资讯内容，同样未提供创造性价值，但为大数据分析提供了可能。大数据产品（衍生数据）是指在聚合规模化原始数据基础上通过一定算法所形成的按照特定条理和系统编排的数据库，其所提供的内容已不再是对于单一事实的“描述性资讯”，而是对事物发展规律与未来变化趋势的“预测性资讯”，具有创造性价值贡献。网络企业竞逐数据的目的也在于开发大数据衍生产品，获取增值利润的机会空间。

三、网络数据价值链中各主体数据权益的边界判断与保护

根据上述数据价值链各节点的价值贡献分析，在立法尚无明确规定、理论界对于数据权益尚未形成共识的前提下，司法实践中对于数据来源者、数据处理者（包括前述四个阶段主体）各自的数据权益边界宜作以下的分析判定及分类保护。

（一）用户信息主体数据权益的判断与保护

目前理论界对于个人信息权的具体权项趋同于认为包括：知情同意权、限制处理权、访问复制权、错误更正权、删除请求权、损害求偿权等。《民法典》对于上述个人信息的各项权能虽然作了部分限缩性规定，但均给予基本确认。概言之，个人信息的各项权能是用户信息主体对于数据中所包含的个人信息具有自始至终的控制权。但对这种控制权的立法赋予是基于人格权保护的需要，并非基于财产权保护的需要。如果赋予用户信息财产权，随着用户信息财产权的交易，个人信息的控制权将让渡于网络运营者，任由其自由处置，用户信息所蕴含的人格类权益无疑会置身于危险境地。鉴于个人姓名、肖像等人格利益具有一定的经济价值，可以成为经济活动的利用对象，《民法典》确立了人格利益许可使用制度。虽然《民法典》并未明确人格利益许可使用制度可以适用于个人信息的商业化利用，但个人信息的商业利用已具有强劲的市场需求。因此，在强调对个人信息给予人格权保护的同时，不应排除参照许可使用制度规定对个人信息的商业化利用。综上，用户信息主体的数据权益边界应是基于人格权保护而享有的对于用户信息所形成的数据的各项控制权能，以及参照人格利益许可使用制度规定享有的用户信息收益权。

（二）原始数据采集主体数据权益的判断与保护

原始数据采集主体的数据权益应受制于用户信息权益，享有有限的数据加工使用权。一方面，从数据价值形成的贡献比例分析，用户信息在数据化转换后可以提升信息的利用效率，但并未提升资讯的内在品质。原始数据采集主体在此过程中虽然付出了一定的劳动，但并未提供创造性劳动成果，其只能享有其劳动所增加的价值而不是原始数据的全部价值。故其只能依附于用户信息权益享用有限权益。另一方面，用户信息主体基于人格权保护的需要，其对于原始数据中所包含的个人信息享有自始至终的控制权。如果赋予原始数据采集主体财产权等权益，由其自由处置原始数据，用户信息主体对于数据中的个人信息将失去控制，势必会危及用户信息主体的人格安全。综上，原始数据采集主体的权益应受限于网络用户对其所提供的用户信息的控制，只能依其与网络用户的约定享有对原始数据的有限使用权。在无相关数据来源者明确授权的情况下，数据处理者对于单一原始数据所享有的使用权并不具有独占性。擅自使用少量由他人所控制的原始数据，除涉嫌侵犯相关数据来源者数据权益外，与数据处理者的数据权益无涉，数据处理者不能因此主张损失赔偿。

（三）数据集合主体数据权益的判断与保护

数据集合主体虽然对于单一原始数据仅享有有限使用权，但对于由原始数据聚合而成的数据资源，应当享有竞争性权益。规模化的数据资源系网络运营者投入大量人力、物力，经过长期经营积累而成。巨量单个原始数据聚合在一起所形成的一定规模的数据资源，能够给大数据分析提供必要的样本，给网络运营者带来开发数据衍生产品获取增值利润的机会空间。此种机会价值虽然并不具有财产价值的属性，但作为一项有价值的经营资源已具备竞争利益的属性。数据集合主体应当享有该部分增值贡献的成果，就此享有数据资源所带来的竞争利益。综上，对于数据集合主体享有的数据权益，虽然目前不能给予其财产权上的积极保护，但仍应从竞争法层面综合考量擅自使用他人数据资源的行为方式与竞争效果是否符合“合法、适度、用户同意、有效率”的原则。如果有违法情形或属于破坏性使用他人数据资源，应当被认定为不正当竞争的，数据集合主体有权要求获得损失赔偿。

（四）大数据产品主体数据权益的判断与保护

大数据产品虽然源于用户信息和原始数据，但具有全新的特质，大数据产品开发主体享有的数据权益已具备赋予财产权益的基本条件。首先，大数据产品所提供的资讯内容已不再是对于单一事实的“描述性资讯”，而是对事物发展规律与未来变化趋势的“预测性资讯”，实质上已超出信息产品的范畴，在某种意义上已具备知识产品的性质。其次，大数据产品对于社会的影响力与用户信息、原始数据不可同日而语，蕴含巨大的市场需求，完全具备财产交易的价值。再次，大数据产品的资讯内容独立于用户信息、原始数据以外，更多表现为趋势图、排行榜、占比图等大数据信息，是与用户信息、原始数据无直接对应关系的衍生数据。数据产品的使用与处分，并不妨碍用户信息主体对大数据产品数据库中的原始数据行使访问、纠错、擦除、转移、阻止等项控制权能。最后，大数据产品对原始数据中所包含的个人信息作了匿名化脱敏处理，已不再具有人身身份关系的特征，大数据产品的使用与处分不再对用户信息主体人格权构成安全影响。

综上，限制用户信息与原始数据成为财产权客体的法理障碍与实践理性障碍于大数据产品而言可基本排除，大数据产品主体可独立地享有数据产品的财产权益。但由于我国现行法律对于数据的权利保护尚未作出具体规定，限于“物权法定”原则，现时阶段对于大数据产品主体权益无法给予物权上的保护。但鉴于大数据产品能给其开发者、经营者带来竞争优势，其应当享有的财产性权益可以表现为竞争性财产权益。在反不正当竞争法的视野下，擅自使用他人大数据产品，明显属于“搭便车自肥”有违商业道德的行为。鉴于数据开放、共享是我国乃至各国的基本公共政策，擅自使用他人大数据产品的行为是否构成不正当竞争，仍应将其置身于市场竞争秩序的大背景下，从“公平竞争与自由竞争”两个维度加以综合考量，不能简单地以“搭便车自肥”为由而一票否决，从而才能不断加速平台经济循环和数字市场生产效率，促进数据作为数字经济关键生产要素发挥作用、释放价值。

四、结语

对于数据权益的权属判断与实现数据分类保护，应始终坚持审慎包容的态度，以促进创新竞争和有利于广大用户的长远利益为指引，在数据来源者、数据处理者和同行业竞争者之间予以利益平衡。一方面，不应对数据权益的归属采取绝对性与排他性的保护路径，避免数字时代数据流动存在不必要的障碍。另一方面，应当适度创新数据权益配置的规范内容，以更为合理的制度设计维系数据有效利用和有效保护之间的平衡。本案关于数据权益保护的司法认可，在现行法规则尚不清晰的客观语境中，为数据处理者在投入与贡献的范围内维护自身合法权益提供了有力支持，也为数据流通利用和权益分配划清了基本的边界。未来在权能分离的基础上，数据处理者基于数据资源所享有的数据资源持有权、数据加工使用权、数据产品经营权等合法权益，将为数据相关权益提供更加明确的法律预期和合规指引。

一审法院合议庭成员：王江桥　沙　丽　叶胜男

二审法院合议庭成员：李　骏　金瑞芳　王　昭

编写人：杭州互联网法院　沙　丽

【专家点评】

一、该判决的思路和意义

该案系全国首例涉及微信数据权益认定的案件。数据作为数字经济的关键生产要素已成为市场激烈竞争的重要资源，数据权益的权属、权利边界以及数据抓取行为不正当性应如何判断受到社会广泛关注。法院从被告行为是否违反一般条款和互联网专条两个角度，从数据权属、利益边界、损害后果、竞争关系、创新界定等多个维度展开分析，综合认定被告行为构成不正当竞争。

（一）被告行为违反《反不正当竞争法》第 12 条的规定

杭州铁路运输法院认为，依据《反不正当竞争法》第 12 条第 2 款“经营者不得利用技术手段，通过影响用户选择或者其他方式，实施妨碍、破坏其他经营者合法提供的网络产品或者服务正常运行的行为”的概括性规定，结合两原告主张的上述被告行为的具体表现及后果，即两被告利用 Xposed 外挂技术，将被控侵权软件中的“个人号”功能模块以嵌套于两原告个人微信平台的方式运行，异化了个人微信产品作为社交平台的服务功能，给用户使用微信产品造成干扰，同时危及微信平台的安全、稳定、效率，已妨碍、破坏了两原告合法提供的网络产品与服务的正常运行，属于《反不正当竞争法》第 12 条第 2 款第 4 项所规定的妨碍、破坏其他经营者合法提供的网络产品或者服务正常运行的行为，构成不正当竞争。

（二）被告行为违反《反不正当竞争法》第 2 条的规定

杭州铁路运输法院认为，两原告作为微信平台的经营者和平台数据的收集者、控制者，其所收集和控制的微信用户数据均已通过腾讯微信软件许可及服务协议、隐私政策等方式获得微信用户的授权同意，不存在非法收集、控制数据的行为，也不存在非法利用其他平台中的数据的行为，对于微信产品数据资源享有合法权益。两被告擅自收集、存储或使用微信用户数据，危及微信产品用户信息安全，损害两原告的商业利益与市场竞争优势，亦实质性损害了两原告对于微信产品数据资源享有的竞争权益，属于违反《反不正当竞争法》第 2 条规定的不正当竞争行为。

该案延续了“淘宝诉美景案”将数据权益定位于“竞争性财产权益”的认定，但细化了权益客体的对象：对于单一原始数据，数据处理者只能依其与用户的约定享有有限使用权，对于由单一原始数据聚合而成的衍生数据集合，数据处理者享有竞争性权益。

二、基于《反不正当竞争法》的数据保护法理

在数据权属缺乏法律界定的情形下，数据的反不正当竞争保护成为普遍适用的保护进路。该案在“大众点评诉爱帮网案”“淘宝诉美景案”“酷米客诉车来了案”等一系列案件的基础上，进一步完善了对数据不正当竞争行为的法律规制，亦为数据权利的构建提供了可借鉴的司法案例。

（一）数据不正当竞争行为的双重侵害

互联网场景下的消费者利益具有复杂性及易受侵害性。但在早期的互联网不正当竞争案件中，裁判者对消费者利益的考量通常被用作论证其他行为正当性考量要素的工具。例如，在“百度诉青岛奥商案”中，法院认为利用技术手段在他人网站的搜索结果页面强行弹出广告的行为既没有征得百度公司同意，又违背使用其互联网接入服务用户的意志，容易导致上网用户误以为弹出的广告页面系百度公司所为，会使上网用户对百度公司提供服务的评价降低，对百度公司的商业信誉产生不利影响，损害百度公司的合法权益，也违背诚实信用和公认的商业道德，构成不正当竞争。[①] 尽管法院已经考虑消费者利益损害，但其仅是服务于经营者损害的认定。

① 参见山东省高级人民法院民事判决书，（2010）鲁民三终字第 5-2 号。

2017 年《反不正当竞争法》修订，将“损害其他经营者的合法权益”修改为“损害其他经营者或消费者的合法权益”，明确了消费者利益、公共利益在互联网竞争行为正当性判断中的重要地位，亦促使裁判者将其作为不正当性判定的重要因素。

在该案中，法院综合考量了数据处理者权益和用户权益，使涉案行为不正当性的判定要素更加全面和完整。具体而言，数据价值实现的前提是数据的合法收集和使用，数据不正当竞争行为不仅损害了数据处理者的数据竞争优势，同时损害了消费者的利益。随着《数据安全法》和《个人信息保护法》的颁布实施，数据处理者承担了更加明确和严格的数据安全及用户个人信息保护义务。尤其是，实践中个人识别、发现侵害其信息权益和隐私等恶意行为及侵权场景的能力十分有限，数据处理者更应积极主动履行数据及个人信息的全面保护义务。

数据处理者通过技术防护、组织管理和法律手段，确保数据集合安全和个人信息安全，既保障了数据处理者的数据竞争优势及合法权益，也履行了保障个人信息及信息安全的法律义务和责任。正如该案中所确认：被控侵权软件所涉的聊天、支付等信息系经营性用户与其他用户交互完成，并非经营性用户的单方信息，其中涉及其他用户的第三方信息安全。两原告在保护微信产品数据安全方面投入了巨大的人力、物力、财力，采取了多重技术措施防范他人非法获取平台内数据。因此，从数据安全保障的需求和安全保障效果来看，数据权益保护与用户个人信息安全保障的利益需求是完全一致的。

（二）数据领域竞争关系的认定

互联网市场中的行业界限更加淡化和模糊，行业界限日趋模糊甚至消失，跨界竞争大行其道。对于竞争行为和竞争关系的认识已不再局限于行业划分。[①] 随着互联网竞争进入全业务时代，在网络广告、电子商务、搜索、网络游戏、即时通信等多重领域，各数据处理者都面临对手“‘入侵’

① 参见孔祥俊：《反不正当竞争法的创新性适用》，中国法制出版社 2014 年版，第 116 页。

或者说‘进犯’”的境地。[1] 现阶段，网络数据流量的竞争不仅是既有产品交易机会的竞争，更多的是将来开发衍生产品的生产资料竞争，网络数据流量吸引力已成为网络市场主体的核心竞争力。虚拟化的网络空间已无实体空间的物理区隔，即使业务范围相去甚远的网络服务提供者之间，也会形成网络数据流量吸引力此消彼长的竞争关系。

该案中，法院的认定亦充分采纳了上述观点。被控侵权软件服务的对象虽然只是微信产品中的部分经营性用户，其与两原告并不存在用户数量上此消彼长的直接竞争关系。但两被告通过被控侵权软件获取部分网络数据流量，同时，被控侵权软件的应用又破坏了微信产品的生态，损害了两原告微信产品对于用户关注度及用户数据流量的吸引力。因此，双方之间实际存在的此种网络数据流量此消彼长的或然性对应关系，仍属于市场竞争关系。

（三）数据处理者对数据集合享有竞争性权益

网络经济已从传统产品竞争更多地转为数据流量的竞争，网络用户群、用户黏性成为网络经营者的主要竞争对象。数据资源积累与开发所形成的数据流量，是获取市场收益的基本商业模式和企业的核心竞争力。与用户个人信息数字简单记录后的原始数据不同，企业的数据集合系数据处理者投入大量人力、物力经过合法经营而生成的，其在优化用户体验及服务丰富程度的同时，给数据处理者带来商业利益与竞争优势。尽管整体汇聚而成的数据集合并不足以成为著作权客体，但亦应成为受保护的数据类型。所谓“数据集合”，即通过计算机技术形成、以二进制信息单元 0/1 表示的半结构化或多结构化巨量电磁记录。与“数据库”（database）不同，它不需要经过严格逻辑汇编，亦不要求原创性，并在规模、种类、更新的及时性和速度方面远超前者。在该案中，法院认定：巨量单个原始数据聚合在一起所形成的一定规模的数据资源，能够给大数据分析提供必要

---

① 参见《南方都市报：腾讯 360 大战呼唤跨界竞争丛林法则》，载新浪科技 2010 年 11 月 10 日，http：//tech. sina. com. cn/i/2010-11-10/06414848425. shtml。

的样本，给网络平台经营者带来开发数据衍生产品获取增值利润的机会空间，数据处理者对之享有竞争性权益。

（四）数据不正当竞争行为的认定

并非所有的数据爬取行为都是不正当竞争行为。在该案中，对个人信息权益和企业数据安全的双重侵害是判定构成不正当竞争行为的关键。就个人信息权益而言，尽管被告获得了微信平台中相关经营性用户的授权许可，但被控侵权软件所涉的聊天、支付等信息系经营性用户与其他用户交互完成的，并非经营性用户的单方信息，其中涉及其他用户的第三方信息安全。由于社交活动具有私密性，且微信用户数据具有用户社交信息与用户身份信息一并记录的特点，微信用户对于其数据具有高敏感性及安全性要求。被告将第三方用户的信息移作自己存储或使用，超出了相关微信用户对自身信息安全保护的原有预期。就平台数据安全而言，被控侵权软件自动化、批量化操作与发布信息的运作方式会增加微信运行的数据量和数据流，导致增加微信产品的运行负担，减损微信产品运行的稳定性和运行效率，进而妨碍微信平台的正常运行。总体而言，被告行为导致微信用户对微信产品丧失应有的安全感及基本信任，减损原告对用户数据流量的吸引力，恶化数据资源的平台经营生态，损害了原告的商业利益与市场竞争优势。

三、该判决的参考意义及将来的课题

（一）技术创新与公平竞争之间的平衡

技术创新与开放竞争是互联网行业快速壮大的关键，而创新不可避免地带来与原有产业模式及发展格局之间的新变化，继而引发互联网技术与市场竞争之间的平衡问题。

有关互联网案件的若干裁判已对互联网技术与创新的问题予以阐述。在“上诉人奇虎公司、奇智公司与被上诉人腾讯科技公司、腾讯计算机公司不正当竞争纠纷案”中，[①] 二审判决就“技术创新、自由竞争和不正当竞争的界限的问题”指出：“上诉人认为其行为是互联网自由和创新精神

① 最高人民法院民事判决书，（2013）民三终字第5号。

的体现，认为一审法院违反行业发展规律，苛刻适用反不正当竞争法的一般原则，会限制竞争和打击创新。本院认为，互联网的发展有赖于自由竞争和科技创新，互联网行业鼓励自由竞争和创新，但这并不等于互联网领域是一个可以为所欲为的法外空间。竞争自由和创新自由必须以不侵犯他人合法权益为边界，互联网的健康发展需要有序的市场环境和明确的市场竞争规则作为保障。是否属于互联网精神鼓励的自由竞争和创新，仍然需要以是否有利于建立平等公平的竞争秩序、是否符合消费者的一般利益和社会公共利益为标准来进行判断，而不是仅有某些技术上的进步即应认为属于自由竞争和创新。”据此，在网络环境下的市场竞争中面临技术创新与公平竞争的冲突时，不能简单将技术实施行为的法律性质与技术中立性相混淆，亦不能用技术创新的形式掩盖损人利己的“搭便车”实质。

竞争自由和创新自由必须以不侵犯他人合法权益为边界，应以是否有利于建立平等公平的竞争秩序、是否符合消费者的一般利益和社会公共利益为标准来进行判断。因此，在合理利用平台服务、通过创造性劳动开发出新的软件产品，且能够给予消费者全新体验的竞争行为，难谓不正当。但是，创新性自由竞争不能以牺牲公平正义为代价，依托于原有网络产品的创新不能破坏平台市场效能，不能以牺牲其他竞争者对市场发展及消费者福利的贡献为代价。结合该案，涉案侵权软件突破了微信产品的功能设置，新增了部分功能，但其在技术含量上并无新的创意和改进。更重要的是，该行为破坏了微信生态和用户信任，属于有悖公平竞争原则的竞争行为。

（二）数据权益与用户个人信息保护的融合

在《数据安全法》和《个人信息保护法》出台的背景下，企业数据权益和个人信息权益呈现既相互独立又彼此相融的态势。一方面，企业在将弥散在各处的个人信息转化为集中可用的数据资源时，可能过度收集、使用个人信息，引发企业和个人的利益冲突；另一方面，企业在保护其数据权益的同时，也在间接地保护个人信息权益。例如，在“HiQ 诉 LinkedIn 案”中，为保护数据免受 HiQ 的爬取，LinkedIn 就主张：用户将自己的个人资料公之于众的事实并不意味着他希望任何第三方收集和使用这些数据用于所有目的。因此，HiQ 的爬取行为将威胁到用户的隐私，并将因此破坏 LinkedIn 与用户之间的善意信赖。企业数据权和个人信息权益的交叠之处就是“数据（个人信息）安全”。①

《网络安全法》第 21 条规定，网络运营者应当按照网络安全等级保护制度的要求，履行安全保护义务，保障网络免受干扰、破坏或者未经授权的访问，防止网络数据泄露或者被窃取、篡改。《数据安全法》第 27 条规定，开展数据处理活动应当依照法律、法规的规定，建立健全全流程数据安全管理制度，组织开展数据安全教育培训，采取相应的技术措施和其他必要措施，保障数据安全。利用互联网等信息网络开展数据处理活动，应当在网络安全等级保护制度的基础上履行上述数据安全保护义务。重要数据的处理者应当明确数据安全负责人和管理机构，落实数据安全保护责任。《个人信息保护法》第 9 条规定，个人信息处理者应当对其个人信息处理活动负责，并采取必要措施保障所处理的个人信息的安全。据此，企业应承担严格的法律义务和保障责任，以积极主动的行动全面保护其数据及用户信息安全。这意味着作为数据持有人，企业有权主张任何一方不得破坏、删除、妨碍他人正常访问数据，以维护数据的完整性、可用性和个人信息安全。

基于此，企业可以采取技术手段、管理措施和诉讼维权等方式，确保平台整体数据安全和用户个人信息安全，这既是对企业竞争优势和合法权益的维护，也是对用户隐私及个人信息安全保护的践行。正如该案中所确认的，“被控侵权软件所涉的聊天、支付等信息系经营性用户与其他用户交互完成的，并非经营性用户的单方信息，其中涉及其他用户的第三方信息安全”，“两原告在保护微信产品数据安全方面投入了巨大的人力、物力、财力，采取了多重技术措施防范他人非法获取平台内数据”。放眼未来，从行业良性发展和消费者长远利益角度出发，企业数据权益保护与用

① HIQ Labs，Inc. v. Linkedin Corp.，273 F. Supp. 3d 1099。

户个人信息安全保障的规范统合，将成为司法回应数字经济与数字社会发展的重要方向。

许可[*]

【相关法条】

《中华人民共和国反不正当竞争法》

第二条第一款、第二款 经营者在生产经营活动中，应当遵循自愿、平等、公平、诚信的原则，遵守法律和商业道德。

本法所称的不正当竞争行为，是指经营者在生产经营活动中，违反本法规定，扰乱市场竞争秩序，损害其他经营者或者消费者的合法权益的行为。

第十二条 经营者利用网络从事生产经营活动，应当遵守本法的各项规定。

经营者不得利用技术手段，通过影响用户选择或者其他方式，实施下列妨碍、破坏其他经营者合法提供的网络产品或者服务正常运行的行为：

（一）未经其他经营者同意，在其合法提供的网络产品或者服务中，插入链接、强制进行目标跳转；

（二）误导、欺骗、强迫用户修改、关闭、卸载其他经营者合法提供的网络产品或者服务；

（三）恶意对其他经营者合法提供的网络产品或者服务实施不兼容；

（四）其他妨碍、破坏其他经营者合法提供的网络产品或者服务正常运行的行为。

* 许可，对外经济贸易大学副教授，对外经济贸易大学数字经济与法律创新研究中心主任。

七、浙江蚂蚁小微金融服务集团股份有限公司、重庆市蚂蚁小微小额贷款有限公司诉苏州朗动网络科技有限公司商业诋毁及不正当竞争纠纷案

——因公共数据使用引发的不正当竞争第一案

编者按

数据已成为企业竞争的核心动力。为了鼓励数据的共享和流动，最大限度地挖掘数据价值，应当赋予大数据分析企业享有基于数据利用产生的数据权益，同时兼顾原始数据主体、数据提供者、数据消费者的合法权益，从维护社会公共利益，增强社会整体福祉的角度平衡各方利益。本案是在大数据生态系统中，公共数据使用者与数据原始主体之间因数据质量瑕疵引发的纠纷，涉及大数据商业模式下公共数据使用行为的正当性问题，判决首次确立了公共数据使用的基本原则，厘清了公共数据合法使用的边界，并从确保数据来源合法、数据安全、数据质量等方面对数据使用行为给予适当约束，以促进大数据企业通过改进算法技术、规范数据处理行为等，实现良性有序发展。

关键词

公共数据　大数据产品　数据提供者　数据使用原则

【裁判要旨】

使用公开的公共数据无须征得原始数据主体的同意，但使用行为仍需遵守基本的注意义务，防止因不当使用给数据原始主体带来不当损害。在公共数据开放和大数据商业模式下，公共数据使用行为仍应受到正当性判断。大数据产品或服务提供者使用公共数据时，应遵循来源合法原则、注重信息时效原则、保障信息质量原则、敏感信息校验原则。对公共开放数据的不当使用，未能尽到必要的注意义务，导致法人或自然人等原始数据主体的合法利益受损的，公共数据使用者应承担相应法律责任。

【案件索引】

一审：杭州铁路运输法院（2019）浙 8601 民初 1594 号

二审：浙江省杭州市中级人民法院（2020）浙 01 民终 4847 号

【基本案情】

2019 年 5 月 5 日至 6 日，苏州朗动网络科技有限公司（以下简称朗动公司）运营的“企查查”网站通过发布和向特定用户推送的方式，发布了针对重庆市蚂蚁小微小额贷款有限公司（以下简称蚂蚁微贷公司）清算的企业信息。由于发布方式设置问题，该推送行为造成用户将历史清算信息误认为新发生的清算信息，引发广泛关注。大量媒体围绕蚂蚁微贷公司是否存在清算行为进行报道，短时间内新闻搜索条数达千万条以上。为制止负面影响，浙江蚂蚁小微金融服务集团股份有限公司（以下简称蚂蚁集团）、蚂蚁微贷公司向法院申请诉前保全，法院裁定要求朗动公司停止散布与蚂蚁微贷公司有关的清算信息，并针对推送行为予以澄清。之后，朗动公司在其官方微信、微博上发表声明，回应“企查查”审慎不严的相关质疑，认为“企查查”保证信息内容与信息源头一致，做到真正地将信息精准且及时提供给用户。对于针对蚂蚁微贷公司的清算信息的推送，相关人员的清算信息是公示系统曾记录在案的，绝非朗动公司二次编辑把舆论锚点标在蚂蚁小微经营不善之上。该声明发出后，引发媒体新一轮的关注和报道。两原告主张被告朗动公司实施了若干竞争行为，包括：（1）朗动公司在“企查查”平台的“风险动态”板块更新蚂蚁微贷公司误导性清算信息（“企查查”平台在蚂蚁微贷公司的“风险监控”下的“风险动态”板块中，更新了变动日期为“2019 年 5 月 5 日”的信息，显示“变更/新增类型”为“清算信息”，“变更/更新内容”为“清算组成员应某”，“风险级别”是“警示信息”）。（2）朗动公司向“企查查”平台付费用户推送有关蚂蚁微贷公司误导性清算信息。（3）朗动公司通过“企查查”平台消息中心和电子邮件向用户推送有关蚂蚁微贷公司误导性清算信息。两原告起诉至法院要求朗动公司停止侵权并承担赔偿责任。

【裁判结果】

杭州铁路运输法院于 2020 年 4 月 26 日作出（2020）浙 8601 民初 1594 号民事判决：“一、被告苏州朗动网络科技有限公司在本判决生效之日起一个月内在企查查网站（www. qichacha. com）首页、苏州朗动网络科技有限公司新浪官方微博连续十日，及《法制日报》显著位置连续三日刊登声明以消除影响（声明内容需经本院审核，逾期未履行，本院将依原告浙江蚂蚁小微金融服务集团股份有限公司、重庆市蚂蚁小微小额贷款有限公司申请，在《人民法院报》上刊登本判决主要内容，费用由被告苏州朗动网络科技有限公司承担）；二、被告苏州朗动网络科技有限公司在本判决生效之日起十日内赔偿原告浙江蚂蚁小微金融服务集团股份有限公司、重庆市蚂蚁小微小额贷款有限公司经济损失 60 万元（包括为制止侵权行为所支付的合理开支）；三、驳回原告浙江蚂蚁小微金融服务集团股份有限公司、重庆市蚂蚁小微小额贷款有限公司的其他诉讼请求。”该案经浙江省杭州市中级人民法院二审驳回上诉，维持原判。

法院生效裁判认为：第一，公共数据合法使用原则。公共数据作为促进经济发展的重要生产要素，应当鼓励市场主体对公共数据的利用和挖掘。但同时，对公共数据的利用应当合法、正当，不得损害国家利益、社会利益和其他主体合法权益，特别是不能损害数据原始主体的合法权益。本案中，蚂蚁微贷公司作为原始数据主体，朗动公司利用信息抓取技术，通过多种渠道抓取公共数据中涉及蚂蚁微贷公司的企业数据，经过分类整理供“企查查”平台用户查询。因此，蚂蚁微贷公司与朗动公司同处于“企查查”大数据平台构建的数据生态系统中。朗动公司通过国家企业信用信息公示系统抓取蚂蚁微贷公司的企业信息，虽然数据本身源于公共数据，但是信息的发布和推送行为应当保持与蚂蚁微贷公司企业信息的一致性，即客观公正地反映企业信息，不应因数据来源的公共属性，而损害数据原始主体的商业利益。

第二，行为不正当性的评价。“企查查”平台提供的企业数据信息直接指向原始数据主体。基于征信大数据生态系统中数据与数据源之间的联系并未切断的特殊性，“企查查”平台提供的企业信息查询功能与原始数据主体之间具有唯一的对应关系。这种基于同一数据生态系统中的数据与信息的对应关系，将给蚂蚁微贷公司的市场竞争利益带来影响，并集中体现在蚂蚁微贷公司的商誉权上。商誉是经营者在经营过程中通过经营行为累积的社会整体评价，体现了经营者与消费者之间的信任关系。从这个角度讲，商誉具有财产属性，良好的声誉能够为经营者带来经济利益和竞争优势。由于信息发布行为造成的认识错误将导致用户企业或个人在交易时对其他经营者的经营状况、关联关系等产生错误的认识，无故减少其他经营者的交易机会或增加经营者的交易成本和负担。朗动公司的行为损害了以信用为基础的市场竞争秩序。朗动公司作为从事企业征信业务的互联网征信机构，在享有征信数据带来的经济利益的同时，应当对数据质量负有一定的注意义务。征信数据的数据质量不但影响互联网征信机构自身的竞争能力，还因数据本身对数据主体的商誉影响而影响数据主体的竞争优势。朗动公司针对蚂蚁微贷公司推送企业信息的行为，在数据存在偏差的情况下，将为蚂蚁微贷公司带来商誉上的损害，并且影响蚂蚁微贷公司的市场竞争优势。因此，朗动公司的行为构成不正当竞争。

第三，从行业现状出发确定责任承担。由于互联网征信行业仍处于发展的起步阶段，相关行业规范尚未成熟，应当以鼓励数据共享流通、兼顾各方利益为原则，并正视海量数据处理的技术困境，合理确定注意义务。一方面，从事企业征信的互联网征信企业运用大数据技术优势，将公共领域碎片化的局部数据整合起来，较为完整地反映企业经营信用状况，实现了面向整个市场的信息共享，解决了商业信息滞后、信息不对称的市场困境。在降低信息收集成本，增加交易行为的透明度，促进社会诚信体系建设方面具有积极作用。由于受到数据共享范围、获取成本的限制及数据有效抓取技术的局限，在司法裁判上，不宜为互联网征信企业赋予过高的注意义务，对于普通的信息偏差，应当允许其通过事后救济的方式进行修正。但另一方面，互联网征信企业作为一种互联网经济下新兴的商业模式，对于收集、发布的数据信息仍具有基本的注意义务，应当通过技术的革新和完善，确保数据的真实、及时、准确，才能为市场主体的投资行为提供可信赖的、具有公信力的企业信息。

【案例注解】

随着信息技术和移动互联网的发展，数据的商业价值逐渐凸显，催生并推动了大数据技术及相关产业链的兴起。在大数据商业化应用不断拓展的同时，由数据利益引发的相关纠纷日益增多，尤其以数据利用中的不正当竞争问题最为突出。公共数据的开放共享属性决定了其核心价值在于鼓励数据使用，挖掘数据潜能。但是，在使用公共数据的过程中，使用者必须遵守基本的注意义务，防止出现因不当使用而导致破坏正常的市场秩序及消费者合法权益的情形。由此，在相关数据立法尚未完善的现状下，司法需基于个案，在《反不正当竞争法》的范围内，对公共数据的使用进行合理规制。

一、公共数据与大数据生态系统

公共数据，是行政机关依照法律规定在履行职能过程中采集、制作、生产或者获取，并通过一定形式记录、保存的数据资源。公共数据的形成过程决定其在本质上已经具有了公共属性。由于公共数据的数据收集主体仍源于独立的数据主体，数据的利用加工主体主要为大数据平台。因此，基于公共数据的使用需要在系统的数据产业链条内完成，并基于数据原始主体、数据存储发布者、数据加工使用者、数据消费者形成了以数据利用为核心的数据生态系统。在数据生态系统中居于核心环节的数据加工利用者即大数据平台，其主要功能在于运用信息技术手段对公共数据领域海量、分散的企业信息进行整合加工，形成企业征信信息的数据集合，并通过提供免费和付费查询功能，向用户开放，实现经济利益。大数据的采集、加工和交易过程，涉及原始数据主体、数据提供者、数据使用者和数据消费者各方利益。

本案中，蚂蚁微贷公司作为原始数据主体，朗动公司利用信息抓取技术，通过多种渠道抓取公共数据中涉及蚂蚁微贷公司的企业数据，经过分类整理供“企查查”平台用户查询。因此，蚂蚁微贷公司与朗动公司同处于“企查查”大数据平台构建的数据生态系统中。朗动公司通过国家企业信用信息公示系统抓取蚂蚁微贷公司的企业信息，虽然数据本身源于公共数据，但是信息的发布和推送行为应当保持与蚂蚁微贷公司企业信息的一致性，即客观公正地反映企业信息，不应因数据来源的公共属性，而损害数据原始主体的商业利益。从征信数据的特点上看，“企查查”平台提供的企业数据信息直接指向原始数据主体。基于征信大数据生态系统中数据与数据源之间的联系并未切断的特殊性，“企查查”平台提供的企业信息查询功能与原始数据主体之间具有唯一的对应关系。这种基于同一数据生态系统中的数据与信息的对应关系，将给蚂蚁微贷公司的市场竞争利益带来影响，并集中体现在蚂蚁微贷公司的商誉权上。商誉是经营者在经营过程中通过经营行为累积的社会整体评价，体现了经营者与消费者之间的信任关系，从这个角度讲，商誉具有财产属性，良好的声誉能够为经营者带来经济利益和竞争优势。

二、公共数据的法律特征分析

与以个人信息为内容的个人数据不同，公共数据的使用无须征得原始数据主体的同意，但使用行为仍需遵守基本的注意义务，防止不当使用给数据原始主体带来利益损害。对于公共数据的界定主要基于数据来源，与商业数据、个人数据不同，公共数据的显著特点是开放共享、鼓励使用。

从数据法律特征的角度分析，公共数据具有以下特点：

第一，数据来源上的公权力属性。公共数据是公权力机构在依法履职过程中，为满足社会公共事业管理或其他需求，依据相关法律法规，通过法定程序向特定主体获得的数据。其获取方式决定了公共数据本身具有资源公共性、非隐私性、非独占性的特征。

第二，数据客体上的海量流动性。公共数据涉及社会生产生活的多领域，数据收集范围广泛。同时，受数据本身实时更新变化的影响，公共数据的流动性强、体量庞大，数据和数据之间经过分析整合建立联结，能够产生巨大的商业价值。

第三，数据应用上的公益性。公共数据的开放和使用面向全社会，任何主体均可以通过公开渠道获取并使用。同时，这种使用行为不会减损公共数据本身或其他数据使用者的利益。公共数据公开的范围和使用行为越广泛，越能发挥数据本身的价值。因此，公共数据虽然源于个体，但经系统整合后，已成为具有公共属性的信息资源。只有保持数据开放和促进数据流动，才能最大限度地发掘和利用大数据资源，增加社会福祉。

从应用场景来看，公共数据的使用需在系统的数据产业链条内完成。由于公共数据的商业使用涉及数据原始主体、数据收集主体、数据利用主体等多方，因此，基于数据原始主体、数据存储发布者、数据加工使用者、数据消费者形成了以数据利用为核心的数据生态系统。在数据生态系统中，居于核心环节的是数据加工利用者，即大数据分析企业。其主要功能在于，运用信息技术手段对公共数据领域海量、分散的企业信息进行整合加工，形成信息的数据集合，并通过提供免费和付费查询功能向用户开放，进而实现经济利益。

三、公共数据使用中的竞争行为与竞争关系

反不正当竞争法意义上的竞争关系包括直接竞争关系与间接竞争关系，反不正当竞争法维护具有直接竞争关系的竞争者之间的正当竞争，也维护整个市场的竞争秩序。特别是在互联网经济领域，商业运营模式较传统经济有较大变化，行业界限区分日益模糊，竞争方式主要表现为通过争夺消费者注意力获取竞争优势，实现经营利益。即使经营者之间不存在直接的竞争关系，经营者也因破坏其他经营者的竞争优势与其产生了竞争关系。但同时需要指出的是，竞争是市场经济的既有属性，认定经营者之间存在竞争关系，也不必然构成不正当竞争，在对不正当竞争的认定上，仍需从竞争行为是否具有正当性来认定是否应根据反不正当竞争法承担法律责任。

反不正当竞争法的立法目的在于维护市场竞争秩序，核心在于竞争行为的正当性和制止不正当行为。判断一项行为是否具有正当性，应当从市场竞争秩序、商业道德、利益平衡等基本原则出发，结合相关行业准则、行为手段、损害后果等因素对其性质予以综合评判。《中国大数据行业自律公约》《数据流通行业自律公约》《大数据标准化白皮书》等行业自律性文件，进一步明确了数据准确性是大数据行业发展的商业道德；数据采集过程应严格控制数据质量，确保数据符合质量要求；数据提供者在过程中应注意对数据来源进行甄别和验证，保证数据的合法性、真实性和有效性等相关要求。作为提供企业征信信息的朗动公司，其提供全面、及时、准确、完整的企业数据的能力将增加消费者的黏合度，为其带来竞争优势。但同时，数据一旦存在偏差，特别是负面信息的偏差，将直接影响作为原始数据主体企业的商誉和社会评价。由于信息发布行为造成的认识错误将导致用户企业或个人在交易时对其他经营者的经营状况、关联关系等产生错误的认识，无故减少其他经营者的交易机会或增加经营者的交易成本和负担。朗动公司的行为损害了以信用为基础的市场竞争秩序。信用是市场经济运行的前提与基础，市场经济主要通过市场机制实现资源配置，而作为市场机制核心内容的商品交换的基本原则是建立在信用基础上的等价交换。市场活动被信用关系联结，信用关系作为一种独立的经济关系维系、支持、形成市场秩序。朗动公司作为从事企业征信业务的互联网征信机构，在享有征信数据带来的经济利益的同时，应当对数据质量负有一定的注意义务。征信数据的数据质量不但影响互联网征信机构自身的竞争能力，还因为数据本身对数据主体的商誉影响，进而影响数据主体的竞争优势。朗动公司针对蚂蚁微贷公司推送企业信息的行为，在数据存在偏差的情况下，将为蚂蚁微贷公司带来商誉上的损害，并且影响蚂蚁微贷公司的市场竞争优势。

四、公共数据的开放共享与合法使用边界

大数据的采集、加工和交易的过程，涉及原始数据主体、数据提供者、数据使用者和数据消费者各方利益。大数据分析企业在数据使用中应当受到必要的约束，履行基本的注意义务。由于受到数据共享范围、获取成本的限制及数据有效抓取技术的局限，在司法裁判上，不宜对互联网征信企业设定过高的注意义务，对于普通的信息偏差，应当允许其通过事后救济的方式进行修正。另外，互联网征信企业作为一种互联网经济下新兴的商业模式，对于收集、发布的数据信息仍具有基本的注意义务，应当通过技术的革新和完善，确保数据的真实、及时、准确，才能为市场主体的投资行为提供可信赖的、具有公信力的企业信息。因此，互联网征信企业在从事企业信用信息的收集和发布活动中，应当坚持以下基本原则：

一是数据来源合法原则。大数据分析企业在抓取和收集数据中，应当使用政府部门或其他管理主体已经依法公开的信息，不得采集法律、行政法规禁止采集的数据。从公共领域采集数据信息的行为具有合法性，无须征得信息主体的同意，但对于涉及个人隐私、企业商业秘密等非公开信息，则应当确保信息的安全性。

二是注重信息时效原则。注重数据变动的时效性是数据信息的价值所在，也是大数据分析企业的竞争优势所在。时效性包括两方面含义，即信息更新的及时性和信息变动时间的准确性。信息更新的及时性为大数据分析企业带来竞争力，而信息变动时间的准确性则兼顾信息主体的利益。

三是保障信息质量原则。大数据平台应当采取合理措施，保障其提供信息的准确性。信息质量应当包括推送信息的真实、准确和完整。高质量的信息既可以避免因数据偏差给企业带来负面影响，也可为信息使用者作出科学决策提供参考价值。

四是敏感信息校验原则。由于大数据具有体量大、来源多样、生成极快且多变等特征，难以用传统数据体系结构有效处理。对于数据质量的注意义务应当根据数据类型加以区分。针对非敏感数据，在发生数据偏差时，应当允许大数据分析企业通过事后救济的方式予以纠正。针对敏感数据，特别是涉及企业清算、破产等的重大负面信用信息，大数据分析企业应当建立差别化的技术处理原则，通过改进算法技术、数据复核、交叉验证等手段，提高数据推送质量，避免因不当的信息推送行为给数据主体带来重大负面影响。

一审法院合议庭成员：郭　彤　张　翀　盛　放

二审法院合议庭成员：韩圣超　李国标　韦　薇

编写人：杭州互联网法院　郭　彤

【专家点评】

该案涉及理论上三个重要问题：第一，互联网业态下竞争关系认定标准重构；第二，处理企业董事、监事、高级管理人员（以下简称“董监高”）或者清算组成员等个人信息的合法性认定；第三，公共数据处理者的数据质量注意义务。

一、互联网业态下竞争关系认定标准重构

“蚂蚁诉企查查案”适用了《反不正当竞争法》第 2 条作为裁判依据。按照传统观点，适用《反不正当竞争法》的要件之一当然是经营者之间存在竞争关系。[①] 所谓竞争关系，一般认为是指“经营领域相同或者相关所产生的竞争对手关系”。[②] 另外，存在竞争关系的前提是在业务、时间、地点等要素上存在竞争性，这也被称为直接竞争关系。

然而，在“蚂蚁诉企查查案”中，蚂蚁集团、蚂蚁微贷公司与“企查查”平台的运营公司朗动公司并非处于同一业务领域，从业务、时间、地点等要素判断也难谓构成直接竞争关系。

于是，法院在判决中提出，“间接竞争关系”亦可作为竞争关系的表现之一。所谓间接竞争关系，是指经营者因破坏其他经营者的竞争优势而与其他经营者形成的竞争关系，具体表现为经营者违反诚实信用原则而主动进入争夺交易机会、促进他人竞争或者直接侵害消费者或公众利益。[③] 在“蚂蚁诉企查查案”中，法院指出：“在互联网经济领域，商业运营模式较传统经济有较大变化，行业界限区分日益模糊，竞争方式主要表现为通过争夺消费者注意力获取竞争优势，实现经营利益，即使经营者之间不存在直接的竞争关系，经营者也因破坏其他经营者的竞争优势与其产生了竞争关系。”

将间接竞争关系视为竞争关系，早已经被司法实践所承认。[④] 2004 年，

---

① 参见种明钊主编：《竞争法》，法律出版社 2005 年版，第 100 页；宋旭东：《论竞争关系在审理不正当竞争案件中的地位和作用》，载《知识产权》2011 年第 8 期。

② 参见王艳芳：《反不正当竞争法中竞争关系的解构与重塑》，载《政法论丛》2021 年第 2 期。

③ 参见郑友德、杨国云：《现代反不正当竞争法中“竞争关系”之界定》，载《法商研究》2002 年第 6 期。

④ 参见成都好房通科技有限公司诉成都市好房通房地产经纪有限公司不正当竞争纠纷案，四川省成都市中级人民法院（2015）成知民初字第 123 号民事判决书。深圳市腾讯计算机系统有限公司、腾讯科技（深圳）有限公司诉深圳市腾迅实业有限公司、深圳市腾迅实业有限公司宝利欢乐城侵害企业名称（商号）权纠纷案，广东省深圳市福田区人民法院（2016）粤 0304 民初 9099 号民事判决书。山东新华制药股份有限公司诉湖北天成大药房医药连锁有限公司新华药店、湖北天成大药房医药连锁有限公司侵害商标权纠纷案，湖北省武汉市中级人民法院（2017）鄂 01 民终 5466 号民事判决书。安徽卓尔航空科技有限公司诉卓尔控股有限公司侵害商标权纠纷案，安徽省高级人民法院（2019）皖民终 1049 号民事判决书。

最高人民法院即表明其倾向性态度，认为“所谓竞争关系一般是指经营者经营同类商品或服务，经营业务虽不相同，但其行为违背了反不正当竞争法第 2 条规定的竞争原则，也可以认定具有竞争关系”。① 2007 年，最高人民法院在一起裁定书中指出，适用《反不正当竞争法》第 2 条作为裁判依据的要件有三：第一，《反不正当竞争法》第二章中的具体行为类型无法适用；第二，经营者的行为实际给其他经营者造成了损害；第三，经营者的行为违法了商业道德，具有不正当性。② 可见，最高人民法院并未将竞争关系的存在视为构成要件，这从侧面反映适用《反不正当竞争法》过程中对竞争关系这一要素的弱化。根据《反不正当竞争法》第 2 条第 3 款的规定，经营者是指从事商品生产、经营或者提供服务的自然人、法人和非法人组织。而 2022 年公布的《最高人民法院关于适用〈中华人民共和国反不正当竞争法〉若干问题的解释》第 2 条更是规定，与经营者在生产经营活动中存在可能的争夺交易机会、损害竞争优势等关系的市场主体，可以认定为反不正当竞争法中的经营者。这意味着，损害竞争优势也可以成为竞争关系的新判断标准。

学理上对于竞争关系的淡化或从宽认定亦逐渐达成共识。有学者指出，竞争关系是否存在不应决定《反不正当竞争法》是否适用。③ 这事实上是对“竞争关系”这一要件的淡化，并突出对竞争性财产权益和行为正当性判断的重要程度，同时强调通过竞争法方式对于此种法益加以保护。④ 当前，“互联网经济的发展使得经营者间的跨界竞争和流量争夺成为常态，

---

① 《最高人民法院民事审判第三庭庭长蒋志培答〈法律适用〉杂志记者问——加大知识产权司法保护力度 依法规范市场竞争秩序》，载北大法宝 2004 年 12 月 24 日，http：//www. pkulaw. cn/fulltext_ form. aspx？Db = lawexplanation&Gid = 71206d8e5c6b1bb5463850b5ab7aeaf7bdfb。

② 参见山东省食品进出口公司、山东山孚日水有限公司、山东山孚集团有限公司诉青岛圣克达诚贸易有限公司、马达庆不正当竞争纠纷申请再审案，最高人民法院（2009）民申字第 1065 号民事裁定书。

③ 参见王艳芳：《反不正当竞争法中竞争关系的解构与重塑》，载《政法论丛》2021 年第 2 期。

④ 参见刘建臣：《企业数据赋权保护的反思与求解》，载《南大法学》2021 年第 6 期。

异质化竞争走向同质化”[①]，因此，目前反不正当竞争法的中心也应当从传统上的竞争关系转移到对行为正当性的判断。进而，逐渐在竞争关系的类型之中形成间接竞争关系，[②] 或者说竞争关系已扩张至跨界竞争。[③] 甚至有学者在直接竞争关系、间接竞争关系之外还提出“经营者与消费者之间的对向竞争关系”，并以此三者分别对应反不正当竞争制度所保护的具体经营者利益、公平竞争秩序和消费者利益。[④]

在“蚂蚁诉企查查案”中，法院通过引入“间接竞争关系”的概念，准确把握了《反不正当竞争法》的适用方向，摆脱了“竞争关系”传统认知的束缚，值得肯定。

二、处理企业成员个人信息的合法性认定

在“蚂蚁诉企查查案”中，“企查查”平台错误抓取并展示、推送的信息是蚂蚁微贷公司前身的清算信息，主要涉及清算组成员信息（蚂蚁微贷公司新增清算组成员应某）。此处较为棘手的问题是，此类信息具有双重性质：一方面，此类信息无疑为个人信息；另一方面，此类信息经过企业信息公开又由国家公权力机关生成，具有公共数据性质。那么作为公共数据获取利用的重要问题，其合法性是否需要以个人信息主体同意为前提？需要分情况讨论。

（一）用于分析个性化特征时需要征得个人同意

当企业的“董监高”或者企业清算组成员等个人信息通过企业信息公示途径公开后，若被用于分析上述人员的个性特征等时，则应当适用包括《个人信息保护法》在内的个人信息保护制度。

---

① 陈兵：《互联网经济下重读“竞争关系”在反不正当竞争法上的意义——以京、沪、粤法院2000~2018年的相关案件为引证》，载《法学》2019年第7期。

② 参见郑友德、杨国云：《现代反不正当竞争法中“竞争关系”之界定》，载《法商研究》2002年第6期。

③ 参见王永强：《网络商业环境中竞争关系的司法界定——基于网络不正当竞争案件的考察》，载《法学》2013年第11期。

④ 参见吴伟光：《对〈反不正当竞争法〉中竞争关系的批判与重构——以立法目的、商业道德与竞争关系之间的体系性理解为视角》，载《当代法学》2019年第1期。

当利用散见于各处的个人信息，包括公开可获取的信息，分析信息主体的个性特征时，将对个人权益产生重大影响。例如，利用个人信息对个人进行识别分析，极易侵犯个人的隐私权。即使被利用、分析的个人信息本身似乎只是常见、普通的个人信息，似乎并不能反映个人信息主体的私密情况，但是信息识别分析技术具有强大的洞察力，能够从一系列非私密信息中挖掘出个人信息主体的私密情况。于是，利用非私密信息进行某些处理行为同样被禁止，除非获得个人信息主体的同意。

正因如此，虽然“董监高”或者清算组成员个人信息依法经过公开成为公共数据，但是如果利用此类数据分析对应的“董监高”等的个性特征时，对个人权益有重大影响，仍应适用个人信息保护制度相关规定，需征得“董监高”等的同意。2021 年生效实施的《个人信息保护法》第 27 条第 2 句即规定“个人信息处理者处理已公开的个人信息，对个人权益有重大影响的，应当依照本法规定取得个人同意”，此即为利用公开的“董监高”等个人信息分析其个性特征需征得个人同意的法律依据。

（二）用于了解商业情况时不需要征得个人同意

然而，当“董监高”或者企业清算组成员等个人信息通过企业信息公示途径公开后，被用于他人了解该企业之情况所需时，不必适用个人信息保护制度。申言之，不需要征得个人信息主体的同意。按照《个人信息保护法》第 27 条的规定，个人信息处理者可以在合理的范围内处理个人自行公开或者其他已经合法公开的个人信息，除非个人明确拒绝或者处理行为对个人权益有重大影响。利用依法公开的“董监高”和清算组等成员的个人信息来了解相关企业的运营等情况，便属于此处的“合理的范围内”。也有学者将此种商业用途的利用称为合理使用，[①] 或者有限告知

① 参见张建文、刘啸天：《保护和利用之间：个人信息合理使用的判断标准》，载《北京邮电大学学报（社会科学版）》2021 年第 6 期。

同意理论。①

首先，《个人信息保护法》第 27 条中的“合理的范围内”以对个人权益不产生重大影响为判断标准。第 27 条明确列举两种情况，并给予选进和选退两种相左之效果。即当对个人权益有重大影响时采选进机制，那么通过反对解释的方法，只有非对个人权益有重大影响时才会采选退机制。就此而言，“合理的范围内”应与“非对个人权益有重大影响”有相同之意涵。

其次，利用依法公开的“董监高”个人信息了解对应企业的运营等情况，不影响个人权益。个人信息保护制度的基点在于在信息处理过程中保证个人既有权益不受侵害。② 个人信息制度设计几乎是以个人既有权益不受侵害为底线而展开的。当利用依法公开的“董监高”等个人信息了解对应企业的运营情况时，对于该等信息的利用仅止步于对信息字面含义的直接利用，不涉及与其他信息结合对个人进行识别分析，于个人权益无涉，故不必适用同意制度。甚至按照《征信业管理条例》第 13 条第 2 款的规定，“企业的董事、监事、高级管理人员与其履行职务相关的信息，不作为个人信息”。

事实上，在商业事务中直接利用个人信息，早有豁免适用个人信息保护制度（同意制度）的先例。例如，在加拿大，对于他人公司办公室电话的检索及利用不适用同意制度，不必征得个人同意。

根本上，同意制度是作为规制个人信息处理巨大风险之手段而出现的。③ 因此，动用同意制度的前提在于对个人信息的处理将产生巨大的、系统性的、不可控的风险。也正因如此，个人信息保护制度历来将个人间

① 参见王爽：《合法公开个人信息衍生利用的有限告知同意制度研究》，载《浙江工商大学学报》2022 年第 2 期。

② 参见高富平：《论个人信息处理中的个人权益保护——“个保法”立法定位》，载《学术月刊》2021 年第 2 期。

③ 参见田野：《大数据时代知情同意原则的困境与出路——以生物资料库的个人信息保护为例》，载《法制与社会发展》2018 年第 6 期。

的或者因家庭事务而处理个人信息的情形排除于其适用范围之外。[①] 对于“董监高”或者公司清算组成员个人信息的利用，往往是出于商业目的的直接利用，不涉及利用数据分析技术进行识别分析的过程，不涉及不可控风险，因而没有必要利用同意制度。

具体到“蚂蚁诉企查查案”，虽然“企查查”平台抓取的公共数据中包括清算组成员姓名等个人信息，但由于该等信息系依法公开的信息，且属于为商业目的的直接利用。故即使抓取该等信息时未获取相应清算组特定成员的同意，也不影响其数据获取行为的合法性判断。[②]

三、公共数据处理者的数据质量注意义务

在“蚂蚁诉企查查案”中，影响判断结果的重要问题在于“企查查”相应行为的正当性。按照审判法院的观点，此种正当性判断需考虑“主体身份特点以及所附注意义务、行为过程的审慎程度和合理性等要素”，其中尤为重要的是朗动公司的注意义务。就公共数据处理而言，处理者有保证数据准确性的注意义务；但是，处理者基本的注意义务不应过高，应当根据互联网数据抓取、分析技术的发展情况以及行业的发展状态确定。另外，作为互联网征信企业的机构在数据质量保证中的义务要高于一般数据处理者。

（一）公共数据处理者应当确保数据质量准确性

公共数据的收集、获取是不受限制和歧视的，社会公众均可以获取公共数据。所谓公共数据，强调数据的公共属性，即任何人可公平利用。[③] 在国际社会的公共数据利用制度研究视野内，更多使用“开放数据”（open data）概念。《开放数据宪章》将“开放数据”界定为能被任何人、

① 参见《个人信息保护法》第 72 条第 1 款。

② 当然，除个人同意因素外，数据爬取是否合法仍然需要考虑 Robots 协议等因素。参见杨华权：《论爬虫协议对互联网竞争关系的影响》，载《知识产权》2014 年第 1 期。

③ 参见王锡锌、黄智杰：《公平利用权：公共数据开放制度建构的权利基础》，载《华东政法大学学报》2022 年第 2 期。

在任何时间和地点进行自由利用、再利用和分发的电子数据。从公共数据的概念便可知，公共数据或者公共数据制度的最大特征在于，公共数据的获取是自由的，不必征得某方主体的同意。就此而言，当国家有关部门通过国家企业信息公示系统将部分企业数据向公众披露时，那么此类数据便属于公共数据，可以由公众自由获取。

然而，公共数据可由公众自由获取并非意味着公众对获取公共数据后的处理过程和结果不负责任，处理公共数据仍然需要履行保证数据质量的注意义务。数据质量准确性的保障便是数据处理者注意义务的重中之重。此处的“准确”是广义的，包括真实、完整、正确、及时等多方面要求，还要求遵守数据质量评估程序和相关标准。[①]《征信业管理条例》第 23 条第 1 款规定：“征信机构应当采取合理措施，保障其提供信息的准确性。”数据质量（准确性）关涉数据分析结果的准确，将影响数据主体的重大权益。尤其当涉及企业的负面信息并非准确时，将严重影响企业的商誉，且在数据快速传播、利用的当下，一旦此类数据出现差错，其不利后果难以补救。就此而言，涉企业的破产、清算、注销、撤销等数据确属敏感信息，在数据处理过程中，数据处理者相应的注意义务不应与针对其他类数据的注意义务等量齐观。对于非敏感数据的处理，可以通过事后的“通知—删除”或者“通知—更正”等机制来确保数据质量。但是对于敏感数据的处理，不能容许仅通过事后机制对数据质量加以纠正。相反，应当建立事前的数据质量审核机制，必要时辅之以人工审核，确保此类敏感数据的质量和准确性。

当然，公共数据处理者的注意义务不应过分严苛，应与当下大数据发展水平、相关行业所处发展阶段相适应。法律不强人所难，为公共数据处理者设置的注意义务应当以公共数据处理者能够履行为前提。所以，公共数据处理者的注意程度之高低，应当考虑技术发展水平，也要考虑大数据

① 参见翟凯、何士青：《论大数据质量的法律保障：困境、变革与新塑》，载《青海社会科学》2020 年第 2 期。

分析行业、数据征信行业目前的发展情况或行业规范标准等，从而合理确定。

具体到“蚂蚁诉企查查案”，法院从四个方面来判断公共数据处理者的注意义务：第一，数据来源合法；第二，注意数据时效，包括数据的及时更新以及准确反映数据变动的真实时间；第三，保证数据质量，确保数据真实、准确、完整；第四，数据质量区分审核，包括非敏感数据的事后审核和敏感数据的事前校验。另外，法院也承认，在案件处理之时，大数据征信行业尚处于发展完善阶段，涉数据相关技术也有不足之处，不应为公共数据处理者科以过高的注意义务。审判法院的上述判断值得肯定。

（二）互联网征信行业处理者具有更高注意义务

虽然从技术发展或者行业发展阶段来看，对于公共数据处理者不可科以过高的注意义务，但是相较于其他行业中的数据处理者，大数据征信行业中的处理者应当承担更高的注意义务。

“企查查”的运营公司朗动公司是互联网征信服务企业，其主要经营范围包括企业信用管理咨询服务、企业征信业务、企业管理咨询业务等。征信服务中涉及数据处理，其数据处理的质量水平、信息发布和推送行为，不仅关涉数据主体、数据处理者和数据利用者的各自利益，会给企业带来重大市场影响，亦影响征信业健康发展和社会信用体系建设。简言之，征信行业的数据处理行为更关涉公共利益，因此对于互联网征信业务中的数据处理者而言，其在数据处理中的注意义务，相较普通行业中数据处理者的注意义务，应当更高。[①]

四、结语

“蚂蚁诉企查查案”，触及法学理论中三个重要问题：互联网业态下竞争关系认定标准；处理企业成员个人信息的合法性认定；公共数据处理者的注意义务。

---

① 参见张钰欣：《公益性利用个人信息保护：困境与完善》，载《人民论坛·学术前沿》2021 年第 7 期。

就互联网业态下竞争关系的认定标准而言，不应固守传统业态下以业务领域比对为核心的标准，对此应逐渐淡化，引入间接竞争关系，关注竞争优势的损害，并将其作为竞争关系的重要判断因素。

处理企业成员个人信息的合法性应当分情况处理：当利用企业“董监高”等个人信息，并结合其他信息，通过数据分析技术识别分析企业成员个性特征时，应当适用个人信息保护制度，征得个人信息主体的同意；当仅直接使用企业“董监高”等个人信息了解相应企业的商业运营情况时，可以豁免适用个人信息保护制度，不必征得个人同意。

公共数据处理者之竞争行为正当性与其注意义务紧密相关。公共数据处理者应当注意把握数据质量，确保数据准确性（真实、完整、正确、及时）。同时，对于数据质量的审核义务也因数据类型而有所不同。对于企业数据中的非敏感数据，可以通过“通知—删除”或者“通知—更正”等事后机制保障其质量；对于涉企业清算、破产、注销、吊销等事项的敏感数据，应当在事前通过合理手段确保数据质量。

高富平*

【相关法条】

《中华人民共和国反不正当竞争法》

第二条 经营者在生产经营活动中，应当遵循自愿、平等、公平、诚信的原则，遵守法律和商业道德。

本法所称的不正当竞争行为，是指经营者在生产经营活动中，违反本法规定，扰乱市场竞争秩序，损害其他经营者或者消费者的合法权益的行为。

本法所称的经营者，是指从事商品生产、经营或者提供服务（以下所称商品包括服务）的自然人、法人和非法人组织。

第十七条 经营者违反本法规定，给他人造成损害的，应当依法承担

* 高富平，华东政法大学法律学院教授、互联网法治研究院（杭州）常务副院长。

民事责任。

经营者的合法权益受到不正当竞争行为损害的，可以向人民法院提起诉讼。

因不正当竞争行为受到损害的经营者的赔偿数额，按照其因被侵权所受到的实际损失确定；实际损失难以计算的，按照侵权人因侵权所获得的利益确定。经营者恶意实施侵犯商业秘密行为，情节严重的，可以在按照上述方法确定数额的一倍以上五倍以下确定赔偿数额。赔偿数额还应当包括经营者为制止侵权行为所支付的合理开支。

经营者违反本法第六条、第九条规定，权利人因被侵权所受到的实际损失、侵权人因侵权所获得的利益难以确定的，由人民法院根据侵权行为的情节判决给予权利人五百万元以下的赔偿。

八、中文在线数字出版集团股份有限公司诉北京京东叁佰陆拾度电子商务有限公司侵害作品信息网络传播权纠纷案

——区块链电子存证司法适用规则第一案

编者按

本案涉及采用区块链技术存取证的新型电子数据作为证据使用的效力问题。涉案电子证据在国内首次使用云系统对手机 App 侵权内容进行固定，较之传统的公证取证、可信时间戳取证等方式，基于第三方云平台进行网络取证的方式较为罕见，其取证存证环境及方式的清洁性、真实性等往往难以判断。在相关法律规定尚付阙如的情况下，本案裁判从存证平台的资质、电子数据生成及储存方法的可靠性、保持电子数据完整性方法的可靠性等方面综合考察，对于区块链新型电子证据的审查判定进行了严格细致的法律论证，首次明确了对区块链电子证据效力认定的规则，被誉为“网络电子证据教科书式案例”“2018 年知识产权案件”。

关键词

区块链　电子存证　证据规则

【裁判要旨】

本案涉及采用区块链技术存取证的新型电子数据作为证据使用的效力问题。司法实践中对区块链电子有证的认证，通常主要集中于对其真实性的审查判断，即证据载体、证据内容是否具有真实性，既要审查证据形式是否可以重复提取，是否具有同一性；也要审查存储的电子数据内容在形成、传输以及提取过程中是否存在被篡改的可能性。本案从存证平台的资质、电子数据生成及储存方法的可靠性、保持电子数据完整性方法的可靠性等方面综合考察，明确了对于新型电子存证的审查判断方法，首次对云技术存证的电子数据法律效力予以司法确认。

【案件索引】

一审：北京市东城区人民法院（2018）京 0101 民初 4624 号

二审：北京知识产权法院（2018）京 73 民终 2163 号

【基本案情】

原告（被上诉人）中文在线数字出版集团股份有限公司（以下简称中文在线公司）诉称：原告经知名小说作家童某授权，取得了其创作的《每个午夜都住着一个诡故事》《每个午夜都住着一个诡故事 · 2》《每个午夜都住着一个诡故事 · 4》《每个午夜都住着一个诡故事 · 5》（以下简称涉案作品）共计四部文字作品的信息网络传播权专有使用权，并有权以自己的名义对侵犯上述权利的行为提起诉讼。2017 年 11 月，原告发现被告未经许可，在其经营的“京东阅读”手机 App 中提供了包含前述作品的在线付费阅读。原告通过 IP360 全方位数据权益保护开放式平台（网址为 www. ip360. net. cn，以下简称 IP360）对被告未经许可传播上述作品的事实进行证据保全，并以上述行为侵犯其信息网络传播权为由，请求法院判令被告赔偿经济损失 24 万余元。

被告（上诉人）北京京东叁佰陆拾度电子商务有限公司（以下简称京

东公司）辩称：原告通过第三方存证平台 IP360 提供的证据存在瑕疵。存证机构为个人，缺乏公信力；文件创建时间与保全时间显示不一致，不能保证取证过程的真实性。

【裁判结果】

北京市东城区人民法院于 2018 年 8 月 20 日作出（2018）京 0101 民初 4624 号民事判决，判决如下：“一、被告北京京东叁佰陆拾度电子商务有限公司于本判决生效之日起十日内赔偿原告中文在线数字出版集团股份有限公司经济损失 111,450 元；二、驳回原告中文在线数字出版集团股份有限公司的其他诉讼请求。”

被告京东公司不服提起上诉。北京知识产权法院于 2020 年 12 月 31 日判决驳回上诉，维持原判。

法院生效裁判认为：本案中，原告主张被告通过涉案 App 向公众提供涉案作品，提交了通过 IP360 固定的对 App 内容进行录屏的电子数据。要认定侵权行为确系发生，应首先对原告该种固证、存证的方式是否符合电子数据的规定进行认定。根据《最高人民法院关于适用〈中华人民共和国民事诉讼法〉的解释》和《电子签名法》的规定，法院将从存证平台的资质、电子数据生成及储存方法的可靠性、保持电子数据完整性方法的可靠性等方面予以审查，对涉案电子数据的效力作出认定。

第一，关于存证平台的资质审查。本案中，真相网络科技（北京）有限公司作为依法成立并独立于中文在线公司、京东公司的民事主体，其运营的 IP360 通过了公安部安全与警用电子产品质量检测中心和国家安全防范报警系统产品质量监督检验中心（北京）的检验认证，具备作为第三方电子存证平台的资质。

第二，关于电子数据生成及储存方法可靠性的审查。本案中，固定证据的整个过程虽然由原告自行操作，且原告操作前未对取证环境的清洁性进行检查，但结合勘验过程、真相网络科技（北京）有限公司出具的说明及相关检验报告、产品购销合同等，用户登录IP360申请取证后，IP360云服务器会将回收并重新初始化的服务器资源自动分配给用户使用，径直让用户进入IP360远程桌面进行操作。且服务器会自动启动录屏程序，对所有操作步骤、获取的内容予以记录，该过程还通过中国科学院国家授时中心的北斗卫星授时系统进行时间认证，保证电子数据形成时间的准确性，避免对本地系统预先清洁以保证取证环境真实性的问题。即便如此，原告在进入远程桌面开始操作前，依然对所用计算机及网络环境等进行了一系列标准化清洁性检查，此举最大限度地排除了因操作者不当介入、取证环境不真实等因素可能对取证结果造成的影响，保证了电子数据生成、储存方法的可靠性。

第三，关于保持电子数据完整性方法可靠性的审查。本案中，结合勘验过程、真相网络科技（北京）有限公司出具的说明及司法鉴定及数据保全技术合作协议等，每个电子数据文件在完成取证后，会存储于IP360云系统中，自动生成一个唯一对应且进行加密的数字指纹（Hash值）。该指纹将通过区块链系统同步备份于已获得权威机构实验室认可证书的北京网络行业协会司法鉴定中心，并生成由其与真相数据保全中心联名签发的载有数字指纹、区块链保全ID、取证时间等信息的数据保全证书，证明电子数据自申请时间起已经存在且内容保持完整，未被篡改。此种方式通过密码技术及数字指纹异地同步，可以保证电子数据的完整性。

结合上述因素，法院认为，原告提交的电子数据在生成、储存方法以及保持内容完整性方法等方面均较为可靠，在无相反证据的情况下，其真实性应予以确认，可以作为认定事实的初步证据。被告虽主张证据保全过程中显示的存证机构为个人，缺乏公信力，且文件创建时间与保全时间不一致，不能保证取证过程的真实性；但根据在案证据，存证机构系申请取证的主体，而涉案IP360作为提供存证服务的主体通过了权威机关的检验认证，具有相应的资质，此外，保全及创建时间分别代表取证开始时间及创建数据提取包的时间，该内容与数据保全证书及录屏内容能够互相印证。现被告未提供证据证明上述取证过程存在影响证据真实性的瑕疵，且其认可在运营的涉案 App 中提供了涉案作品，故对该抗辩理由本院不予采纳。

综上，法院认定，被告在其经营的涉案 App 中提供了四部涉案作品的在线阅读服务，侵犯了原告的信息网络传播权。故法院判决判令被告赔偿原告经济损失 11 万余元。

【案例注解】

本案涉及采用区块链技术存取证的新型电子数据作为证据使用的效力问题。本案双方当事人均为知名上市公司，与以往案件不同，涉案电子证据在国内首次使用云系统对手机 App 侵权内容进行固定。在综合运用区块链、云计算、移动端云取证等前沿技术的情况下，法院本着严格保护诉讼双方合法权益的前提，对于区块链新型电子证据的审查判定进行了严格细致的法律论证，明确了如何对区块链电子证据的效力予以认定。本案被誉为“网络电子证据教科书式案例”、“北京法院区块链电子证据第一案”及“2018 年知识产权十大热点案件”，并被最高人民法院评为“2020 年中国法院 50 件典型知识产权案例”，在北京知识产权司法保护研究会主办的“2020 年度知识产权十大典型司法案例评选活动”中被评为“2020 年北京法院著作权十大典型司法案例”。

一、区块链电子存证证据的司法证成

法官在判决书中对于区块链的证据能力、证明效力等问题进行了以下详细的论证：

（一）还原存证证据的技术生成过程

在庭审中，法官使用法院提供的经过清洁性检查的电脑，通过勘验还原了电子证据的生成过程，确认该证据可重复提取。

（二）区块链证据的司法审查

本案中，法官从存证平台的资质审查、取证手段即电子数据生成及储存方法的可靠性及证据的完整性审查等方面对区块链的证据能力及证明力进行了审查。

其一，审查存证平台的资质。法官通过国家授时中心的授时服务、公安部警用与安全设备鉴定、数字签名服务器凭证等材料审查该平台的资质。该第三方平台已经通过公安部安全与警用电子产品质量检测中心和国家安全防范报警系统产品质量监督检验中心（北京）的检验认证。无论是企业的经营范围、平台的技术原理，还是官方部门的认证，都具有一定的公信力和权威性。

其二，审查取证方法的可靠性。本案取证过程中，当事人对取证电脑及取证环境进行了清洁性检查，使用了授时服务、云系统等前沿技术确定取证时间，确保取证环境清洁且不受取证主体控制。法院结合勘验过程及检验报告、技术原理说明等证据，对取证数据的真实性、取证方法的可靠性进行审查。

其三，审查电子数据的完整性。本案中，每个电子数据文件在完成取证后，都会存储于IP360云系统中，自动生成一个唯一对应且进行加密的数字指纹（Hash值）。该指纹将通过区块链系统同步备份于已获得权威机构实验室认可证书的北京网络行业协会司法鉴定中心，并生成由其与真相数据保全中心联名签发的载有数字指纹、区块链保全ID、取证时间等信息的数据保全证书，证明电子数据自申请时间起已经存在且内容保持完整，未被篡改。故法院确认了区块链证据的完整性。

（三）电子存证证据的司法认定

尽管被告对该证据提出诸多质疑，但仅为简单的否定性意见，未能提交相反证据。法院通过审查存证平台的资质、取证方法的可靠性、涉及技术被篡改的可能性、电子数据是否完整以及是否可以明确、充分地证明原告所主张的侵权事实等因素来确认该证据的“三性”。

二、电子存证对我国电子证据规则的挑战和革新

（一）证据资格的认定

《最高人民法院关于互联网法院审理案件若干问题的规定》（以下简称《规定》）及《人民法院在线诉讼规则》明确肯定了时间戳、区块链等电子存证证据的证据资格，承认其已经具备法律规定的合法性要件。在知识产权审判实务中，当事人多应用时间戳、区块链来固定侵权事实，证明存在侵权事实，应当说满足证据的关联性要求。因此，审查证据资格，应着重审查其真实性，《规定》中亦明确法院确认电子数据证据资格的前提是"能够证明其真实性"。依据《最高人民法院关于民事诉讼证据的若干规定》第 94 条第 1 款第 2 项的规定，电子数据由记录和保存电子数据的中立第三方平台提供或者确认的，人民法院可以确认其真实性。这一定程度上意味着第三方存证行业获得了国家层面的认可。

依据传统的证据法理论，证据真实性应该至少包含两个层面的含义：一是证据载体的真实性，即证据本身必须是客观上真实存在的，不能是伪造或变造的；二是证据内容的真实性，即证据所反映的信息必须是客观真实的。换言之，不仅要审查其形式真实性，还要审查实质真实性。既要审查证据形式是否可以重复提取，是否具有同一性，同时审查存储的电子数据内容在形成、传输以及提取过程中是否存在被篡改的可能性及可能性的大小。在司法实践中，应用区块链取证的案件其内容多是从侵权网站网页及源代码等直接生成，法院亦通过当庭勘验、询问专家证人等途径确认该内容应为原始数据，同时基于区块链具有的不可篡改性，综合认定当事人提交的区块链证据具有形式和内容的真实性。区块链所载的数据与原始数据具有一致性，司法逻辑类似于图尔敏模式，如图 1 所示：

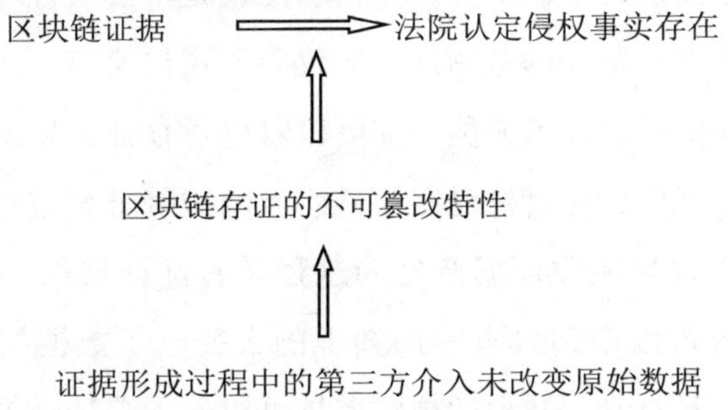

图1　区块链所载数据的司法逻辑

（二）证明方式的变革

电子存证在我国现有的证据法体系中，属于电子证据的一种。相较于书证、物证等，电子证据的采信率相对较低，其证明力需在个案中进行审查认定。在当前的司法实践中，对电子存证的证明效力仍持审慎态度。在杭州互联网法院区块链第一案中，当事人通过司法鉴定中心对“puppeteer”程序和“curl”程序的技术功能进行鉴定，增强电子存证证据的证明力，即通过第三方存证平台及区块链的技术原理进行技术自证，再加上司法鉴定为其背书，共同形成该证据的证明效力。在本案中，当事人也是综合运用了云计算、区块链等多项前沿技术进行取证。随着电子存证技术的革新和发展，其技术优势的认知度和认可度逐渐提高，证明方式也必然将由“公证背书”逐步向“技术自证”进行转化。我们需要探讨的是如何通过更严谨、全面的证据规则，充分发挥电子存证证据的证明作用，同时充分保障当事人的诉讼权利和利益。

三、创新电子存证司法审查的路径设计

进路一：全面审查电子存证的形式真实性和实质真实性

在当前的司法实践中，当事人对时间戳、区块链存证等电子存证的认可度普遍不高，结合实践中对方当事人对电子存证证据提出的抗辩意见，通常认为，应采用以下方法进行全面审查：

1. 鉴证法。虽然司法实践中最常见的是司法鉴定，但其程序复杂、周期较长的不足也使法官望而却步。因而，无论是从必要性考量，还是从诉讼效率的角度出发，鉴证的范围都不应仅限于司法鉴定，相关领域的技术人员、取得专业资质的技术人员，都可以对电子存证证据的技术问题发表意见。在司法实践中，法官在对区块链、时间戳等证据进行审查时，通常会采用勘验的方式来还原证据产生的过程及验证证据的真实性。《规定》中亦明确当事人可以申请具有专门知识的人就电子数据技术问题提出意见。笔者认为，具有专门知识的技术人员可对电子存证证据的技术原理进行说明，提出自己的支持或反对意见。同时，在程序上当事人也可向法庭申请邀请相关技术专家参与法庭组织的勘验，提升勘验比对的专业性，帮助法官和当事人全面认识和把握技术原理及证据能力，增强法官的内心确信。

司法人员对于数学语言往往具有一种天然的陌生感，如果通过勘验的方法对一份证据或是一个技术问题仍然不能得出结论或是得出不同的结果，此时应当充分借助在相关领域具有丰富经验的技术调查官对鉴证的结果真伪出具意见。当前，知识产权审判领域在不断推行技术调查官辅助制度，但在实践中适用依然有限。如果通过上述方法对真实性仍无法确信，再通过技术鉴定程序来解决。在实践中，广州市南沙区人民法院出台的《互联网电子数据证据举证、认证规程》对于电子证据真实性的采信作出指引：对于通过公证、鉴证可以解决证据真实性认证问题的，引导当事人进行公证、鉴证，而对于没有进行公证、鉴证或者公证、鉴证内容尚不足以证实证据真实性的情况，主要通过电子数据证据中当事人的身份真实性、通信内容的完整性来对证据进行认证。

2. 印证法。从当前的审判实践来看，电子证据通常以证据组合的方式发挥作用。在一个案件中，不同的证据包括传统证据和电子证据往往会互相依存构成一个整体，只有这些证据形成完整的证据链，才能成为定案的依据。裁判文书中行文措辞“相互印证”“形成了较为完整的证据链”也是对一组证据或是全案证据作出“印证”的评判。一般来说，印证体系的证明方法具有以下特点："证据的多数性""可重复检验的特性""客观性""稳定性"。[①] 一案中的多个证据需满足两个标准才可以互相印证：一是定案的证据必须满足来自独立来源的要求；二是所有定案的证据必须具有一定的可信度。[②] 在上述应用区块链存证的案例中，法院最终也是基于印证理念得出的结论。以杭州互联网法院审理的区块链第一案[③]为例：法院认定原告提交的区块链存证上链前保全是否具有真实性可以分解成两项事实：一是第三方平台是否具备中立性和相应技术能力；二是上链前保全的电子数据未被篡改。关于第一项事实，需要排除原告与第三方平台具有利益关系的可能，法院主要考察了双方的股权交叉和义务竞争情况，第三方平台具备的经营资质和备案情况等；关于第二项事实，需排除存储内容被污染的可能，故法院综合考察了第三方平台是否具备电子数据存储的安全环境以及抓取程序是否具有相应的功能。这两组证据均构成独立的印证体系，可以互相印证，法院最终予以肯定。

进路二：创新电子存证证据的收集和举证方式

在知识产权诉讼中，举证难是导致当事人维权困难的重要原因之一。"谁主张，谁举证"的举证规则虽然符合诉讼证据的基本原理，也是司法程序公正效率要求下的必然选择，但这一原则的适用不应绝对化。目前，时间戳、区块链等电子存证技术已经相对成熟，法院在技术条件允许的情况下，可以进行深度尝试，与网络服务商如腾讯、阿里等，共同建立融合取证、存证等功能的一体化电子证据认证平台，将对该类证据的审查重点从载体的可信度更多地转移到对载体承载内容可信度的审查上来。法院可

---

① 谢小剑：《我国刑事诉讼相互印证的证明模式》，载《现代法学》2004 年第 6 期。

② ［美］艾伦等：《证据法：文本、问题和案例》，张保生等译，高等教育出版社 2006 年版，第 279 页。

③ 参见杭州互联网法院民事判决书，（2018）浙 0192 民初 81 号。

以通过建设诉讼平台①，开放数据接口，摆脱被动的“坐堂办案”的传统模式，必要时接入相关电子商务平台经营者、网络服务提供商等主体的涉案数据，主动收集查明案件事实所必需的相关证据。例如，河南省郑州市中级人民法院与中国司法大数据研究院中经天平事业部合作正式上线的“郑州中级人民法院电子证据平台”，支持互联网取证、视频取证、OTT 电视盒子取证、手机 App 应用等多种类型的取证。又如，北京互联网法院建立的“天平链电子证据平台”，积极联合司法鉴定中心、公证处、行业组织、大型央企、大型金融机构、大型互联网平台等作为“天平链”的节点，完成了 24 个互联网平台或第三方数据平台和存证平台之间的应用数据对接，有效解决了当事人收集电子数据证据的困难，节约了庭审举证、质证及认证的时间和经济成本。

对于当事人而言，其既可以自行收集、上传电子证据；如果当事人客观上确实无法收集相关证据，而该证据对于认定案件事实具有重要意义，且有初步证据证明该事实存在，则可以依法申请法院通过技术手段向涉案主体或是第三方平台获取证明案件事实所需的结构化信息，从而证明自己的主张。另外，当事人提交某种新兴的电子存证证据，应当辅助提交证明平台资质和技术能力等的证明材料以及相关的技术说明，证明该平台的中立性以及使用的技术手段的可靠性等。否则，不能视为其完成举证责任。

进路三：完善电子存证证据的举证责任和认证规则

电子存证无论从证据的表现形式，还是从证据的形成机制来说，都明显区分于传统的书证、物证等，相较于后者，电子证据更容易造假、失真。此外，相较于一般人，社交平台、电商企业等在存储、删除、修改后

① 《规定》第 5 条规定：“互联网法院应当建设互联网诉讼平台（以下简称诉讼平台），作为法院办理案件和当事人及其他诉讼参与人实施诉讼行为的专用平台。通过诉讼平台作出的诉讼行为，具有法律效力。互联网法院审理案件所需涉案数据，电子商务平台经营者、网络服务提供商、相关国家机关应当提供，并有序接入诉讼平台，由互联网法院在线核实、实时固定、安全管理。诉讼平台对涉案数据的存储和使用，应当符合《中华人民共和国网络安全法》等法律法规的规定。”

台数据方面拥有巨大的便利和优势。由此所牵出的是举证责任的分配问题，如在一些网络服务商为当事人的案件中，举证责任分配应适当向网络服务商倾斜。另外，充分运用现行法律规定的举证妨碍制度、证据披露制度、优势证据原则等，适当降低当事人的举证难度。在司法实践中，广州市南沙区人民法院出台的《互联网电子数据证据举证、认证规程》就很好地平衡了举证方和对方的举证责任。具体来说，如果当事人出示了电子证据原件，对方认可用户身份，但认为所展示的内容不真实或存在删减、篡改的，应当提供本方持有的电子证据原件作为相反证据，否则法院可以对原电子证据予以采信。如对方提供的相反证据能够反映当事人提供的原电子证据内容存在删减、篡改，则对原电子证据相应部分内容不予采信。

相应地，电子存证的认证规则也应有其特殊性。从目前来说，对电子存证真实性的审查，一般应从以下两个方面入手：一方面考察保存、传输、提取电子数据的主体是否适当，具体来说，包括电子存证平台经营者的资质及技术能力以及是否与证据提供方存在某种利害关系，以确认其中立性和权威性；另一方面考察该电子存证证据自身的形成、存储、改变及删除机制，坚持全面审查原则，综合认定是否具有形式和实质的真实性。例如，电子数据的生成、存储、传输所依赖的计算机系统的硬件、软件环境是否完整、可靠；所依赖的计算机系统的硬件、软件环境是否处于正常运行状态，或者不处于正常运行状态时对电子数据的生成、存储、传输是否有影响；所依赖的计算机系统的硬件、软件环境是否具备有效的防止出错的监测、核查手段；电子数据是否被完整地保存、传输、提取，保存、传输、提取的方法是否可靠；是否在正常的往来活动中形成和存储；是否存在影响电子数据完整性和可靠性的其他因素；等等。《规定》第 11 条亦明确列举了六项法院需审查的内容，用以确定电子数据生成、收集、存储、传输过程的真实性。上述规定均从正面详细列举了法院审查的内容，具有一定的可操作性，如果上述审核内容得到的答案均为肯定，则该电子证据的证明力可以确认。但也有例外情形。随着科技的发展，电子存证形式多样，种类繁多，不同类型的电子存证的证明力和认证规则也应有所区分，具体如下：其一，由第三方或者技术上具有安全保障的主体出具的电子证据，如具有防篡改技术的区块链，证明力应当高于一般的电子存证；其二，一般的电子存证如果附有公证、鉴定或者其他信用背书，则证明力应当高于没有信用背书的电子证据，但该证据技术自身足以证明其真实性的除外；其三，对于特定类型的电子证据，如由当事人提交或者保管的于己不利的电子数据，是在正常业务活动中形成的以档案管理方式保管的，或者以当事人约定的方式保存、传输、提取的等，如果没有相反证据，一般情况下应认定其真实性。此外，如果法院经过审查，已经初步认定电子存证证据的真实性和证明效力，而对方当事人对此质疑，则反驳方负有提供相反证据的举证义务。

一审合议庭成员：高　翡　刘世红　马　可

二审合议庭成员：章　瑾　冯　刚　宋　鹏

编写人：北京市东城区人民法院　高　翡　刘蔚雯

【专家点评】

该案本是一起普通的网络信息传播权侵权纠纷案件，从该案的审理情况来看并不复杂，但由于原告在举证被告存在相关侵权行为时并未采取传统的证据保全方式，而是通过第三方的 IP360 全方位数据权益保护开放式平台对被告未经许可传播权利作品的事实进行证据保全。也正因如此，被告在抗辩时明确提出，由于原告通过第三方存证平台“IP360”提供的证据存在瑕疵——存证机构为个人，缺乏公信力；文件创建时间与保全时间显示不一致，不能保证取证过程的真实性。由此，本一件普通的著作权侵权纠纷案件却引发了证据法领域的深刻反思。

一、区块链存证的法律定性

随着区块链技术的日益成熟和普及，其代表性的“去中心化”“不可篡改”等技术理念也被日益运用到司法中，如知识产权取证、网上交易存证等。究其本质，区块链就是利用算法编码数据，并通过时间顺序“链”和交易数据“区块”相结合的方式，让所编译的信息在某种程度上几乎达到不可追溯更改或伪造的程度，以形成所谓“分布式账本”，将所有数据同步备份到所有系统参与者的计算机上而实现的。① 而区块链存证的技术逻辑就是：首先将原始的电子数据转换成哈希值；然后将能够反映案件事实的电子数据进行非对称加密形成哈希值后储存于区块链上。由于每个字母，每个中文，甚至每个标点的改变都会对哈希值产生不同影响，因而只要两个哈希值不相同，则意味着其原始输入的数据也不相同。最后存储到区块链上的哈希值可以保障数据公开的同时不被更改，即使被更改也可以通过简单的数字和字母组合的比对发现差异。② 正是由于哈希函数和去中心化技术使存入区块链上的证据不被修改，继而保证其不可篡改性。但从证据法的规范视角来看，《民事诉讼法》第63条虽然将“电子数据”规定为法定证据类型，但区块链存证能否纳入电子数据的范畴尚有争议，且其性质究竟为原件还是复制件亦无定论。③ 同时，区块链的证据资格究竟来自区块链技术的载体身份还是基于区块链的技术特性？更为重要的是，区块链可以通过技术使存储后的证据不被修改，但区块链存证并不能保证证据的真实性，尤其是在第三方存证平台资质、链下所生成电子数据的真实性以及与诉争案件的相关性等方面的争议性巨大。

在区块链技术证据化应用实践的推动下，区块链存证应当被作为电子数据的一种类型。《电子签名法》第3条第1~2款规定，民事活动中的合

---

① Joanna Diane Caytas, *Blockchain in the U. S. Regulatory Setting: Evidentiary Use in Vermont, Delaware, and Elsewhere*, The Columbia Science and Technology Law Review, 2017.

② 参见罗恬漩：《民事证据证明视野下的区块链存证》，载《法律科学（西北政法大学学报）》2020年第6期。

③ 在杭州互联网法院审理的杭州华泰一媒文化传媒有限公司诉深圳市道同科技发展有限公司网络信息传播权案中，杭州互联网法院在庭审过程中并没有要求原告提交区块链证据原件，亦未要求原告证明区块链证据（假设该证据为复制件证据）与原件完全一致。有学者基于该举证程序的缺位基本可以断定，杭州互联网法院将区块链证据视为原件证据。参见张玉洁：《区块链技术的司法适用、体系难题与证据法革新》，载《东方法学》2019年第3期。

同或者其他文件、单证等文书，当事人可以约定使用或者不使用电子签名、数据电文。当事人约定使用电子签名、数据电文的文书，不得仅因为其采用电子签名、数据电文的形式而否定其法律效力。这是技术中立原则在电子记录（电子数据）的法律效力的应用，也正因为这一原则使人们可以不断寻求电子记录的法律效力。电子签名即采纳这样的原则，认为凡是电子记录可以归属于特定人，电子记录保持完整性且可调用以达到传统手书签名的法律后果，解决了电子记录的证据法的效力。因此，《电子签名法》一是部真正的电子证据法。

在计算机网络、电子商务的快速发展下，电子数据的应用越来越广泛，形式也逐渐多样，社会对多样的电子记录的证据诉求越来越高，区块链逐渐被应用并成为各种电子数据存证的解决方案，这是因技术发展改变不同证据种类间依赖性的显著表现。[①] 譬如，网络通信、智能合约传输中的信息并不是文字，其载体也非人所能直接感知意义的物质。如果仍然用扩展书证内涵的办法，将这些崭新的证据形式勉强容纳于内，也只不过是运用修辞学上的借代手法，来指称具有书面功能的数据通信记录罢了，其实二者已经没有多少内在联系。因此，即便不能立即建立起完善的电子数据证据制度，起码也应从证据法理论与司法审判上将之作为独立的证据种类来研究、对待。也正因如此，《规定》第 11 条第 2 款相对明确地确立了区块链的电子数据证据定位：“当事人提交的电子数据，通过电子签名、可信时间戳、哈希值校验、区块链等证据收集、固定和防篡改的技术手段或者通过电子取证存证平台认证，能够证明其真实性的，互联网法院应当确认。”这意味着，关于区块链技术的个案裁判实践经由最高人民法院的司法解释，已经上升为审判实践中的共识性标准。这既是司法活动对于社会、技术发展的妥善积极应对，也是提升司法效率和科学性的必然要求。

① 参见罗恬漩：《民事证据证明视野下的区块链存证》，载《法律科学（西北政法大学学报）》2020 年第 6 期。

二、第三方存证的证据资格与效力

随着电子媒介技术的发展和普及，越来越多的具有事实记录功能的技术手段被赋予证据固定、证据保全的作用，但是这些随着技术权力下移而诞生的证据固定工具往往因为被掌握在诉讼主体自身或者是第三方商业服务主体手中，且真实性难以保障而无法在司法实践中获得证据效力上的确认。本文所指的第三方存证，是指除法院和公证机构外的独立第三方机构开发的，面向社会大众的，给当事人提供电子数据收集、固定、保全服务的电子服务平台。包括客户端和服务器端，当事人可利用客户端登录、清洁网络环境、输入存证网址、定制电子合同、上传电子文件等，经平台保全的电子数据存储在服务器端。从理论上来看，只要保证第三方平台的中立性，即保证其与诉争双方无利害关系，那么通过第三方存证对电子数据进行收集、固定，不仅可以确保收集、固定的电子数据保持客观真实完整、不被篡改，而且能够确定收集、固定电子数据的时间。依据《最高人民法院关于民事诉讼证据的若干规定》第 94 条第 1 款第 2 项的规定，电子数据由记录和保存电子数据的中立第三方平台提供或者确认的，人民法院可以确认其真实性，这一规定也在规范层面表明第三方存证获得了国家层面的认可。

但从司法实践中所反映的现实状况来看，与传统的法院、公证保全等证据固定方式相比，法院在对于第三方存证平台所固定证据的真实性、合法性的认定方面还是处在相对比较保守的阶段。有学者曾通过梳理相关民事判决书中的法院意见部分，归纳法院不认可电子数据第三方存证效力的七种常见情况：（1）当事人自行取证，无监督；（2）第三方存证平台资质或鉴定发起资质存在问题；（3）操作前未进行电脑或终端的清洁；（4）操作过程中未进行网络的清洁和检查展示；（5）证据保全技术可信度缺乏权威、有效的验证；（6）国家标准时间源问题；（7）实名认证未到位。[①] 由

---

① 参见陈璐：《电子证据第三方存证在司法实践中的困境与对策》，载《企业科技与发展》2020 年第 5 期。

此可见，从法院司法实践的态度来看，一方面，由于此类第三方存证平台往往系提供有偿数据保全服务，该服务过程通常由当事人自身利用第三方工具完成，由此产生的证据外部监督和证据客观性问题往往难以明确，平台是否会为了收取当事人的存证服务费用而丧失中立立场依然备受争议。另一方面，诸如区块链、可信时间戳等新型证据保全技术具有一定的使用门槛，法官受限于自身的技术能力往往对相关电子存证技术了解不足，由此便会对超出自身认知范围的事物持保守态度，对第三方存证的证据效力存疑。

为此，在向“智慧司法”与司法数字化转型的过程中，为了克服此类证据资格的问题，除对于区块链本身的技术性研究外，对于区块链存证的实践与理论探索还包括对于存证主体的可信度或者资质认定的问题，这也成为对于区块链存证的真实性认定的重要形式审查内容之一。实践中的第三方存证主体也开始摆脱单一的“独立存证模式”，逐步探索与公证处合作、将存证平台保全的电子数据再次申请公证的“结合公证模式”，通过司法鉴定机构来对其所保存的电子数据的证明力加以背书的“结合鉴定模式”，或者直接与法院进行合作以获取证据效力认可的“结合法院模式”。这些尝试性、探索性模式的核心目的都在于增强第三方存证主体的资质的权威性与可信度，从而借助法律运行体系，转嫁法官的认知成本和司法认定成本——在公证机构对特定电子数据的真实性、关联性与合法性加以认定的基础上，法官和司法机关仅需对该存证进行形式审查。与此同时，也可以使各种证据之间形成相互关联、相关印证、相互背书的证据链组，加强证据的证明效力。在著名的杭州互联网法院“区块链第一案”中，当事人即通过司法鉴定中心对“puppeteer”程序和“curl”程序的技术功能进行鉴定，增强了电子存证证据的证明力。通过第三方存证平台及区块链的技术原理进行技术自证，再加上司法鉴定为其背书，共同形成该证据的证明效力。

三、区块链存证的司法审查标准

如前所述，该案的最大意义和贡献在于法官在归纳和分析争议焦点时，对“侵权行为”要件的证据认定过程进行了全面的审查与认定。主审法官从存证平台的资质、电子数据生成及储存方法的可靠性、保持电子数据完整性方法的可靠性等方面予以审查，对涉案电子数据的效力作出认定。这一完整的区块链存证司法审查过程，为我国法院对于区块链新型电子数据的审查判定标准的制定进行了有益的尝试与探索。

依据《规定》第 11 条的规定，当事人对电子数据真实性提出异议的，互联网法院应当结合质证情况，审查判断电子数据生成、收集、存储、传输过程的真实性。《电子签名法》第 8 条也有规定，即审查数据电文作为证据的真实性，应当考虑以下因素：（1）生成、储存或者传递数据电文方法的可靠性；（2）保持内容完整性方法的可靠性；（3）用以鉴别发件人方法的可靠性；（4）其他相关因素。具体到诉讼程序中，对区块链存证的证明力等问题，仍然需要从证据的合法性、真实性与关联性出发，组织当事人进行质证，才能裁定是否采用该证据并最终作为法官判断的依据。在该案中，法院采用“两步走”的证据审查与认定流程：第一步先从技术上还原电子数据的生成过程，确认该证据可重复提取。第二步才从“存证平台的资质审查”“取证手段即电子数据生成及储存方法的可靠性”“证据的完整性审查”等方面对区块链的证据能力及证明力进行审查。换句话说，法院对于区块链存证的审查是全面审查，即同时审查区块链存证的形式真实性和实质真实性。在我国尚未对类似区块链存证这类电子存证作出具体、明确的规范标准之前，这一全面审查标准应当是法院在司法实践中被普遍使用的方式与标准。

就真实性而言，与传统物证不同，电子数据的形式（载体）和内容（信息）是可分离的。因此，电子数据的真实性涉及形式和内容两个层面。在形式层面，电子数据的真实性验证主要包括三个方面：（1）载体是否满足基本储存条件，储存条件是否会导致电子数据失真，保存环境是否安全、可信；（2）存储介质在保存期间是否被更换；（3）物质载体是否被侵入过。[①] 在内容层面，则应当首先对证据来源进行可靠性审查，包括：（1）复制证据与原始证据的信息内容必须是一致的；（2）复制和提取的过程必须符合相应技术规范，且有完整记录和监督。在司法实践中，结合区块链技术的不可篡改性等技术特征，法院对于区块链存证的真实性认定基本上考虑以下因素：（1）区块链存证的第三方平台的中立性、相关技术能力及资质；（2）现有技术条件下所采用存证方式的不可篡改性或因其他原因被篡改的可能性；（3）形成、记录电子数据的原始载体（区块链本身）的完整性、原始性证明；（4）电子数据从产生、收集、保存到传送的整个操作过程的可靠性。

就合法性而言，理论上一般认为，证据的合法性认定包括取证主体合法性、证据形式合法性、取证程序合法性以及证据保全与运用方式合法性四个方面。[②] 因此，基本上可以认为只要法律承认区块链技术的合法性（或不禁止区块链技术的社会化应用），那么基于区块链技术所提供的证明就具备证据的合法性要件。[③]《规定》及《人民法院在线诉讼规则》明确肯定了时间戳、区块链等电子数据的证据资格，承认其已经具备法律规定的合法性要件。

就关联性而言，证据的关联性一般是指“证据对其所要求证明的事实具有的必要的最小限度的证明能力”。[④] 在区块链、可信时间戳等电子数据存证的过程中，基本实现了侵权行为存在于发生的“情境再现”，且远比文字描述更加形象和准确。因此，只要电子存证内容的基本要素如时间、场景、主体、客体、行为等，与待证事实存在“显而易见”的一致性，即

---

① 参见刘译矾：《论电子数据的双重鉴真》，载《当代法学》2018 年第 3 期。

② 参见刘方权：《双重视野下的证据合法性证明问题》，载《中国刑事法杂志》2015 年第 4 期。

③ 参见张玉洁：《区块链技术的司法适用、体系难题与证据法革新》，载《东方法学》2019 年第 3 期。

④ ［日］我妻荣：《新法律学辞典》，董璠舆译，中国政法大学出版社 1991 年版，第 249 页。

可以证明电子数据的关联性。此外，由于区块链技术的不可篡改等特征，使区块链存证远比网页截图、源代码调取和调用信息打印等电子数据形式在关联性证明方面具备更高的证明力和直观性。

四、结语

证据技术革新是整体司法数字化、智能化转型的重要组成部分。对该案而言，区块链技术对于司法领域所产生的影响可见一斑，该案的电子数据审查与认定思路既是对互联网环境下司法创新模式的探索，也是运用新科技来进一步维护司法公正、提高司法效率的典型案例。此外，更具警醒意义的是，法律是社会生活的描述与反映，区块链存证等技术的发展已经对传统证据法理论提出新的挑战。为适应新的社会生活样态和交往模式，司法制度与规则的与时俱进已经成为应对科技发展的一种必然要求与趋势。

高富平*

【相关法条】

《中华人民共和国著作权法》

第十条第一款第十二项 信息网络传播权，即以有线或者无线方式向公众提供作品，使公众可以在其个人选定的时间和地点获得作品的权利……

第五十三条第一项 有下列侵权行为的，应当根据情况，承担本法第五十二条规定的民事责任；侵权行为同时损害公共利益的，由主管著作权的部门责令停止侵权行为，予以警告，没收违法所得，没收、无害化销毁处理侵权复制品以及主要用于制作侵权复制品的材料、工具、设备等，违法经营额五万元以上的，可以并处违法经营额一倍以上五倍以下的罚款；没有违法经营额、违法经营额难以计算或者不足五万元的，可以并处二十五万元以下的罚款；构成犯罪的，依法追究刑事责任：

---

* 高富平，华东政法大学法律学院教授、互联网法治研究院（杭州）常务副院长。

（一）未经著作权人许可，复制、发行、表演、放映、广播、汇编、通过信息网络向公众传播其作品的，本法另有规定的除外……

第五十四条第一款 侵犯著作权或者与著作权有关的权利的，侵权人应当按照权利人因此受到的实际损失或者侵权人的违法所得给予赔偿；权利人的实际损失或者侵权人的违法所得难以计算的，可以参照该权利使用费给予赔偿。对故意侵犯著作权或者与著作权有关的权利，情节严重的，可以在按照上述方法确定数额的一倍以上五倍以下给予赔偿。

九、杭州市下城区人民检察院诉孙某个人信息保护民事公益诉讼案

——《民法典》实施后个人信息保护民事公益诉讼第一案

编者按

本案侵权行为发生在《民法典》《个人信息保护法》实施之前，案件审理涉及大规模侵害自然人个人信息行为是否属于公益诉讼范围的认定。2017年《民事诉讼法》第55条第1款对民事公益诉讼范围作了列举式规定，但没有明确个人信息是否属于公益诉讼范围。《个人信息保护法》第70条对涉及个人信息的公益诉讼作了专门规定。本案裁判依据2017年《民事诉讼法》第55条第1款的规定，将涉案行为是否"损害社会公共利益"作为认定其是否属于公益诉讼范围的核心标准，结合《个人信息保护法》第70条，论证了将大规模侵害众多自然人的个人信息类案件纳入《民事诉讼法》第55条规定的公益诉讼范围的正当性，彰显了司法保护个人信息权益、社会公共利益的决心和力度。

关键词

个人信息　公共信息安全　公益诉讼

【裁判要旨】

判断行为人侵害个人信息的行为是否属于民事公益诉讼的范围，应当以行为人的行为是否“损害社会公共利益”为核心标准。本案明确大规模侵害众多自然人的个人信息构成对公共信息安全领域的社会公共利益的侵害，属于民事公益诉讼的范围。行为人就大规模侵害众多自然人个人信息的行为承担刑事责任或行政责任不影响其民事责任的承担。本案通过适用《民法典》的规定，明确大规模侵害众多自然人的个人信息应当承担赔礼道歉、赔偿损失等责任。同时，考虑个人信息保护公益诉讼的目的在于保护与个人信息有关的社会公共利益，本案判决亦明确个人信息保护赔偿款须专门用于个人信息或信息安全等公益事项。

【案件索引】

一审：杭州互联网法院（2020）浙 0192 民初 10605 号

【基本案情】

孙某采用微信、QQ 互换等方式，通过互联网非法获取含有自然人姓名、电话号码及电子邮箱等内容的个人信息，其中绝大部分个人信息为电话号码，部分个人信息同时包含姓名、电话号码及电子邮箱。而后，孙某将上述 4 万余条自然人个人信息分多次通过微信及 QQ 等方式出售给案外人刘某，案外人刘某在获取相关信息后用于虚假的外汇业务推广。2019 年 2 月 15 日至 7 月 22 日，刘某通过微信转账的方式分 8 次向孙某支付款项合计 34,000 元。2019 年 8 月 6 日，公安机关将孙某抓获并扣押其存有上述自然人个人信息的 U 盘一个。经过对扣押的 U 盘进行电子数据检查后核实，U 盘中文档去除重复项后共有自然人个人信息 45,365 条。公益诉讼起诉人认为，被告孙某未经他人许可，在互联网上公然非法买卖、提供个人信息，造成 4 万余条个人信息被非法买卖、使用，严重侵害社会众多不特定主体的个人信息权益，致使社会公共利益受到侵害，据此提起民事公益诉讼。

本案焦点：（1）本案是否属于民事公益诉讼范围，公益诉讼起诉人主体身份是否适格；（2）孙某是否构成对众多不特定自然人个人信息权益的侵害，若构成侵害应承担何种民事责任。

【裁判结果】

杭州互联网法院依照《民法典》第111条、第179条、第187条、第995条、第1000条、第1034条、第1182条的规定，作出如下判决："一、被告孙某于本判决生效之日起十日内支付侵害社会公共利益的损害赔偿款人民币34,000元（此款暂由公益诉讼起诉人杭州市下城区人民检察院代领，将来专门用于个人信息保护或信息安全等公益事项）；二、被告孙某于本判决生效之日起十日内在《浙江法制报》向社会公众刊发赔礼道歉声明（道歉声明的内容须经本院审核），相关费用由被告孙某负担。"

法院生效裁判认为，随着信息技术的高速发展，社会生活已高度数字化，个人信息被大规模、自动化地收集和存储的情形几乎无处不在、无时不在。与此同时，对海量数据的分析与使用因大数据与人工智能技术的发展变得异常简单，自然人个人信息被滥用甚至侵害的可能性也大幅上升。围绕个人信息的非法获取、非法出售、非法提供、非法利用，俨然已形成一条完整的非法产业链。本案公益诉讼起诉人依法对孙某侵害众多自然人个人信息的行为提起民事公益诉讼，是人民检察院发挥法律监督职能作用，维护社会公共利益的体现。

根据《民法典》的规定，自然人的个人信息受法律保护。个人信息是以电子或者其他方式记录的能够单独或者与其他信息结合识别特定自然人的各种信息。任何组织或者个人不得非法收集、使用、加工、传输他人个人信息，不得非法买卖、提供或者公开他人个人信息。本案中，孙某在未取得相关主体同意的情况下，非法获取含有自然人姓名、电话号码、电子邮箱的个人信息，并以牟利为目的将获取的4万余条个人信息进行非法出售。孙某的行为属于非法收集、买卖个人信息的大规模侵权行为，侵害了承载在不特定社会主体个人信息之上的公共信息安全这一公共利益，构成对公共信息安全领域的社会公共利益侵害，应当承担相应的民事责任。

【案例注解】

本案是《民法典》实施后首例个人信息保护民事公益诉讼案件。2020年全国人大正式通过并公布《民法典》，我国迎来“民法典时代”。本案被告孙某大规模侵害自然人个人信息的行为发生在《民法典》实施前，当时的法律仅对个人信息进行概括性的规定。而《民法典》专章规定“隐私权和个人信息保护”，对个人信息作出更加详尽的规定和更加周严的制度安排，旗帜鲜明地树立“自然人的个人信息受法律保护”的基本精神，体现了社会发展对个人信息保护提出的更高标准、更严要求。本案适用《民法典》更能体现法律对涉及公共利益的社会不特定民事主体人格尊严和人格自由的保护和尊重。本案也不存在适用《民法典》会“减损当事人的合法权益、增加当事人的法定义务或者背离当事人的合理预期”的情形。因此，在本案审理中适用了《民法典》的相关条款规定。

因本案发生在《个人信息保护法》施行以前，侵害众多自然人个人信息的行为是否属于民事公益诉讼的范围，当时的法律并没有对此作出专门的规定。个人信息保护不仅涉及自然人个人私益的保障，同时具有社会公共利益的属性，侵害众多个人信息的行为应当属于民事公益诉讼的范围。

从个人信息本身公共属性来看，个人信息保护公益诉讼具有法理上的正当性。第一，从个人信息的生成机制来看，除个人生物识别信息，大部分个人信息是个人在社会关系形成过程产生的，它既体现了人的“自我呈现”，也源于他人的“寻求信息”。[①] 第二，从个人信息的外在功能来看，个人信息具有身份识别功能，是信息沟通与社会交往的纽带，具有信息传

① 参见许身健、张涛：《个人信息保护检察公益诉讼的法理基础与制度完善》，载《法学论坛》2023年第1期。

递的工具性价值。[①] 个人信息为数据开发与利用提供原材料，其具有公共产品的部分属性。[②] 个人信息还是社会管理的基础与重要工具，能够帮助政府了解个人、集体与社会的基本情况，制定相应的治理方案。[③] 综上，在大数据时代背景下，个人信息除承载自然人个人的人格尊严和人格自由外，还承载重要的社会利益和公共价值，有必要通过更强的司法手段予以保护。个人信息保护公益诉讼具有其法理上的正当性基础。

从当前侵害个人信息的现状来看，个人信息保护公益诉讼具有现实必要性。一方面，随着互联网的广泛应用，尤其是移动互联网的普及，获取个人信息变得异常频繁与方便。人工智能、算法技术的深入开发和利用使侵害个人信息的行为更加复杂、隐蔽和规模化，难以被个人察觉，而“算法霸权”“算法黑箱”等技术的异化，使个人信息的保护面临前所未有的风险和挑战，单纯的私益保护已经不足以解决这一迫在眉睫的社会难题。另一方面，由于网络个人信息侵权的特殊性，一次性侵权行为往往涉及众多自然人个人信息。而个人信息的大规模侵害导致中下游的网络诈骗、电信诈骗、敲诈勒索等违法犯罪行为激增，也导致非法个人画像和价格歧视、消费操控和关系控制等社会风险与日俱增，对社会公共安全和公共利益带来前所未有的挑战和威胁。同时，单个个人信息所承载的价值往往较小，而个人又面临诉讼成本高昂、取证困难、侵权主体难以确定等问题，使个人维权举步维艰。个人私益救济的尴尬境地可能导致个人信息的“公地悲剧”。针对侵害众多个人信息的行为，传统的以单个自然人个人私益救济方式并不足以抵御个人信息面临的高风险，需要具有更强纠纷解决能力的组织和机关介入，以强化对个人信息的保护。而刑法和行政法的谦抑

① 参见袁泉、王思庆：《个人信息分类保护制度及其体系研究》，载《江西社会科学》2020年第7期。

② 参见刘家璞、王子健：《检察公益诉讼介入互联网个人信息保护的路径和措施》，载《中国检察官》2021年第9期。

③ 参见薛天涵：《个人信息保护公益诉讼制度的法理展开》，载《法律适用》2021年第8期。

性决定个人信息公法保护具有局限性。民事公益诉讼既是众多个人信息被侵害场景下保护个人信息的新路径，亦是维护社会公共安全和公共利益的现实需要。

从现有法律规定的角度来看，个人信息保护公益诉讼具有制度上的合法性。《民事诉讼法》第55条第1款规定，对污染环境、侵害众多消费者合法权益等损害社会公共利益的行为，法律规定的机关和有关组织可以向人民法院提起诉讼。[①] 从上述规定的内容来看，《民事诉讼法》对民事公益诉讼的起诉范围，采取的是“列举+开放式”的立法方式，将污染环境、侵害众多消费者合法权益两类具有损害社会公共利益的典型侵权行为列入民事公益诉讼的范围。因社会公共利益的内涵和外延本身具有开放性、动态性和发展性等特征，“等”字表明在上述两类典型的民事公益诉讼之外，其他损害社会公共利益的行为也可纳入民事公益诉讼的范围，为司法机关在司法实践中不断完善公益诉讼制度而预留发展空间。根据《民事诉讼法》的上述规定，是否属于民事公益诉讼的范围，应当以行为人的行为是否“损害社会公共利益”为核心标准。当行为人的违法行为损害社会民生福祉和公共利益，而私益诉讼手段无法获得良好的司法救济，穷尽其他救济方式仍无法有效维护社会公共利益时，便可通过公益诉讼这一法律手段来寻求救济。值得注意的是，个人信息保护公益诉讼的目的在于保护与个人信息有关的社会公共利益，而非众多自然人个人信息权益的简单集合，因而并不影响自然人基于维护自身个人信息合法权益而提起私益诉讼，二者诉讼保护的对象不同、诉讼目的不同，程序设置及构造也存在差异，个人信息保护私益诉讼仍有其存在的必要性。

近年来，个人信息保护日益成为社会公众关注的热点和痛点问题，大规模侵害众多个人信息的违法行为已经影响人民群众的自身安全和生活安定，甚至影响社会公共安全及国家安全。因此，将大规模侵害个人信息行

① 《民事诉讼法》已经于2021年修正，该条对应修正后的第58条。

为纳入公益诉讼范围，符合《民事诉讼法》中公益诉讼维护社会公共利益的诉讼目的。本案被告孙某在未取得相关主体同意的情况下，非法获取众多自然人个人信息，并以牟利为目的将上述个人信息进行非法出售，属于非法收集、买卖个人信息的大规模侵权行为，侵害了承载在不特定社会主体个人信息之上的公共信息安全这一公共利益，构成对公共信息安全领域的社会公共利益的侵害。

关于个人信息保护公益诉讼中损害赔偿责任的确定。有观点认为，个人信息保护公益诉讼中的损害赔偿的内容主要是对起诉主体提起公益诉讼的合理支出费用的赔偿。也有观点认为，个人信息保护公益诉讼中的损害赔偿应当引入惩罚性赔偿机制，通过提高行为人的违法成本，真正达到预防和威慑侵害众多个人信息的违法行为。根据我国现行法律规定，对于损失的计算有以下三种模式：一是根据受害人遭受的实际损失进行赔偿；二是按照行为人侵害个人信息获得的利益进行赔偿；三是当受害人遭受的实际损失和行为人因此获得的利益难以确定时，法院根据案件实际情况酌定损害赔偿额。本案中，众多自然人个人信息被侵害的实际损失无法确定，因此，法院以被告孙某出卖众多自然人个人信息所获得的利益34,000元确定损害赔偿的损失金额。如将来法律就个人信息保护创设惩罚性赔偿制度，司法尚可付诸实践，在《民法典》明确惩罚性赔偿制度须以“法律规定”为前提的情况下，司法创设惩罚性赔偿目前尚不具有法律上的正当性。关于个人信息保护公益诉讼赔偿资金的去向与管理问题，目前尚无明确的规定，考虑个人信息保护公益诉讼的目的在保护与个人信息有关的社会公共利益，本案在判决中亦明确该赔偿资金专门用于“个人信息或信息安全等公益事项”。

需要指出的是，本案判决后，《个人信息保护法》已于2021年11月开始施行。《个人信息保护法》第70条规定，“个人信息处理者违反本法规定处理个人信息，侵害众多个人权益的，人民检察院、法律规定的消费者组织和由国家网信部门确定的组织可以依法向人民法院提起诉讼”。在

《个人信息保护法》出台以前，个人信息保护公益诉讼尚需要以法律解释的方式阐述其合法性，《个人信息保护法》出台后，个人信息保护公益诉讼制度正式以法律的形式予以明确。当然，《个人信息保护法》第 70 条的规定仍然比较笼统，如功能定位不清晰、起诉主体及诉权顺位不严谨、救济客体不科学、损害范围不明确，仍需司法机关在具体的司法实践中不断丰富和完善个人信息保护公益诉讼制度。例如，进一步拓展个人信息保护公益诉讼的类型，将个人信息保护公益诉讼的受案类型由非法收集、买卖、存储个人信息拓展至消费习惯数据画像、生物识别信息滥用等情形；进一步明确个人信息保护公益诉讼的风险预防功能，并探索建构预防性个人信息保护民事公益诉讼制度，将损害范围的认定标准由“实际损失”拓展至“重大风险”范围等。①

公益诉讼对于信息化时代背景下大规模侵害自然人个人信息权益现象具有一定的制度优越性。本案作为《民法典》实施后首例个人信息保护民事公益诉讼案件，昭示着在《民法典》专章确认和保护下，个人信息权益内容更加明确，个人信息保护机制更加成熟，民事公益诉讼成为与私益诉讼、行政监管、刑事制裁等并驾齐驱的个人信息保护机制。本案系司法机关对《民法典》保护个人信息权益、维护社会公共利益立法精神的严格遵循、高效回应、有力捍卫，案件既彰显法律对个人信息权益、社会公共利益的保护和重视，也体现了司法维护社会公平正义的决心和力度。

合议庭成员：官家辉　肖　芃　熊俊丽　马　菁
周永根　张小霞　张雅莲
编写人：杭州互联网法院　熊俊丽

【专家点评】

本文拟就提起公益诉讼的法律依据和理论基础，如何确定被告的责

① 参见杨雅妮：《个人信息保护民事公益诉讼案件范围研究》，载《重庆大学学报（社会科学版）》网络首发论文，Doi：10.11835/j.issn.1008-5831.fx.2023.03.002。

任，如何处理好与其他法律责任的关系进行简要的评论。

一、该案提起公益诉讼的法与理

（一）《民事诉讼法》的规定

2017 年《民事诉讼法》第 55 条第 1 款规定："对污染环境、侵害众多消费者合法权益等损害社会公共利益的行为，法律规定的机关和有关组织可以向人民法院提起诉讼。"依据此规定，污染环境、侵害众多消费者合法权益的案件属于公益诉讼范围的案件类型。《环境保护法》《消费者权益保护法》分别就前述两类案件的公益诉讼的起诉主体等具体规则作出进一步规定。该案发生于《个人信息保护法》颁布以前，违法处理个人信息侵害众多个人权益的既不属于《民事诉讼法》列举的民事公益诉讼类型，也缺乏其他法律的专门规定。确定该案是否属于民事公益诉讼范围，需要对《民事诉讼法》第 55 条第 1 款的规定作出解读。

2017 年《民事诉讼法》第 55 条第 1 款对民事公益诉讼范围的规定应理解为一种不完全列举。该条将污染环境、侵害众多消费者合法权益列为两类典型的民事公益诉讼案件，仅意味着其他法律不得将这两类案件排除公益诉讼范围，对这两类案件之外的"损害社会公共利益的行为"同样可以提起公益诉讼。如依据 2018 年《英雄烈士保护法》第 25 条的规定，对侵害英雄烈士的姓名、肖像、名誉、荣誉的行为，没有英雄烈士的近亲属提起诉讼的，检察机关依法对上述损害社会公共利益的行为向人民法院提起诉讼。可见，某类案件是否属于公益诉讼范围，关键在于该类案件中是否存在"损害社会公共利益的行为"。

违法处理个人信息、损害不特定多数人权益的，是损害社会公共利益的行为，应属于民事公益诉讼的范围。作为民事公益诉讼客观范围限制条件的"社会公共利益"，是不特定人的社会共同利益。[①] 一方面，对于受害人不特定的案件，已经不可能通过私益诉讼实现对每一位受害人的损害填

---

① 参见张卫平：《民事公益诉讼原则的制度化及实施研究》，载《清华法学》2013 年第 4 期。

补，故有以公益诉讼救济不特定人的必要。另一方面，这种社会共同利益在分摊到个人身上时难以计算为有救济可能的损害赔偿数额，即便能够确定部分受害人，私益诉讼也无法实现对这部分利益的救济。概言之，违法处理个人信息的行为常涉及不特定多数人的个人信息权益，而受影响的个人所遭受的精神焦虑、通信骚扰等不利益又难以计算为具体的赔偿数额，有必要通过公益诉讼予以救济。

（二）《个人信息保护法》的规定

《个人信息保护法》第70条规定："个人信息处理者违反本法规定处理个人信息，侵害众多个人的权益的，人民检察院、法律规定的消费者组织和由国家网信部门确定的组织可以依法向人民法院提起诉讼。"该案发生于《个人信息保护法》施行前，该规定虽然不能作为该案得以适用公益诉讼的法律依据，但为理解《民事诉讼法》第55条的规定提供了参考。《个人信息保护法》以公益诉讼制度保护个人信息权益的必要性出发，专条规定个人信息保护领域的公益诉讼的适用，能够印证将个人信息保护类案件纳入《民事诉讼法》第55条规定的公益诉讼范围的正当性。

《个人信息保护法》专条规定个人信息保护领域的公益诉讼的适用，背后的考量正是以公益诉讼制度保护个人信息权益的必要性。信息处理者和信息主体之间不总是存在合同关系，侵权法主导的传统私益诉讼在个人信息保护领域也面临难题。一方面，人工智能、算法技术的开发和应用在侵权人和被侵权人间构建了一层技术壁垒，被侵权人在损害实际作用于己身前甚至难以感知侵害行为的发生，更不必说向侵权人主张赔偿。另一方面，在违法处理个人信息的案件中，涉及的信息主体遭受的不利益无法被侵权法救济的损害全部涵盖。当个人信息被非法处理时，信息主体可能遭受身份歧视、陷入人身或财产安全威胁以及通信自由、通信秘密受损等不利益。从受害者个体的视角观察，其个人信息被非法处理并不一定导致这些后果，这些不利益常作为一种风险存在。反观之，侵权法对损害的经典界定中包含"确定性"的要素，即损害通常是已经发生的事实，或者有充分的现实依据证明将来会发生。个人信息违法处理中的风险大多并非能被证明是将来确定会发生的风险类型，私益诉讼难以实现对受害人群体的救济。但从整体视角观察，当违法处理信息的行为涵盖众多人的个人信息时，这类风险总会在部分不幸的受害人身上转化为现实的损害。在违法处理个人信息行为影响的范围内，每一个人都是潜在的实际损害的承担者。为此，有必要将这部分无法被界定为"损害"的利益损失界定为众多信息主体的社会共同利益，运用公益诉讼手段加以保护。可见，《个人信息保护法》第70条的立法决断与先前对《民事诉讼法》第55条第1款的规范解读相一致：虽然在案发时尚未有关于个人信息保护公益诉讼的专门规定，但运用公益诉讼规制违法处理个人信息行为、保护信息主体权益实有必要。违法处理众多个人信息、损害社会公共利益的，应当纳入民事公益诉讼案件范围。

（三）最高人民法院和最高人民检察院的司法解释

最高人民法院、最高人民检察院就个人信息保护领域公益诉讼的适用条件及适用公益诉讼的具体规则作了进一步规定。结合该案，有以下两个方面值得注意。

1. 关于个人信息保护领域公益诉讼的适用条件

除《最高人民法院、最高人民检察院关于检察公益诉讼案件适用法律若干问题的解释》（以下简称《检察公益诉讼司法解释》）列举对侵害英雄烈士的姓名、肖像、名誉、荣誉的行为的公益诉讼外，《个人信息保护法》颁布前的司法解释对公益诉讼范围的表述与《民事诉讼法》基本保持一致。前述对《民事诉讼法》第55条第1款的解读与《个人信息保护法》第70条规定的出台均表明侵害众多个人信息类案件可以纳入公益诉讼的客观范围。至此仍需明确的是，如何认定侵害众多个人信息的行为属于"损害社会公共利益"，从而在个案中适用公益诉讼制度。

关于在违法处理个人信息案件中公益诉讼的适用条件，目前尚无专门法律或司法解释予以规定。最高人民检察院在《关于贯彻执行个人信息保护法推进个人信息保护公益诉讼检察工作的通知》（以下简称《个人信息保护公益诉讼检察通知》）中提出："各级检察机关在履行公益诉讼检察职责时应当突出重点、从严把握以下方面：生物识别、宗教信仰、特殊身份、医疗健康、金融账号、行踪轨迹等敏感个人信息应当严格保护；儿童、妇女、残疾人、老年人、军人等特殊群体的个人信息需要特别保护；教育、医疗、就业、养老、消费等重点领域处理的个人信息，以及处理100万人以上的大规模个人信息应当重点保护；对因时间、空间等联结形成的特定对象的个人信息加强精准保护。"我国目前的个人信息保护公益诉讼制度还在探索阶段，在未来应当有更加明确的规则以法律或司法解释的形式指引检察起诉工作。

2. 关于民事检察公益诉讼的前置程序

《检察公益诉讼司法解释》第13条第1款规定："人民检察院在履行职责中发现破坏生态环境和资源保护，食品药品安全领域侵害众多消费者合法权益，侵害英雄烈士等的姓名、肖像、名誉、荣誉等损害社会公共利益的行为，拟提起公益诉讼的，应当依法公告，公告期间为三十日。"根据此规定，检察机关提起公益诉讼前须进行公告，该公告程序即为民事检察公益诉讼的前置程序。这一前置程序的设置主要基于两方面的考虑。

一方面，公告程序是鼓励、督促其他适格主体提起公益诉讼的前置程序。从检察机关和其他有权提起公益诉讼的适格主体的关系来看，出于尊重其他主体的诉讼实施权和节约检察资源的考虑，检察机关应序后提起公益诉讼。换言之，只有在其他适格主体不提起诉讼的情况下，人民检察院才能提起公益诉讼，学理上称为民事检察公益诉讼的非优先性或谦抑性。[①]在我国，人民检察院作为法律监督机关、部分案件的侦查机关等角色发挥多种职能，过多地作为当事人介入民事公益诉讼难免影响其他职能的作用发挥。为此，在开展检察公益诉讼试点工作之初，《全国人民代表大会常

① 参见肖建国：《检察机关提起民事公益诉讼应注意两个问题》，载《人民检察》2015年第14期；刘加良：《检察院提起民事公益诉讼诉前程序研究》，载《政治与法律》2017年第5期。

务委员会关于授权最高人民检察院在部分地区开展公益诉讼试点工作的决定》中就规定了检察机关提起公益诉讼的前提："提起公益诉讼前，人民检察院应当依法督促行政机关纠正违法行政行为、履行法定职责，或者督促、支持法律规定的机关和有关组织提起公益诉讼。"此外，在部分公益诉讼案件中，由其他适格主体提起诉讼，检察院支持起诉而非直接作为当事人参与诉讼是更好的选择。如在侵害英雄烈士等的姓名、肖像、名誉、荣誉案件中，应优先尊重英雄烈士的近亲属的诉讼实施权，人民检察院则可以通过协助收集证据、提供法律知识、提供物质财力等方式支持其起诉。

另一方面，公告程序也是警示实施侵害行为的主体及时收手、消除危害后果，同时提醒相关行政机关行使职权协同规制有害公益的行为的前置程序。① 行政机关对社会公共利益有保护职责，基于我国的检察机关与行政机关的制约关系，检察机关能够有效督促行政机关对侵害公益的行为进行主动干预，减轻侵害行为对社会公共利益的影响。

不过，就设置公告程序第一方面的理由看，检察机关已经在个人信息保护领域的民事公益诉讼案件处理中表现出其优越地位。应该注意到，《个人信息保护法》第 70 条已将检察机关列为第一序位的公益诉讼起诉人。这是因为，从目前我国个人信息保护公益案件的处理情况来看，检察机关起诉具备其他适格主体不具备的优势。对于个人信息保护公益诉讼制度的建立，我国走了"实践先行，立法紧跟其后"的路子。就目前个人信息保护公益诉讼的处理情况来看，检察机关成了主要的起诉主体，并已经取得良好的实施效果。个人信息案件专业性强，其他起诉主体在法律知识、取证能力等方面的不足在个人信息案件中被放大。《检察公益诉讼司法解释》第 6 条规定检察机关办理公益诉讼案件时可以行使调查核实权，有关行政机关、组织、公民有配合义务，这在一定程度上缓解了个人信息

① 参见张卫平：《民事诉讼法》（第 5 版），法律出版社 2019 年版，第 372 页。

案件的取证难问题。[①] 不过，鉴于该案发生于《个人信息保护法》前，检察机关遵循民事检察公益诉讼的一般规则并无不妥。

(四) 该案适用公益诉讼的合法合理性结论

以上分析表明，针对该案中孙某以盗取、买卖受害人电话号码等个人信息的方式侵害个人信息的行为，人民检察院可以提起民事公益诉讼。从现行法规定出发，虽然该案发生于《个人信息保护法》实施前，但仍可以通过 2017 年《民事诉讼法》第 55 条第 1 款的规定将侵害众多个人信息案件纳入公益诉讼范围内。从法理角度考虑，侵害众多个人信息案件中的受害人不特定，侵害行为损害了社会公共利益，有必要通过公益诉讼保护受害人权益。

从公益诉讼提起的具体流程看，杭州市下城区人民检察院是适格的起诉主体，且已按照《检察公益诉讼司法解释》的有关规定完成公告程序，符合公益诉讼提起的程序性要求。

二、如何适用公益诉讼的法律规定确定被告的责任

(一)《民法典》有关规定的适用

该案中，杭州互联网法院以《民法典》关于个人信息的界定、个人信息的处理原则、侵害个人信息行为的表现等规定作为裁判依据，符合《最高人民法院关于适用〈中华人民共和国民法典〉时间效力的若干规定》(以下简称《时间效力规定》) 的要求。该案中，被告孙某以盗取、买卖受害人电话号码等个人信息的方式侵害个人信息的行为发生于《民法典》生效前。《民法典》生效前，《民法总则》第 111 条是关于个人信息受法律保护的原则性规定，但缺乏对个人信息处理规则的具体规定。《民法典》对《民法总则》第 111 条关于个人信息保护的原则性规定予以保留，因而对法律适用产生实际影响的是《民法典》第 995 条、第 1000 条、第 1034 条等具体规则的适用问题。《时间效力规定》第 3 条规定："民法典施行前

① 参见邵俊：《个人信息的检察公益诉讼保护路径研究》，载《法治研究》2021 年第 5 期。

的法律事实引起的民事纠纷案件，当时的法律、司法解释没有规定而民法典有规定的，可以适用民法典的规定，但是明显减损当事人合法权益、增加当事人法定义务或者背离当事人合理预期的除外。”被告孙某获取、转卖他人个人信息所得收益本就不是其所享有的合法权益，对其溯及适用《民法典》的有关规定，没有增加其法定义务，亦不违背他对自己行为的法律评价预期。根据《民法总则》第 111 条及《刑法》第 253 条的规定，也可以认定孙某行为的违法性。因此，该案可以适用《民法典》的规定。

（二）关于构成要件的讨论

依据 2017 年《民事诉讼法》的规定，适用公益诉讼制度确定被告的责任，需要对“损害社会公共利益”和被告行为应承担民事责任两方面作出判断，这与《个人信息保护法》第 70 条的思路一致。以下结合该案情况分别进行说明。

1. 违法处理个人信息的行为侵害众多个人的权益

前文已分析表明个人信息保护领域可以适用公益诉讼制度。但该案能否适用公益诉讼制度，还需对被告的行为是否“损害社会公共利益”作出判断。结合环境保护公益诉讼、消费者保护公益诉讼的规定，对受害者人数的判断为是否适用公益诉讼的主要因素。《个人信息保护法》第 70 条亦将损害社会公共利益表述为“侵害众多个人的权益”，故首先应对受影响的信息主体的数量进行分析。

我国法律及其司法解释并未对公益诉讼起诉条件中的“众多”作出明确规定，就公益诉讼中的受害人“众多”存在理解上的分歧。公益诉讼是维护社会公共利益的诉讼，对“众多”理解的分歧，实际上关涉社会公共利益与众多人的利益之间的关系。社会公共利益一定是多数人的利益，但多数人的利益不一定作为社会公共利益出现。因此，对于公益诉讼中的“众多”应从两方面理解。

其一，就侵害众多人合法权益的纠纷提起公益诉讼，纠纷涉及的权利人应当达成一定的数量标准。但不能据此认为，应为公益诉讼起诉规定中的“众多”设置量化标准。从我国诉讼结构看，公益诉讼并不是解决权利人众多的唯一诉讼类型。在涉及众多利害关系人的纠纷中，只要权利人特定，尚有代表人诉讼这一私益诉讼类型供法院启用。因此，实践中作为公益案件起诉的纠纷中，权利人一方的数量常难以确定，设置明确的量化标准的做法并不可行。另外，以人数作为考量因素，是因为受影响的权利人的人数在一定程度上反映社会公共利益的受损害程度。在这个意义上，每个权利人权利受影响的程度同样值得考虑。《个人信息保护公益诉讼检察通知》中提出包括涉案信息是否为敏感信息、是否发生于医疗教育等重点领域、是否影响妇幼老弱等特殊群体等多种考虑因素。这说明涉及权利人的数量需要结合其他因素，从能否体现社会公共利益的角度来判断个案是否符合起诉条件的要求。

其二，作为公益诉讼保护的对象，权利人应是不特定的多数人。公益诉讼的保护对象不仅包括实际受到侵害的受害人，还包括潜在的不特定受害人群。如果能够特定化受侵害的主体，就没有必要适用公益诉讼的方式。消费者保护领域的公益诉讼实践已经证明，侵害行为侵害众多消费者利益的行为，即便人数再多，只要受害主体特定，通过一般的民事诉讼即可解决。[①] 需要澄清的是，在违法处理个人信息案件中，基于个人信息与信息主体间的联系，似乎总可以将涉案信息主体特定化，但这样的关联活动缺乏经济上的合理性，不能据此认为个人信息案件不得适用公益诉讼制度。

在该案中，孙某违法倒卖个人信息的行为已经严重损害社会公共利益，符合个人信息保护公益诉讼的起诉要件。从条目上看，孙某倒卖的信息4万余条，且涉及信息主体的数量难以特定；从内容上看，泄露的信息

---

① 如在“三鹿奶粉”事件中，因食用毒奶粉受到侵害的消费者众多但可以特定，通过私益诉讼即可解决对这部分消费者的赔偿问题。当然，同一事件中可能出现同时侵害消费者私益和社会公共利益，“三鹿奶粉”事件中制作和销售大量有害奶粉的行为就是损害社会公共利益，检察机关就可以对此提起公益诉讼，要求其停止生产、销售、销毁产品。参见张卫平：《民事诉讼法》（第5版），法律出版社2019年版，第361页。

中以电话号码为主，部分条目包含受害人的姓名、电子邮箱等配套信息，已经足以识别至特定个人并引发财产安全等风险。此外，该案中孙某将个人信息倒卖给第三人，第三人利用该信息开展违法外汇推动活动，已经印证孙某倒卖个人信息对社会公共利益的危害性。综上，该案符合适用公益诉讼的条件。

2. 公益诉讼中违法处理个人信息行为的民事责任

公益诉讼是一种特殊的诉讼形式，因为自身结构的原因，它无法像一般解决私益纠纷的民事诉讼那样发挥损害赔偿的功能。个人信息保护公益诉讼中损害赔偿的内容主要是对起诉主体提起公益诉讼的合理支出费用的赔偿。在此类案件中，追究当事人责任以损害赔偿以外的责任方式为主。

关于该案损害赔偿责任的承担。一般的侵权责任纠纷的损害赔偿数额通常以被侵权人的实际损失为计算依据。但该案系公益诉讼，被侵权人的实际损失应交由私益诉讼解决，该案的原告并不是民事纠纷的被侵权人。因此，这里的“损失”并非被侵权人的实际损失，而是表现为原告为提起公益诉讼和消除侵权行为影响所支出的费用。同时，该案是侵害不特定人个人信息权益的侵害人身权益纠纷。《民法典》第 1182 条前段规定：“侵害他人人身权益造成财产损失的，按照被侵权人因此受到的损失或者侵权人因此获得的利益赔偿。”据此规定，原告可以择一有利标准计算赔偿数额，该案原告选择以孙某获利 34,000 元作为赔偿数额的标准，并无不妥。

关于损害赔偿以外的责任形式。在个人信息保护公益诉讼中败诉的被告方，除了应承担损害赔偿责任外，还应当强制履行起诉主体请求的《个人信息保护法》等法律规定的义务。作为侵害人身权益纠纷的一种，败诉方还应依据《民法典》第 995 条、第 1000 条的规定承担诸如赔礼道歉、停止侵害、消除影响等责任。在该案中，判处孙某就违法倒卖个人信息的行为登报道歉，除宽慰受害人情绪外，还能彰显司法打击个人信息违法行为的决心，有力震慑潜在的违法犯罪分子。

三、如何处理好公益诉讼与其他法律责任的关系

该案审理中，被告孙某以其已在刑事案件中退还非法所得为由对公益诉讼的损害赔偿责任提出抗辩，法院未予采纳。该案系刑事附带民事公益诉讼，需要处理好民事责任与其他法律责任的关系、公益诉讼与私益诉讼的关系。

就民事责任与刑事责任、行政责任的关系，我国法律一直有明确的规定。《侵权责任法》第4条规定："侵权人因同一行为应当承担行政责任或者刑事责任的，不影响依法承担侵权责任。因同一行为应当承担侵权责任和行政责任、刑事责任，侵权人的财产不足以支付的，先承担侵权责任。"《民法典》第187条规定："民事主体因同一行为应当承担民事责任、行政责任和刑事责任的，承担行政责任或者刑事责任不影响承担民事责任；民事主体的财产不足以支付的，优先用于承担民事责任。"我国法律规定民事主体不足以承担全部责任的，优先承担民事责任，是站在"国不与民争利"的立场上作出的取舍。该案中，孙某的犯罪收益只是计算民事损害赔偿数额的标准，退还犯罪收益与损害赔偿彼此并不冲突。孙某虽然退还犯罪收益，但其他财产能足以支付民事赔偿责任。因此，该案也不属于民事主体责任财产不足以支付的情况。

就同一侵权事件所导致的公益诉讼、私益诉讼的关系而言，我国法律及司法解释也有规定。《最高人民法院关于适用〈中华人民共和国民事诉讼法〉的解释》（2015年）第288条规定："人民法院受理公益诉讼案件，不影响同一侵权行为的受害人根据民事诉讼法第一百一十九条规定提起诉讼。"《最高人民法院关于审理环境民事公益诉讼案件适用法律若干问题的解释》第10条第3款规定："公民、法人和其他组织以人身、财产受到损害为由申请参加诉讼的，告知其另行起诉。"以上规定表明，在提起公益诉讼的情形下，不会影响对同一侵权事件所引发的私益诉讼的提起。其背后的法理基础是：公益诉讼所保护的是不特定主体的社会公共利益，不包括特定主体的私益。这与公益诉讼中损害赔偿数额的确定法理相一致。个

人信息保护公益诉讼取得的损害赔偿，主要用于负担原告提起公益诉讼的成本。参考消费者保护公益诉讼的赔偿项目，个人信息保护公益诉讼的损害赔偿项目内容主要为：律师费、调查取证费、鉴定费、专家咨询费、交通费等必要合理支出费用。可见，公益诉讼并没有解决特定的被侵权人的损害填补问题。因此，因孙某违法处理个人信息的行为遭受损害的民事主体仍可就这一行为提起私益诉讼。

四、结语

《中共中央关于加强新时代检察机关法律监督工作的意见》指出："积极稳妥推进公益诉讼检察……积极稳妥拓展公益诉讼案件范围，探索办理安全生产、公共卫生、妇女及残疾人权益保护、个人信息保护、文物和文化遗产保护等领域公益损害案件，总结实践经验，完善相关立法。"个人信息保护公益诉讼制度适应了大数据时代信息化发展的需求，对于维护公民个人信息权益，规范个人信息处理活动，促进个人信息合理利用具有重要意义。我国的个人信息民事检察公益诉讼是一项年轻而富有活力的制度，在检察机关积极稳妥推进个人信息保护公益诉讼司法实践的基础上，我们有理由相信，更加完备、具体的公益诉讼制度在不远的将来会为我国信息产业的规范发展保驾护航。

张新宝*

【相关法条】

《中华人民共和国民法典》

第一百一十一条 自然人的个人信息受法律保护。任何组织或者个人需要获取他人个人信息的，应当依法取得并确保信息安全，不得非法收集、使用、加工、传输他人个人信息，不得非法买卖、提供或者公开他人个人信息。

---

* 张新宝，中国人民大学教授，中国人民大学信息法中心主任，博士生导师，《中国法学》总编辑。

第一百七十九条 承担民事责任的方式主要有：

（一）停止侵害；

（二）排除妨碍；

（三）消除危险；

（四）返还财产；

（五）恢复原状；

（六）修理、重作、更换；

（七）继续履行；

（八）赔偿损失；

（九）支付违约金；

（十）消除影响、恢复名誉；

（十一）赔礼道歉。

法律规定惩罚性赔偿的，依照其规定。

本条规定的承担民事责任的方式，可以单独适用，也可以合并适用。

第一百八十七条 民事主体因同一行为应当承担民事责任、行政责任和刑事责任的，承担行政责任或者刑事责任不影响承担民事责任；民事主体的财产不足以支付的，优先用于承担民事责任。

第九百八十五条 得利人没有法律根据取得不当利益的，受损失的人可以请求得利人返还取得的利益，但是有下列情形之一的除外：

（一）为履行道德义务进行的给付；

（二）债务到期之前的清偿；

（三）明知无给付义务而进行的债务清偿。

第一千条 行为人因侵害人格权承担消除影响、恢复名誉、赔礼道歉等民事责任的，应当与行为的具体方式和造成的影响范围相当。

行为人拒不承担前款规定的民事责任的，人民法院可以采取在报刊、网络等媒体上发布公告或者公布生效裁判文书等方式执行，产生的费用由行为人负担。

第一千零三十四条 自然人的个人信息受法律保护。

个人信息是以电子或者其他方式记录的能够单独或者与其他信息结合识别特定自然人的各种信息，包括自然人的姓名、出生日期、身份证件号码、生物识别信息、住址、电话号码、电子邮箱、健康信息、行踪信息等。

个人信息中的私密信息，适用有关隐私权的规定；没有规定的，适用有关个人信息保护的规定。

第一千一百八十二条 侵害他人人身权益造成财产损失的，按照被侵权人因此受到的损失或者侵权人因此获得的利益赔偿；被侵权人因此受到的损失以及侵权人因此获得的利益难以确定，被侵权人和侵权人就赔偿数额协商不一致，向人民法院提起诉讼的，由人民法院根据实际情况确定赔偿数额。

有章

十、郭某诉杭州野生动物世界有限公司服务合同纠纷案

——人脸识别纠纷第一案

编者按

本案系因经营者将人脸识别技术用于入园验证引发的服务合同纠纷，涉及对经营者处理消费者个人信息尤其是指纹和人脸等生物识别信息行为的评价和规范问题。本案发生于《民法典》和《个人信息保护法》施行之前，在当时的法律框架下，案件裁判选择“消费者保护路径”和“合同纠纷路径”，依据原《民法总则》《消费者权益保护法》作出判决，不仅对包括生物识别信息在内的个人信息在商业经营场景中的合法使用问题进行了初步探讨，阐明了司法对个人信息处理的态度；而且将价值衡量贯穿于司法裁判的全过程，对个人信息删除的规则作出了先行探索和尝试，兼顾了个人信息保护与数字产业发展的裁判，为后续类案的审理和司法解释的制定提供了参考。

关键词

民事　生物识别信息　知情同意　选择权　删除

【裁判要旨】

经营者只有在消费者知情同意的前提下方能收集、使用消费者的个人信息，且须遵循合法、正当、必要原则。尤其是生物识别信息属于敏感个人信息，具备较强的人格属性，一旦被泄露或者非法使用，可能导致个人受到歧视或者人身、财产安全受到不测危害，故经营者应当对此更加谨慎处理和严格保护。经营者违反双方约定处理信息或者因违约而停止提供某项产品或服务的，消费者有权要求经营者删除与其违约情形相对应的个人信息。

【案件索引】

一审：浙江省杭州市富阳区人民法院（2019）浙 0111 民初 6971 号

二审：浙江省杭州市中级人民法院（2020）浙 01 民终 10940 号

【基本案情】

2019 年 4 月 27 日，原告（二审上诉人）郭某向被告（二审上诉人）杭州野生动物世界有限公司（以下简称野生动物世界）购买以指纹识别方式入园的双人年卡，支付卡费 1360 元。野生动物世界以店堂告示形式公示涉及指纹识别的年卡办理类别、年卡办理流程和年卡使用说明。郭某与其妻子留存了姓名、身份证号码、电话号码等个人信息，并录入指纹和拍摄照片。该双人年卡在 2019 年 4 月 27 日、5 月 4 日、6 月 1 日、9 月 14 日有共计五人次的使用记录。在双方服务合同履行过程中，野生动物世界将入园方式从指纹识别调整为人脸识别，并于 2019 年 10 月 7 日停用指纹识别闸机。2019 年 7 月 12 日和 10 月 17 日，野生动物世界曾先后向包括郭某在内的年卡消费者发送两条短信，告知年卡系统已升级，若不激活人脸识别系统，将无法正常入园。2019 年 10 月 26 日，郭某至野生动物世界交涉，工作人员表示：原指纹识别方式已无法入园，未注册人脸识别系统将无法入园。郭某认为人脸识别信息属于高度敏感个人隐私，对人脸识别的入园方式以质疑，要求野生动物世界退卡，双方协商未果。

郭某起诉请求：（1）确认野生动物世界店堂告示和短信通知中涉及指纹识别和人脸识别的内容，因侵害消费者合法权益而无效；（2）判令野生动物世界因涉嫌欺诈和违约而赔偿年卡卡费 1360 元，并赔偿交涉发生的交通费 360 元以及法院立案、出庭应诉发生的交通费 800 元；（3）判令野生动物世界在第三方技术机构见证下删除郭某在野生动物世界办理年卡及之后使用年卡时提交的全部个人信息，承担相应技术见证费用。

【裁判结果】

浙江省杭州市富阳区人民法院于 2020 年 11 月 20 日作出（2019）浙 0111 民初 6971 号民事判决："一、野生动物世界赔偿郭某合同利益损失及交通费共计 1038 元，于判决生效之日起十日内付清。二、野生动物世界删除郭某办理指纹年卡时提交的包括照片在内的面部特征信息，于判决生效之日起十日内履行完毕。三、驳回郭某的其他诉讼请求。"

郭某与野生动物世界均不服原审判决，提起上诉。浙江省杭州市中级人民法院于 2021 年 4 月 9 日作出（2020）浙 01 民终 10940 号民事判决："一、维持杭州市富阳区人民法院（2019）浙 0111 民初 6971 号民事判决第一项、第二项；二、撤销杭州市富阳区人民法院（2019）浙 0111 民初 6971 号民事判决第三项；三、野生动物世界删除郭某办理指纹年卡时提交的指纹识别信息，于判决生效之日起十日内履行完毕；四、驳回郭某的其他诉讼请求。"

法院生效裁判认为：郭某在知悉野生动物世界指纹识别店堂告示内容的情况下，自主作出办理年卡的决定并提供相关个人信息，该店堂告示对双方均具有约束力，且不符合格式条款无效的法定情形。人脸识别店堂告示并非双方的合同条款，对郭某不发生效力，故对郭某要求确认指纹识别店堂告示与人脸识别店堂告示无效的请求，不予支持。野生动物世界通过店堂告示告知消费者办理年卡需收集、使用生物识别信息用于入园身份验证，郭某经综合权衡后自主决定提供包括指纹在内的相关个人信息成为年卡消费者，其选择权未受到侵害。野生动物世界的相关行为亦不构成欺诈。野生动物世界通过两条短信向郭某告知可以激活或注册人脸识别，系向郭某发出新的要约，郭某未予同意，故短信通知未成为双方之间的合同内容，郭某要求确认该短信通知无效，已无评判必要。但野生动物世界单方变更入园方式构成违约，一审法院判决野生动物世界赔偿郭某合同利益损失 678 元、交通费 360 元均属适当。野生动物世界要求郭某激活人脸识别，超出事前收集目的，且存在侵害郭某面部特征信息之人格利益的可能与危险，故应当删除郭某办卡时提交的包括照片在内的面部特征信息。野生动物世界除欲将照片用于人脸识别外，其收集、使用郭某的包括指纹识别信息在内的其他个人信息，系在郭某知情同意下进行，且未有证据证实存在泄露、非法提供或者滥用等情形。但鉴于野生动物世界单方变更指纹年卡的入园方式，并停止使用指纹识别闸机，致使原约定的指纹识别入园服务方式无法实现，故还应当删除指纹识别信息。

【案例注解】

随着科技的进步与社会的发展，信息以前所未有的速度和广度被开发利用，信息成为与物质、能量同样重要的资源，整个社会对于信息的依赖和利用需求增强。个人信息的利用在增进社会福祉的同时，可能引起信息主体的权益受到威胁和侵害，由此催生个人信息保护的需要。面对多元化和冲突化的各种利益，法律应当在无限需求与有限资源之间寻求平衡的最佳机制。[①] 本案系因经营者收集、使用消费者的人脸识别信息用于身份验证引发的纠纷，案件受理后受到社会各界的普遍关注，被称为“数字经济背景下人脸识别纠纷第一案”。

本案审理时，个人信息保护的法律体系尚不完善，《个人信息保护法》

① 参见张新宝：《从隐私到个人信息：利益再衡量的理论与制度安排》，载《中国法学》2015 年第 3 期。

正在酝酿中，相关司法解释也未制定，仅有《民法总则》《消费者权益保护法》《网络安全法》等法律作出一些框架性、原则性的规定。在此背景下，本案的审判对自然人的个人信息在商业经营场景中的合法使用问题进行了初步的探讨，并对个人信息删除的规则作出先行探索和尝试。

一、野生动物世界收集、使用郭某个人信息行为的适法性，应当依照“合法、正当、必要”三原则和“当事人同意”的规则予以评判

本案审理期间可适用的涉及个人信息保护的规定散见于不同的法律规范中。《民法总则》原则性地规定自然人的个人信息受法律保护。《消费者权益保护法》对于个人信息在消费领域的收集、使用并未采取禁止的态度，而是强调对个人信息处理过程的监督管理。即在前端收集个人信息阶段需要遵循合法、正当、必要原则和征得当事人同意的规则；在中端控制信息过程中需要遵循确保安全原则，不得泄露、出售或者非法向他人提供个人信息；在末端出现个人信息被侵害时，经营者需要承担采取补救措施等相应的侵权责任。《网络安全法》对网络运营者处理个人信息作出类似的规定。

由此可见，经营者只有在消费者知情同意的前提下才能收集、使用消费者的个人信息，并且必须遵循合法、正当、必要原则。尤其是指纹、人脸等生物识别信息作为敏感个人信息，具备较强的人格属性，一旦被泄露或者非法使用，可能导致个人受到歧视或者人身、财产安全受到严重危害，对此应当更加谨慎处理和严格保护。然法律并未对“合法、正当、必要”三原则的内涵作出明确界定。根据学理观点，合法原则的核心要求是个人信息的收集、处理应当具有法律依据，并且符合所有的法律要求；正当原则要求对消费者个人信息的收集、使用应当是经营者开展业务所需，与其提供的产品或者服务的业务功能具有直接关联；必要原则要求经营者处理消费者的个人信息，不得超越法定或约定的范围以及达到处理目的最低必要限度，留存不得超过特定目的所必需的期限。[1]

① 参见程啸、阮神裕：《论侵害个人信息权益的民事责任》，载《人民司法》2020年第4期。

具体分析本案所涉的个人信息处理行为，野生动物世界是面向不特定社会公众开放的场所，其为游客游览提供不同入园方式的选择，既可以单次按原价购票直接入园，也可以一次性付费购买年卡后在一定时间段内不限次数入园。年卡服务模式是野生动物世界基于自身经营需要所采取的营销方式。因年卡消费者不同于单次购票用户，其在一次性付费购买年卡后可以实现特定时段不限次数畅游，故野生动物世界出于商业成本的考虑对年卡消费者查验身份具有合理性。相较于传统的人工检票方式，生物识别技术具有准确度高、使用便捷等客观优势。野生动物世界决定使用生物识别技术用于年卡消费者入园验证，并通过店堂告示方式告知消费者办理年卡需收集、使用生物识别信息，不存在违反法律禁止性规定的情形。而消费者对是否允许经营者使用自身的生物识别信息享有自决权。野生动物世界只有在年卡消费者知情同意的前提下，才可以收集、使用消费者的生物识别信息，且不得过度处理。

野生动物世界在推出指纹年卡时，已通过店堂告示以醒目的文字告知办理年卡的消费者需提供包括指纹在内的部分个人信息，且明示指纹识别信息用于入园验证。郭某作为完全民事行为能力人，在知悉指纹识别店堂告示内容的情况下，经权衡后自主作出办理年卡的决定并提供相关个人信息，应视为双方达成合意。至于郭某提出野生动物世界存在其他入园方式，是在闸机无法正常识别指纹或未带年卡等特殊情况下，可以采取人工验证的辅助手段和应急措施。该方式系特定情况下经营者为更好地履行合同义务而提供的服务方式或内容。因此，郭某在办理指纹年卡时知情权和选择权并未受到侵害。指纹识别店堂告示内容系双方服务合同条款的一部分，对双方均具有约束力。而人脸识别店堂告示是野生动物世界指纹年卡升级后面向新办卡用户发出的要约，并非郭某与野生动物世界之间的合同条款，对郭某不产生效力。

二、野生动物世界单方变更入园方式构成违约，应承担相应的违约责任

入园方式直接关乎消费者游览权利的实现和保障，与消费者存在重大的利害关系。如前所述，虽然法律并未禁止人脸识别等生物识别技术用于身份验证，但野生动物世界作为经营者在应用该等生物识别技术时，应当依法全面、严格履行合同义务，不得利用自身在市场交易中的优势地位，损害消费者权益。野生动物世界在未与郭某进行任何协商，亦未征得其同意的情况下，擅自将入园方式由指纹识别变更为人脸识别，并发送短信告知郭某未注册人脸识别将无法正常入园，在郭某上门咨询求证时亦明确告知其不注册人脸识别将无法入园。该行为与年卡有效期内允许用户无限入园的承诺相违背，属于以明示的方式表明不履行原合同约定的主要义务，不仅侵害了郭某作为消费者的信赖利益，也有违诚实信用原则。郭某作为守约方，可以在履行期限届满前要求野生动物世界承担违约责任。尽管野生动物世界嗣后向郭某告知了“年卡+身份证”双重验证的入园方式，但该方式实际上亦改变了合同约定的履行方式，客观上增加了郭某履行合同的负担，无法视为与原入园方式等同便利程度的履行方式。基于郭某不要求解除合同，而要求赔偿损失，故应根据野生动物世界的违约情节以及郭某的损失情况，以年卡卡费 1360 元为基数，按利益受损的 182 天在合同履行期限 365 天中的比例折算郭某的合同利益损失为 678 元，并酌情确定其交通费损失为 360 元。

三、野生动物世界应当删除郭某的面部特征信息与指纹识别信息

“删除权”源于欧盟的“被遗忘权”，该权利概念为 2012 年欧盟委员会在修订《数据保护指令》时首次提出。根据该修正案规定，“数据用户有权提出删除个人数据信息的主张，如果数据控制者没有合法的理由则必须遵守该项要求，否则将面临严厉的处罚”。2016 年 4 月，欧盟通过被称为史上最严的《一般数据保护条例》，该规章第 17 条正式确立了“删除权”（“被遗忘权”），但是没有对“被遗忘权”进行法律定义，而是直接规定了行使该项权利的法律要件及限制条件。[①] 被遗忘权的实质就是删除

① 参见陈昶屹：《现有法律体系下“被遗忘权”案件的审理思路及保护路径——从我国“被遗忘权”第一案说起》，载《法律适用（司法案例）》2017 年第 2 期。

权，被遗忘权的重点不在于遗忘，而在于删除，删除权更贴合权利实质。无论是被遗忘权还是删除权，都是要实现个人对其个人信息在某种程度上的控制，即对其个人信息处理活动的决定权。①

在《个人信息保护法》颁布之前，我国法律上已规定了个人在违法或违约情形下针对信息处理者的删除权。2017 年施行的《网络安全法》第 43 条第 1 句规定："个人发现网络运营者违反法律、行政法规的规定或者双方的约定收集、使用其个人信息的，有权要求网络运营者删除其个人信息。"2021 年施行的《民法典》第 1037 条第 2 款规定："自然人发现信息处理者违反法律、行政法规的规定或者双方的约定处理其个人信息的，有权请求信息处理者及时删除。"对比 2022 年施行的《个人信息保护法》第 47 条"有下列情形之一的，个人信息处理者应当主动删除个人信息；个人信息处理者未删除的，个人有权请求删除：（一）处理目的已实现、无法实现或者为实现处理目的不再必要；（二）个人信息处理者停止提供产品或者服务，或者保存期限已届满；（三）个人撤回同意；（四）个人信息处理者违反法律、行政法规或者违反约定处理个人信息；（五）法律、行政法规规定的其他情形"的规定，主要区别在于《个人信息保护法》进一步拓宽了删除权的适用范围，规定"处理目的已实现、无法实现或者为实现处理目的不再必要""个人信息处理者停止提供产品或者服务，或者保存期限已届满""个人撤回同意"等情形也应删除相关个人信息，并以"法律、行政法规规定的其他情形"作为兜底。这无疑为个人信息权益提供了更加充分的保护。

回归本案，一方面，根据案件审理时的相关法律规定，只有在出现信息处理者违反法律规定或者双方约定处理个人信息的情形时，信息主体才可以要求删除其个人信息，且当时学理上亦倾向于删除权不宜泛化的观点。另一方面，生物识别信息作为敏感个人信息，相比一般个人信息具有

① 程啸：《论〈个人信息保护法〉中的删除权》，载《社会科学辑刊》2022 年第 1 期。

个人数据的唯一性、信息的可复制性、损害的不可逆性、信息的关联性等特征，具有人格性和财产性的双重属性。生物识别信息中的人脸识别信息还可以在不经过自然人主动配合的情形下进行采集，具有敏感度高，采集方式多样、隐蔽和灵活的特性，使其被滥用的安全隐患呈高危性。为此，本案的审判突出对人脸等生物识别信息的特别保护，力求在个人信息保护和鼓励数字科技发展之间寻求平衡的最佳机制，对个人信息删除问题进行了细致论证和审慎探索。

具言之，郭某在办理指纹年卡时拍摄照片，仅系为了配合指纹年卡的使用，不应视为其已授权同意野生动物世界将照片用于人脸识别。野生动物世界虽自述其并未将收集的照片激活处理为人脸识别信息，但其欲利用收集的照片扩大信息处理范围，超出事前收集目的，违反了正当性原则。同时，鉴于收集照片与人脸识别利用的特定关系，野生动物世界以短信通知等方式要求郭某激活人脸识别，表明其存在侵害郭某面部特征信息之人格利益的可能与危险。故野生动物世界应当删除郭某办卡时提交的包括照片在内的面部特征信息。虽然野生动物世界收集、使用郭某的指纹识别信息系在郭某知情同意下进行，但鉴于野生动物世界在履约过程中单方变更指纹年卡的入园方式，并停止使用指纹识别闸机，致使原约定的指纹识别入园方式无法实现，故与该服务方式相对应的指纹识别信息亦应当予以删除。

正是基于人脸信息的特殊性和亟须规制的现状，最高人民法院此后专门为规范“刷脸”而出台了《关于审理使用人脸识别技术处理个人信息相关民事案件适用法律若干问题的规定》，其中也以“删除人脸信息”作为个人信息处理者承担违约责任的方式。

本案是人脸识别技术首次以诉讼形式进入大众视野。法院通过案件审理，一方面明确人脸等生物识别技术应用范围，旗帜鲜明地提出人脸等生物识别信息属于敏感个人信息，更应谨慎处理和严格保护；另一方面守护公众重要生物识别信息安全，判决经营者删除消费者的人脸信息和指纹信息。本案的审判通过个案裁判积极回应社会关切，为规范个人信息处理活动、加强个人信息权益保护、促进数字经济健康发展提供了良好的司法实践样本。

一审法院合议庭成员：喻青霞　唐承飞　马嶙侃

二审法院合议庭成员：黄江平　韩圣超　孔文超

编写人：杭州市中级人民法院　韩圣超

【专家点评】

一、该判决的思路和意义

（一）人脸识别信息应予以特别保护

所谓“人脸识别信息”，即基于人脸识别技术收集或生成，可识别到特定自然人的面部完整的特征信息。作为生物识别信息的一种，人脸识别信息具有独特性、直接识别性、不可变更性、不可匿名性特征，属于“一旦泄露或者非法使用，容易导致自然人的人格尊严受到侵害或者人身、财产安全受到危害”的敏感个人信息。同时，与指纹、虹膜、步态等其他生物识别信息相比，人脸识别信息除与其他人直接“区分”（single out）的功能外，还能与其他信息“关联”，并根据其动态变化“推断”出特定人的性格特征、行为习惯、情绪状态。不仅如此，基于人脸识别信息采集方式多样、隐蔽和灵活的特性，对此不当使用将给公民的人身、财产带来不可预测的风险，应当作出更加严格的规制和保护。

（二）基于消费者保护的路径规范人脸识别信息收集

鉴于该案审理时《民法典》《个人信息保护法》均未生效，法院主要援引《民法总则》《消费者权益保护法》作出判决。其中，《民法总则》第111条“自然人的个人信息受法律保护。任何组织和个人需要获取他人个人信息的，应当依法取得并确保信息安全，不得非法收集、使用、加工、传输他人个人信息，不得非法买卖、提供或者公开他人个人信息”的规定，对个人信息保护作了原则性规定。《消费者权益保护法》第29条第

1 款“经营者收集、使用消费者个人信息，应当遵循合法、正当、必要的原则，明示收集、使用信息的目的、方式和范围，并经消费者同意。经营者收集、使用消费者个人信息，应当公开其收集、使用规则，不得违反法律、法规的规定和双方的约定收集、使用信息”的规定，明确将“合法、正当、必要”作为消费者个人信息收集、使用的基本原则。

基于此，法院从“合法、正当、必要”原则出发，判定野生动物世界使用郭某人脸识别信息，违反了正当性原则。该案中，野生动物世界在涉指纹识别的年卡办理流程中规定“至年卡中心拍照”，郭某亦同意在办卡时拍摄照片，但提供照片仅系为了配合指纹年卡的使用，不应视为其已授权同意野生动物世界将照片用于人脸识别。野生动物世界虽自述其并未将收集的照片激活处理为人脸识别信息，但其欲利用收集的照片扩大信息处理范围，超出事前收集目的。同时，鉴于收集照片与人脸识别利用的特定关系，野生动物世界又以短信通知等方式要求郭某激活人脸识别，表明其存在侵害郭某面部特征信息之人格利益的可能与危险。

（三）基于合同纠纷的路径提供个人信息侵害的救济

针对郭某提出的“删除在野生动物世界办理年卡及之后使用年卡时提交的全部个人信息”的诉讼请求，法院援引《网络安全法》第 43 条“个人发现网络运营者违反法律、行政法规的规定或者双方的约定收集、使用其个人信息的，有权要求网络运营者删除其个人信息”的规定作出回应。在没有违反法律、行政法规的前提下，是否违反双方约定成为删除权支持与否的关键。

首先，野生动物世界通过店堂告示告知消费者办理年卡需收集、使用生物识别信息用于入园身份验证，郭某经综合权衡后自主决定提供包括指纹在内的相关个人信息成为年卡消费者，双方就相关个人信息的约定合法有效。其次，野生动物世界在合同履行过程中单方变更指纹年卡的入园方式，擅自将入园方式由指纹识别变更为人脸识别，并发送短信告知郭某未注册人脸识别将无法正常入园，属于违约行为，应当删除基于郭某照片所获得的面部特征信息。最后，鉴于野生动物世界已经停止使用指纹识别闸机，致使原约定的指纹识别入园服务方式无法实现，郭某指纹识别信息亦应删除。综上，野生动物世界因违反约定收集、使用人脸识别信息和指纹识别信息，郭某依法有权主张删除。至于其他相关个人信息依法删除的请求，法院则不予支持。

二、人脸识别信息保护的路径选择与法理剖析

受限于法不溯及既往原则，该案并未依据《民法典》《个人信息保护法》《最高人民法院关于审理使用人脸识别技术处理个人信息相关民事案件适用法律若干问题的规定》作出裁判。因此，该案尽管提出对人脸识别信息予以特别保护，但在当时法律框架下，只能选择“消费者保护路径”和“合同纠纷路径”，而并未通过“个人信息权益路径”对人脸识别信息（敏感个人信息）提供特别保障，这是该案作为“人脸识别第一案”的局限所在。为全面阐发个人识别信息保护的法理，有必要从《民法典》《个人信息保护法》出发，剖析其作为个人权益的内涵。

（一）人脸识别信息一般不适用于肖像权和隐私权保护规则

根据《民法典》第1018条第2款的规定，“肖像”是通过影像、雕塑、绘画等方式在一定载体上所反映的特定自然人可被识别的外部形象。与之不同，根据国家标准《信息安全技术　远程人脸识别系统技术要求》（GB/T 38671—2020）的规定，人脸识别信息是通过分析提取个人人脸图像数字特征产生样本特征序列而形成的个体生物特征。正如欧盟《一般数据保护条例》前言第51条指出：照片处理不应被系统地视为处理“特殊类别的个人数据”（敏感个人信息），因为只有通过确认自然人的特征性标识或身份验证的“特殊技术手段”（specific technical processing）而生成的信息，才属于生物识别数据的定义范围。欧盟数据保护委员会（EDPB）在指引文件中再次强调排除那些存储和保留在数据库中的原始数据，如视频监控拍到的人脸或录像，以及用户发布在网站、社交媒体上的原始信息。从技术流程上看，一方面，人脸识别技术包括图像获取（image acquisition）、人脸检测（face detection）、标准化（normalisation）、特征提取（feature extraction）、登记（enrolment）、比较（comparison）等步骤，肖像不过是第一个流程“图像获取”的信息而已。另一方面，肖像也不要求在物质载体中表现的形象与本人的真实形象全部相符，只要相关形象能够使人将其与特定的某人联想为同一人，就可构成肖像。因此，人脸识别信息与肖像判然有别，不适用我国《民法典》人格权编第四章“肖像权”的保护规则。

根据《民法典》第 1032 条第 2 款的规定，“隐私”是自然人的私人生活安宁和不愿为他人知晓的私密空间、私密活动、私密信息。第 1034 条第 2 款进一步规定：“个人信息中的私密信息，适用有关隐私权的规定；没有规定的，适用有关个人信息保护的规定。”据此，若人脸识别信息构成“私密信息”，则应优先适用隐私权保护。私密信息的认定应同时考量其客观要件和主观要件：前者意味着“信息处于秘密状态”，后者意味着“个人不愿为他人知晓”。就客观要件论，人脸作为互相识别和验证的通用身份标识符而落入社会领域之中，因此，人脸识别信息尽管可能未经过数字技术而未被发掘，但其并不具有天然私密的特性。就主观要件论，除特有的宗教或卫生原因外，人们一般不会主动掩盖其面孔或拒绝他人识别其面容特征，因此，人脸识别信息并不构成隐私。但是，并非所有对人脸信息的识别都不会对其隐私带来侵害。例如，在使用情感计算分析个人面部表情、推断个人情绪时，就已经从社会领域进入关涉个人内在情感与思想世界的“隐私领域”（intim sphäre）。再如，如果人脸识别信息与活动信息和其他信息结合，形成对个人私密活动的探知，也可能构成隐私侵害。

（二）人脸识别信息适用“敏感个人信息”保护规则

《个人信息保护法》第 28 条将生物识别信息明确归入“敏感个人信息”，第二章第二节下相关“敏感个人信息的处理规则”当然适用于人脸识别信息。具体而言，人脸识别信息的处理应当遵循如下要求：

第一，人脸识别信息的处理应当具有特定的目的和充分的必要性。相较于一般个人信息，人脸识别信息的保护更加严格。因此，《个人信息保护法》在“目的限定”和“必要原则”的普遍适用规范外，额外强调“特定目的”和“充分必要”。这里的“特定目的”比第6条“明确、合理的目的”的要求更高，可理解为法律、法规及合同明确规定，由处理者的特定身份和特定活动所决定的“具体目的”；这里的“充分必要”亦高于第6条“与处理目的直接相关”的要求，可理解为“特定处理目的和人脸识别信息的处理活动”之间存在“充分必要关系”，即处理人脸识别信息是特定目的实现的充分且必要条件。换言之，若不进行人脸识别信息的处理，则特定目的在事实上或经济上无法达成。

第二，人脸识别信息的处理应当开展个人信息保护影响评估，并采取严格保护措施。根据《个人信息保护法》第55~56条的规定，人脸识别信息处理属于高风险的处理行为，在开展相关活动之前，应评估其处理目的、处理方式等是否合法、正当、必要，对个人权益的影响及安全风险，所采取保护措施是否有效及与风险的适应程度等，以判断其对个人权益的影响程度及风险控制有效性。在欧盟《一般数据保护条例》生效后的第一案中，数据保护局以对人脸识别信息未履行数据保护影响评估义务为由作出处罚。在该案中，学校采用人脸识别这一新技术处理进行考勤，虽然学校事先进行了相应的风险评估，但未就数据处理行为对数据主体的权利和自由的影响作出评估，也未提出相应的风险应对措施以减少对数据主体权利的侵害，因而被认定构成对该条例第35条、第36条保护影响评估和事先协商规定的违反。除个人信息保护影响评估外，处理者在处理人脸识别信息时，还应制定相应内部管理制度和操作规程，提高操作权限，制定并组织实施安全事件应急预案以及对人脸识别信息做去标识化、匿名化处理等。

第三，处理者应当履行增强告知义务。所谓增强告知义务，意指在个人信息处理者除告知个人信息处理者的名称或者姓名和联系方式；个人信息的处理目的、处理方式、处理的个人信息种类、保存期限；个人行使权利的方式和程序外，还要采取明示方式告知处理人脸识别信息的必要性和对个人权益的影响。其中，必要性如前所述；对个人权益的影响亦与个人信息保护影响评估的结果保持一致，基于信息披露有效性的考虑，可以参考国家标准《个人信息安全影响评估指南》，从影响个人自主决定权、引发差别性待遇、个人名誉受损和遭受精神压力、个人财产受损四个维度，列出严重、高、中、低四种影响程度。

第四，人脸识别信息的处理应当取得信息主体单独同意，但根据《个人信息保护法》第 13 条的规定无须取得个人同意的除外。作为“单独同意”，即个人对人脸识别信息的处理行为及其规则，能够独立于其他个人信息处理行为及规则，自由、明确、具体地作出同意。详言之，首先，个人对人脸识别信息的处理者、处理目的、处理方式应作出全面、明示的同意，采取清楚、肯定之行动（a clear and affirmative action），而单纯沉默（silence）、已经预设勾选同意（pre-ticked boxes）或是不作为（inactivity）等，都不构成有效的同意。其次，个人对人脸识别信息处理的同意应当与其他的个人信息处理的同意相区分，以破除“一揽子同意”和“捆绑同意”。再次，处理者不得通过欺诈、胁迫、诱导等违反诚信原则的方式，使个人陷入意志不自由的困境，作出违背自愿原则的同意。当人脸识别信息不属于提供产品、服务所必需时，个人完全可以拒绝，且该拒绝操作不得影响个人使用产品或服务。正因如此，《最高人民法院关于审理使用人脸识别技术处理个人信息相关民事案件适用法律若干问题的规定》第 10 条规定“物业服务企业或者其他建筑物管理人以人脸识别作为业主或者物业使用人出入物业服务区域的唯一验证方式，不同意的业主或者物业使用人请求其提供其他合理验证方式的，人民法院依法予以支持”，其理由在于物业服务企业、其他建筑物管理人利用优势地位排除了个人的选择权和拒绝处理权。最后，并非人脸识别信息的所有处理活动都应取得个人单独同意，在为订立、履行个人作为一方当事人的合同所必需；或者按照依法制定的劳动规章制度和依法签订的集体合同实施人力资源管理所必需，如开立金融账户时；为履行法定职责或者法定义务所必需，如公安机关依法侦查时；为应对突发公共卫生事件，或者在紧急情况下为保护自然人的生命健康和财产安全所必需以及法律、行政法规规定的其他情形时，可豁免个人单独同意。

三、该判决的参考意义及将来的课题

该判决作为我国关于人脸识别信息的首份判决，具有彰显人脸识别信息受特别保护的重要意义。就此而言，其可视为《最高人民法院关于审理使用人脸识别技术处理个人信息相关民事案件适用法律若干问题的规定》的先声，亦为“天津顾某与兰州城关物业服务集团有限公司天津分公司个人信息保护纠纷案”“广东人脸识别个人信息保护民事公益诉讼案”等后续案例提供了参考。但囿于《民法典》《个人信息保护法》的溯及力，该判决并未采取个人信息权益保护的路径，没有就人脸识别信息的特别保护展开分析。放眼将来，如何细化《个人信息保护法》第二章第二节下“敏感个人信息”规则的适用，发掘人脸识别信息的特殊规则，仍有待判决累积和司法探索。

许可*

【相关法条】

《中华人民共和国民法典》

第一百一十一条 自然人的个人信息受法律保护。任何组织或者个人需要获取他人个人信息的，应当依法取得并确保信息安全，不得非法收集、使用、加工、传输他人个人信息，不得非法买卖、提供或者公开他人个人信息。

《中华人民共和国消费者权益保护法》

第二十九条 经营者收集、使用消费者个人信息，应当遵循合法、正

* 许可，对外经济贸易大学副教授，对外经济贸易大学数字经济与法律创新研究中心主任。

当、必要的原则，明示收集、使用信息的目的、方式和范围，并经消费者同意。经营者收集、使用消费者个人信息，应当公开其收集、使用规则，不得违反法律、法规的规定和双方的约定收集、使用信息。

经营者及其工作人员对收集的消费者个人信息必须严格保密，不得泄露、出售或者非法向他人提供。经营者应当采取技术措施和其他必要措施，确保信息安全，防止消费者个人信息泄露、丢失。在发生或者可能发生信息泄露、丢失的情况时，应当立即采取补救措施。

经营者未经消费者同意或者请求，或者消费者明确表示拒绝的，不得向其发送商业性信息。

十一、北京字节跳动科技有限公司诉北京微梦创科网络技术有限公司不正当竞争纠纷案

——非搜索引擎爬虫违反 Robots 协议爬取数据纠纷第一案

编者按

Robots 协议是搜索引擎行业较早形成的公认行业惯例。随着网络行业的不断细分发展，网络经营者逐渐在搜索引擎行业之外使用 Robots 协议，平台数据的发展使设置 Robots 协议与网络经营者保护自身数据资源发生冲突。本案即数字经济时代设置 Robots 协议正当性判断的典型案例，本案判决指出在非搜索引擎应用场景下，对网站经营者设置 Robots 协议限制网络机器人抓取行为的正当性进行判断时，既要考虑 Robots 协议行业惯例适用的场景，也要在不同场景下具体分析被诉行为对信息互通共享等公共利益的影响，从而准确界定不同场景下的商业道德，实现经营者利益、消费者利益以及社会公共利益的衡平。

关键词

Robots 协议　搜索引擎　商业道德　不正当竞争

【裁判要旨】

Robots 协议是一种技术规范，仅是宣示性机器语言，不属于技术措施，其设立初衷在于引导搜索引擎网络机器人更有效地抓取网络信息，促进信息共享和用户高效获得网络信息的公共利益。《互联网搜索引擎服务自律公约》仅可作为搜索引擎服务行业的商业道德，而不能成为互联网行业通行的商业道德。网站经营者通过 Robots 协议限制其他网站网络机器人抓取的行为，不应作为一种互联网经营模式进行绝对化的合法性判断，而应结合 Robots 协议设置方与被限制方所处的经营领域和经营内容，被限制的网络机器人应用场景，Robots 协议的设置对其他经营者、消费者以及竞争秩序的影响等多种因素进行综合判断。

【案件索引】

一审：北京知识产权法院（2017）京 73 民初 2020 号

二审：北京市高级人民法院（2021）京民终 281 号

【基本案情】

原告北京字节跳动科技有限公司（以下简称字节跳动公司）成立于 2012 年 3 月 9 日，主要从事互联网信息服务、技术开发、技术推广等，其经营的主要产品有“头条网”“今日头条”等。“ToutiaoSpider”系字节跳动公司所有和经营的“今日头条”产品的网络机器人。

被告北京微梦创科网络技术有限公司（以下简称微梦创科公司）成立于 2010 年 8 月 9 日，主要从事互联网信息服务、技术开发、技术咨询等，是新浪微博（weibo. com，weibo. cn）的主办方。

微梦创科公司在 m. weibo. com 网站的 robots. txt 文件中作出如下设置：

User-agent：ToutiaoSpider

Disallow：/

User-agent： *

Disallow：＊gsid＝＊

该设置表明微梦创科公司禁止字节跳动公司的网络机器人“ToutiaoSpider”抓取其网站信息。微梦创科公司认可在 2016 年设置 robots. txt 文件时只是针对字节跳动公司。此外，字节跳动公司、微梦创科公司均认可微梦创科公司的涉案单方宣示行为只是文字上的记载，没有其他技术上的限制措施，且所有网络用户都可以看到涉案声明。在一审庭审中，微梦创科公司认可涉案声明已经于 2019 年 7 月 18 日修改。

《互联网搜索引擎服务自律公约》第 8 条规定，互联网站所有者设置机器人协议应遵循公平、开放和促进信息自由流动的原则，限制搜索引擎抓取应有行业公认合理的正当理由，不利用机器人协议进行不正当竞争行为，积极营造鼓励创新、公平公正的良性竞争环境。该公约发起单位中包括“新浪”。

字节跳动公司主张微梦创科公司的行为构成不正当竞争，请求停止通过 robots. txt 对字节跳动公司的不正当竞争行为，消除影响，赔偿其经济损失 1 亿元及为制止侵权的合理支出 50 万元。

微梦创科公司否认构成不正当竞争，辩称 Robots 协议只是文字宣示，不是技术措施，客观上无法阻止网络机器人抓取网络数据。事实上，被诉行为并未导致字节跳动公司网络机器人无法正常抓取有关网络信息，字节跳动公司在被诉行为发生后仍然持续、大量抓取新浪微博数据。字节跳动公司使用“ToutiaoSpider”抓取的内容并非用于搜索引擎服务，而是用于“微头条”等社交性质的内容产品，并向用户直接展示。字节跳动公司官方头条号公示的“头条搜索”爬虫 UA 为“Bytespider”，而非“ToutiaoSpider”。

【裁判结果】

北京知识产权法院经审理认为，微梦创科公司的被诉行为造成相关网络用户无法完整地获取相关信息，人为设置了网络信息正常流动的障碍，这与互联网行业普遍遵循的开放、平等、公平、促进信息流动的原则相悖，与网络行业互联互通的基本价值不符，损害了网络市场的竞争秩序。微梦创科公司的行为构成不正当竞争，判决微梦创科公司停止不正当竞争，消除影响，赔偿经济损失30万元及合理开支34,343元。

微梦创科公司不服，提起上诉。

北京市高级人民法院于2021年10月8日作出（2021）京民终281号民事判决："一、撤销北京知识产权法院（2017）京73民初2020号民事判决；二、驳回北京字节跳动科技有限公司的诉讼请求。"

法院生效裁判认为：第一，Robots协议作为一种技术规范，其作用只在于标示该网站是否准许网络机器人访问、准许哪些网络机器人访问，但网络机器人识别该Robots协议后，无论是否遵守，Robots协议都不会起到强制禁止访问的结果。Robots协议已经成为国内外搜索引擎行业普遍遵守的技术规范。网络服务商或网站所有者既可以在Robots协议中列明准许或禁止网络机器人抓取的网站内容，也可以列明准许或不准许抓取其网站内容的网络机器人，即通常所说的"白名单""黑名单"制度。

随着搜索技术和网络应用的发展，网络机器人的适用场景不断扩展，从通用搜索引擎领域扩展到非搜索引擎的其他各种场景。搜索引擎给被搜网站带来流量和利益，而非搜索引擎的网络机器人往往不是给被搜网站带来流量，反而可能带走被搜网站的流量。由于非搜索引擎场景应用的网络机器人已经不像搜索引擎那样，当然地对公众利益以及互联网的互联、互通、共享、开放的精神产生影响，因此在对这些网络机器人通过Robots协议进行限制时，不宜当然地借用对于搜索引擎进行限制的规则。也就是说，《互联网搜索引擎服务自律公约》仅可作为搜索引擎服务行业的商业道德，而不能成为互联网行业通行的商业道德。微梦创科公司限制的"ToutiaoSpider"网络机器人的应用场景并非搜索引擎服务，而是"微头条"等非搜索引擎应用场景。因此，一审判决将《互联网搜索引擎服务自律公约》作为本案中商业道德的参考显有不妥。

第二，在非搜索引擎应用场景下，网络机器人不仅是抓取检索网站的信息编制成索引便于其他用户访问，还往往抓取其他网站公开的各种数据，甚至是其他网站中用户生成的数据，直接用于自己的商业行为。在数字经济时代，数据日益成为企业重要的生产要素，数据资源的获取与利用是极为重要的一种资源配置。网站经营者对数据的收集、整理等基本都付出了相应的人力、物力、财力和时间等经营成本。在不损害消费者利益、公共利益、竞争秩序的情况下，应当允许网站经营者通过 Robots 协议对其他网络机器人的抓取进行限制，这是网站经营者经营自主权的一种体现。字节跳动公司的“ToutiaoSpider”网络机器人将抓取后的内容直接“移植”到“微头条”，实现对微博内容实质性替代的应用场景，虽然在一定程度上扩大了消费者对于用户发布内容的获取途径，但并没有实质上增加消费者的消费体验。即使微梦创科公司不允许字节跳动公司的“ToutiaoSpider”网络机器人抓取，消费者通过微梦创科公司的网站也可以获取用户发布的内容，或者通过搜索引擎搜索到用户发布在微博上的内容。因此，被诉行为并未对消费者的利益造成损害。

第三，对于网站经营者通过 Robots 协议限制其他网站网络机器人抓取的行为，不应作为一种互联网经营模式进行绝对化的合法性判断，而应结合 Robots 协议设置方与被限制方所处的经营领域和经营内容，被限制的网络机器人应用场景，Robots 协议的设置对其他经营者、消费者以及竞争秩序的影响等多种因素进行综合判断。

【案例注解】

一、关于 Robots 协议及其纠纷情况

（一）Robots 协议的由来

Robots 协议英文全称为 Robots Exclusion Protocol，直译为机器人排除协议，又可称为爬虫协议、机器人协议，是指网站所有者通过一个置于网站根目录下的文本文件，即 robots. txt，告知搜索引擎的网络机器人（网络爬虫、网络蜘蛛）哪些网页不应被抓取，哪些网页可以抓取，其本质是受

访网站与搜索引擎之间的一种交互方式。①

在互联网行业发展早期，为了解决被抓取网站的流量负载压力，防止因网络爬虫程序频繁抓取、重复抓取而影响网站正常运行，同时为了识别抓取内容，让网络机器人避开不希望被抓取的内容，提高抓取效率，1994年6月30日，一些网络机器人设计者及爱好者在网络机器人邮件组论坛上就荷兰工程师MartijnKoster的提议达成一致意见，形成了最早的《机器人排除标准》（*A Standard for Robot Exclusion*）。但同时，前述标准明确指出，其“不是一个由标准组织备案的官方标准，也不属于任何商业组织。它没有强制执行力，也不能保证所有目前的或未来的网络机器人将使用它”。② 此后，Robots协议成为多家搜索引擎普遍接受的行业标准。

在我国，中国互联网协会于2012年11月1日发布了由当时国内主要搜索引擎公司参加的《互联网搜索引擎服务自律公约》③，其中第7条规定，“遵循国际通行的行业惯例与商业规则，遵守机器人协议（Robots协议）”；第8条规定，“互联网站所有者设置机器人协议应遵循公平、开放和促进信息自由流动的原则，限制搜索引擎抓取应有行业公认合理的正当理由，不利用机器人协议进行不正当竞争行为，积极营造鼓励创新、公平公正的良性竞争环境”。

（二）Robots协议限制抓取行为的表现形式及效果

按Robots协议要求，限制搜索引擎的爬虫程序抓取，需要在网站根目录下设置一个txt文件，且应对robots. txt文件进行相关设置。例如，User-agent：用于描述搜索引擎网络爬虫程序的名字；Disallow：用于说明不希

① Web Robots (also known as Web Wanderers, Crawlers, or Spiders), are programs that traverse the Web automatically. Search engines such as Google use them to index the web content, spammers use them to scan for email addresses, and they have many other uses. Web site owners use the /robots. txt file to give instructions about their site to web robots; this is called The Robots Exclusion Protocol. See https://www. robotstxt. org/robotstxt. html.

② See https://www. robotstxt. org/robotstxt. html.

③ 参见《互联网搜索引擎服务自律公约》，载中国互联网协会网，https://isc. org. cn/article/10677720886931456. html。

望被抓取的网页或目录；“ * ” 代表所有搜索引擎的爬虫程序；“/” 代表所有目录。

若某网站希望禁止任何搜索引擎的爬虫程序抓取，该网站的 robots. txt 文件写法如下：

User-agent：*

Disallow：/

若某网站希望禁止任何搜索引擎的爬虫程序抓取/cyberworld/map/目录、/tmp/目录及/foo. html 文件，该网站的 robots. txt 文件写法如下：

User-agent：*

Disallow：/cyberworld/map/

Disallow：/tmp/

Disallow：/foo. html

上述简单的技术语言是提供给搜索引擎爬虫程序读取的。遵守协议的爬虫会首先读取要爬取网站的 robots. txt 文件，对于禁止访问的数据不予收集。

从上述技术设置看，虽然可以通过设置 robots. txt 文件禁止某些搜索引擎爬虫程序抓取网站或网页内容，但客观上，Robots 协议只是一项“君子协议”，并不是技术措施；愿意遵守 Robots 协议的爬虫程序会遵守它，不愿意遵守的则会熟视无睹。从法律层面来看，Robots 协议属于一项约定俗成的行业惯例，但不遵守 Robots 协议是否会产生反不正当竞争法意义上的法律责任需要具体分析。因此，也产生了部分与 Robots 协议限制抓取行为相关的判例。

（三）与 Robots 协议相关的司法裁判

最早涉及 Robots 协议的纠纷是 eBay 与 Bidder's Edge 案[1]。eBay 是一

[1] *eBay, Inc. v. Bidder's Edge, Inc.*, United States District Court for the Northern District of California 100 F. Supp. 2d 1058 (N. D. Cal. 2000), http://www.law.harvard.edu/faculty/cdonahue/courses/prop/mat/eBay.html.

家提供个人交易平台的网站，用户需要注册并同意用户协议后才能成为该网站注册用户。Bidder's Edge（以下简称 BE）是专门提供拍卖信息的聚合网站。BE 通过其“蜘蛛”程序抓取 eBay 网站的商品信息放在自己的网站上供用户浏览。虽然 eBay 设置了 Robots 协议禁止 BE“蜘蛛”程序抓取信息，但 BE 并未遵守 Robots 协议。法院认定 BE 侵权成立，禁止其在未经 eBay 允许的情况下，通过任何自动查询程序、“蜘蛛”程序等设置抓取 eBay 网站内容。

我国首个与 Robots 协议相关的不正当纠纷案例系“百度公司诉奇虎公司不正当竞争纠纷案”。该案中，法院认定百度公司在缺乏合理、正当理由的情况下，以对网络搜索引擎经营主体区别对待的方式，限制奇虎公司的 360 搜索引擎抓取其相关网站网页内容，并采取技术措施使网络用户使用 360 搜索引擎进行搜索并点击搜索结果栏中的百度内容链接时，访问被阻断并跳转到百度搜索引擎网站主页[①]，从而影响 360 搜索引擎的正常运行，损害了奇虎公司的合法权益和相关消费者的利益，妨碍了正常的互联网竞争秩序，违反公平竞争、诚实信用原则和公认的商业道德，具有不正当性。

该案之所以对设置 Robots 协议的行为作出不正当性评判，其重要的考量因素在于此纠纷发生于限制搜索引擎抓取信息的应用场景中。搜索引擎的爬虫程序往往是为了互联网信息的自由流动，便于使用该搜索引擎的用户快速准确地查询所需要的信息。通过 Robots 协议的设置阻碍搜索引擎的抓取，除减少被限制搜索引擎的交易机会和竞争优势外，在一定程度上也会增加用户自主选择成本，损害用户利益。

非搜索引擎场景下的 Robots 协议限制抓取行为近年来亦时有出现，本案即其中之一。此外，在涉数据抓取使用行为的不正当竞争纠纷中，被告通常提出原告设置 Robots 协议限制其抓取数据的行为存在不正当性的抗辩

① 百度公司设置技术措施的行为由北京市高级人民法院（2013）高民初字第 3755 号民事判决另案审理。

理由。例如，在“微梦创科公司诉云智联网络科技（北京）有限公司不正当竞争纠纷案”中，云智联公司即提出，涉案数据是明星公开发布的信息，既不属于隐私类信息，也不属于限制流动的信息。微梦创科公司通过Robots 协议限制除“白名单”外的搜索引擎抓取数据，与涉案数据的公开性属性和互联网精神均相违背，故其据此主张云智联公司违反 Robots 协议抓取涉案数据不正当缺乏依据。

二、Robots 协议限制抓取行为的法律适用

对于适用 2019 年《反不正当竞争法》且与 Robots 协议限制抓取行为相关的案件，首先需要确定适用《反不正当竞争法》第 2 条（一般条款）还是《反不正当竞争法》第 12 条（互联网专条）作为法律依据来判断被诉行为的正当性。

根据《最高人民法院关于适用〈中华人民共和国反不正当竞争法〉若干问题的解释》第 1 条的规定，互联网专条作为具体条款应当优先于一般条款适用。也就是说，对于可以归入互联网专条的不正当竞争行为，即使仅能归入互联网专条第 2 款第 4 项这一兜底条款，也应当优先适用互联网专条，不宜再适用一般条款。

但由于互联网行业的不正当竞争行为纷繁多样，互联网专条不可能在穷尽所有此类行为的情形下发挥规制作用，故互联网不正当竞争行为仍然可能落入一般条款的调整范围。此外，适用互联网专条的要件至少包括利用技术手段以及实施妨碍、破坏其他经营者合法提供的网络产品或者服务正常运行两个方面。对于 Robots 协议限制抓取行为而言，虽然经营者设置Robots 协议在本质上属于对技术手段的运用，但承前所述，Robots 协议并不具有强制性而仅有“宣示”意义，故实质上不可能起到妨碍、破坏他人产品或服务的后果，缺乏适用互联网专条的条件。结合上述两点，与Robots 协议限制抓取行为相关的不正当竞争案件应当适用一般条款进行评价为宜。

三、Robots 协议限制抓取行为的正当性判断

（一）区分应用场景

要判断 Robots 协议限制抓取行为的相关设置是遵守还是违反行业惯例进而违背商业道德，首先要区分 Robots 协议的应用场景。

虽然 Robots 协议的设置初衷主要在于防止被抓网站的服务器过载影响网站正常运行，以及防止爬虫程序抓取一些管理后台的内部信息、临时性文件、cgi 脚本等对网络用户没有使用价值的数据，但随着爬虫程序应用场景的不断扩展，在非搜索引擎应用场景下，爬虫程序不仅是抓取检索网站的信息编制成索引便于其他用户访问，还往往抓取其他网站公开的各种数据，甚至是其他网站中用户生成的数据直接用于自己的商业行为。在数字经济时代，数据日益成为企业重要的生产要素，数据资源的获取与利用是极为重要的一种资源配置。网站经营者对数据的收集、整理等基本都付出了相应的人力、物力、财力和时间等经营成本。因此，在判断被诉行为是否违反商业道德时，需要结合 Robots 协议的应用场景展开。

对于搜索引擎场景，基于搜索引擎之于消费者的特定功能是降低搜索成本，满足互联网互联、互通、共享、开放的精神，故在进行经营者利益和社会公共利益的衡平上显然要更倾向于信息互联互通、信息共享等一方，从而对搜索引擎经营者设置 Robots 协议作出更严格的限制，如前述的百度公司与奇虎公司一案。

但在非搜索引擎场景下，则应该给予经营者此类行为更多的宽容。例如，在本案中，微梦创科公司通过 Robots 协议限制的“ToutiaoSpider”爬虫程序的应用场景并非搜索引擎服务，而是“微头条”等非搜索引擎应用场景。在此情况下，经营者显然无义务将自己网站的数据信息开放给非搜索引擎应用场景下的爬虫程序。允许网站经营者通过 Robots 协议对非搜索引擎应用场景下的抓取限制，正是网站经营者经营自主权的一种体现。

（二）非搜索引擎场景下的商业道德——个案判断

在网络不正当竞争纠纷中，不应简单笼统地对被诉行为是否符合行业

惯例和商业道德作出评价，而应将被诉行为置于其本应所属的行业及领域中，只有该行业及领域的行业惯例及商业道德才有对之进行评判考量的价值。正如“海带配额案”① 中，最高人民法院首次明确提出“经济人伦理标准”，即“商业道德要按照特定商业领域中市场交易参与者即经济人的伦理标准来加以评判，它既不同于个人品德，也不能等同于一般的社会公德，所体现的是一种商业伦理。经济人追名逐利符合商业道德的基本要求，但不一定合于个人品德的高尚标准；企业勤于慈善和公益合于社会公德，但怠于公益事业也并不违反商业道德”。

因此，对于非搜索引擎场景下的 Robots 协议限制抓取行为，不能当然引用前述《互联网搜索引擎服务自律公约》中的相关内容作为确定行业惯例的标准，而需要结合 Robots 协议设置方与被限制方所处的经营领域和经营内容，被限制的网络机器人应用场景，Robots 协议的设置对其他经营者、消费者以及竞争秩序的影响等多种因素进行综合判断。

在互联网环境中，信息互通和无阻碍分享在一定程度上有利于用户及时全面获取信息，能促进互联网行业快速发展。但是，互联网行业中的信息自由流动并非绝对无限，尤其是当数据成为重要的生产资料要素，不同网络经营者之间围绕数据的投入与收益需要尽可能划定边界，以确定各自的经营范围。因此，互联网行业中信息的自由流动应控制在合理范围内，即符合互联网行业诚信经营的商业道德；否则，将不利于鼓励商业投入与创新。据此，如果将爬虫程序用于非搜索引擎应用场景下，特别是将抓取到的经营者数据进行替代性或同质化利用，并没有实质上增加消费者福利，这显然不符合诚信经营的基本商业道德。此种情形下，经营者通过设置甚至针对性设置 Robots 协议限制抓取其数据，并不属于影响信息自由流动的不正当竞争行为。如本案中，微梦创科公司设置 Robots 协议限制字节跳动公司抓取新浪微博信息“移植”到“微头条”中，无论此种抓取行为

① 最高人民法院民事裁定书，(2009) 民申字第 1065 号。

是否合法，显然与搜索引擎对网站和网页信息的抓取不可同日而语。“微头条”与新浪微博性质和功能相似，除为快速“搬运”出另一个“新浪微博”创造条件外，并不会增加用户的服务体验、选择机会和知识增量，无法提升社会总的福利水平。

（三）经营者与消费者之间利益平衡的判断——价值取向

《反不正当竞争法》第 2 条第 2 款规定的不正当竞争行为，是指“经营者在生产经营活动中，违反本法规定，扰乱市场竞争秩序，损害其他经营者或者消费者的合法权益的行为”。相较于法律条文呈现的具体规定，权益平衡问题关注的是法律所确定的规范性行为模式背后的社会意义，而不是某一个案的胜负得失。[①] 反不正当竞争法作为规制市场竞争行为的法律，鼓励允许商业模式、经营方式以及竞争策略的创新与发展，才能实现商业创新与维护市场公平、自由竞争的动态平衡。而由于网络服务涉及用户数量广泛性、短时聚集性等特点，前述商业模式、经营方式以及竞争策略不仅关系经营者之间的竞争利益，更是与消费者整体福利等社会公共利益密不可分。因此，在判断网络经营者的竞争行为是否具有不正当性时，往往需要作出经营者与消费者之间利益平衡的考量。

在搜索引擎应用场景下，向用户提供快捷高效准确的搜索结果不仅是搜索引擎服务提供者服务水平和能力的体现，也是满足用户知情权、选择权等消费者利益的体现。在“百度公司诉奇虎公司不正当竞争纠纷案”中，百度公司对 Robots 协议的设置方式是以“白名单”的形式，区分希望抓取其相关网页内容的爬虫程序。在允许当时国内外主流搜索引擎程序抓取其网页内容的情况下，奇虎公司的搜索引擎程序未能被纳入“白名单”，无法抓取其相关网页内容，属于对奇虎公司采取的有针对性的限制抓取行为。虽然 Robots 协议本身赋予网站经营者决定设置允许抓取或不允许抓取技术标准的权利，但也应“遵循公平、开放和促进信息自由流动的原则”。

① 参见［英］尼尔·麦考密克：《法律推理与法律理论》，姜峰译，法律出版社 2005 年版，第 147 页。

在没有充分合理的理由允许百度公司拒绝奇虎公司的 360 搜索引擎抓取其相关网站信息的情况下，百度公司的相关行为在一定程度上造成使用 360 搜索引擎的用户获得搜索结果的信息减少，增加了用户的选择成本，减损了用户权益。因此，法院最终认定百度公司的行为构成不正当竞争。

但在非搜索引擎应用场景下，由于爬虫程序并非用于搜索引擎服务，而是用于具体的网络应用服务，故一般不需要更多干预经营者对其自身网站 Robots 协议限制抓取的设置。例如，本案中，字节跳动公司主张微梦创科公司设置 Robots 协议限制其抓取存在不正当性的理由主要是微梦创科公司针对性地设置 Robots 协议。但就其欲抓取以及实际抓取的新浪微博内容，并不属于为用户提供便捷高效的网络信息服务，只是将从新浪微博处“搬运”来的内容同质化地作为自己的服务内容提供给用户。此行为虽然在一定程度上扩大了用户对于微博内容的获取途径，但并没有实质上增加或改变用户获得信息的质与量。因此，综合衡量各方权益，在非搜索引擎应用场景下，应当对经营者所设置的限制抓取的 Robots 协议给予更多容忍。

（四）其他因素的考量

不正当竞争纠纷作为一类特殊的侵权纠纷，在判断被诉行为是否具有不正当性时，也要遵循侵权要件的判断规制，如被诉行为是否给原告造成了损失。在 Robots 协议限制抓取行为不正当案件中，虽然 Robots 协议客观上可能造成对包括被告在内的相关经营者的“歧视”，但针对限制他人抓取自己的网络数据“复制”网络服务这一行为而设置的 Robots 协议，因其并无技术措施效果，只是宣示性表示，故客观上无法阻止他人运用技术措施的抓取数据行为，一般不会产生实际的损害后果。

四、结论

随着网络技术的革新和网络竞争的加剧，Robots 协议在实际执行过程中需要更多强调区分应用场景的必要性。在非搜索引擎应用场景下，对于经营者按自主意愿设置限制抓取范围的 Robots 协议应给予较多容忍空间。

特别是在需要作出司法评价的情况下，更应本着谦抑原则，在尊重经营者自主经营权基础上，谨慎判断 Robots 协议设置的正当与否。当然，相关行业也可根据当前 Robots 协议的不同适用场景，推动 Robots 协议限制抓取行为边界的进一步明晰，重新定义相关行业惯例，以使纠纷出现时得以对商业道德作出更确定的判断。

一审法院合议庭成员：张　剑　杨文起　施章义

二审法院合议庭成员：谢甄珂　曹丽萍　郭　伟

编写人：北京知识产权法院　谢甄珂

北京市高级人民法院　曹丽萍

【专家点评】

一、该判决的审理思路

该案系非搜索引擎场景下 Robots 协议合法性的典型判决，明确了《反不正当竞争法》下数据爬取的正当性边界。法院从 Robots 协议的法律性质、使用场景两个角度，为互联网企业合法设置 Robots 协议提供了清晰的行为指引。

（一）Robots 协议系“中性”的技术规范

Robots 协议中的“Robots”（网络机器人）指的是遵循某种规则来自动抓取互联网数据的程序或脚本，也有“蜘蛛”“爬虫”等别称，而 Robots 协议则是规范和限制“Robots”而生。根据 Robots 协议官方网站（www. Robotstxt. org）的描述，网站所有者可以利用 Robots 协议指导他们的网站如何应对网络机器人，列明准许或禁止网络机器人抓取的网站内容，也可以列明准许或不准许抓取其网站内容的网络机器人，亦称“网络爬虫排除标准”（Robots Exclusion Protocol）。在表现形式上，Robots 协议体现为储存在网络站点的根目录下的 robots. txt 的文本文档，是一种约束爬虫程序的语法规则，通过代码的书写完成与爬虫程序的沟通和管理。所谓的“协议”（protocol）其实是和 TCP/IP 协议类似，都是互联网程序之间的技术规范，而非法律上的“协议”（contact）。基于此，Robots 协议并不是具有强制执行力的标准、合同或是法律规范，网络机器人识别该 Robots 协议后，无论是否遵守，Robots 协议都不会起到强制禁止访问的结果。正因如此，Robots 协议仅相当于一个“禁止进入”的告示牌，而并非一扇紧闭的大门。

法院在审理中，充分认识到 Robots 协议的技术特征，其法律评价较为“中性”，法院进一步指出：Robots 协议“不应作为一种互联网经营模式进行绝对化的合法性判断，而应结合 Robots 协议设置方与被限制方所处的经营领域和经营内容、被限制的网络机器人应用场景、Robots 协议的设置对其他经营者、消费者以及竞争秩序的影响等多种因素进行综合判断”。

（二）Robots 协议的合法性认定坚持场景区分原则

一审法院曾以“百度公司诉奇虎公司不正当竞争纠纷案”为依据，认定微梦创科公司的 Robots 协议造成网络用户无法完整地获取相关信息，人为设置网络信息正常流动的障碍，违反商业道德，损害了网络市场的竞争秩序，其行为构成不正当竞争。对此，二审法院坚持场景区分原则，辨明 Robots 协议在搜索引擎场景和非搜索引擎场景下不同的合法性判断规则。

1. 搜索引擎场景下 Robots 协议的合法性判定

2012 年 11 月 1 日，在中国互联网协会的牵头组织下，12 家互联网企业签署了《互联网搜索引擎服务自律公约》（以下简称《自律公约》）。该公约第 8 条规定：互联网所有者设置机器人协议应遵循公平、开放和促进信息自由流动的原则，限制搜索引擎抓取应有行业公认合理的正当理由，不利用机器人协议进行不正当竞争行为，积极营造鼓励创新、公平公正的良性竞争环境。根据《北京市高级人民法院关于涉及网络知识产权案件的审理指南》第 34 条的规定，《自律公约》中对 Robots 协议的约定被视为“行业协会或者自律组织根据行业特点、竞争需求所制定的从业规范或者自律公约”，因而可视为一种“公认的商业道德”。

在“百度公司诉奇虎公司不正当竞争纠纷案”中，法院认定百度公司在缺乏合理、正当理由的情况下，以对网络搜索引擎经营主体区别对待的方式，限制奇虎公司的360搜索引擎抓取其相关网站网页内容，并采取技术措施使网络用户使用360搜索引擎进行搜索并点击搜索结果栏中的百度内容链接时，访问被阻断并跳转到百度搜索引擎网站主页，从而影响360搜索引擎的正常运行，损害了奇虎公司的合法权益和相关消费者的利益，妨碍了正常的互联网竞争秩序，违反公平竞争、诚实信用原则和公认的商业道德，具有不正当性。

在搜索引擎场景下，Robots协议的设置应当以数据流通为原则，以限制数据流通为例外。这是因为，在世界数字化转型的格局下，"数据"已跃升为与土地、劳动、知识并驾齐驱的关键生产要素。数据的自由流通在实现数据驱动的增长和创新方面日益发挥重要作用，我国《数据安全法》亦申明了"数据跨境安全自由流动"的基本原则。网络机器人正是实现数据流通的重要方式，是搜索引擎须臾不可离的工具，用户借此可实现快速准确地查询所需要的信息。换言之，倘若没有网络机器人，网络用户必将迷失在浩如烟海的互联网信息之中。因此，在搜索引擎场景下，Robots协议主要用于降低被抓取网站流量负载压力，防止因网络爬虫程序频繁抓取、重复抓取而影响网站正常运行。除此目的外设置Robots协议就可能减少被限制搜索引擎的交易机会和竞争优势，增加用户自主选择成本，损害用户利益。

2. 非搜索引擎场景下Robots协议的合法性判定

随着搜索技术和网络应用的发展，网络机器人的适用场景不断扩展，已经从搜索引擎开始向风险控制、税务稽查、财务审计、精准营销、舆情分析、内容分发、网络态势感知以及科学研究等领域迈进。从某种意义上来说，网络机器人帮助企业开展经营活动，而不只是获得信息。从搜索引擎领域向非搜索引擎领域的转变，深刻改变了Robots协议的合法性判定标准。详言之，两种场景存在如下差异：

其一，网络机器人对被爬取网站的权益影响不同。作为向网络用户提供信息检索的服务，搜索引擎网络机器人是为提高用户获取信息的效率、促进信息自由流通而工作的。搜索引擎网络机器人一般只抓取网站的地址、关键字等信息，而非网站网页实质内容。其抓取数据通常并不会损害网站的利益，反而会给网站带来流量和用户等利益。相反，非搜索引擎网络机器人主要是通过获取其他运营者数据运用于自身的经营活动，不但无法给被爬取网站带来流量，还可能涉及侵害被爬取网站的知识产权和数据权益。

其二，网络机器人对网络用户的权益影响不同。搜索引擎网络机器人有助于降低用户的信息搜索成本，扩大消费者选择权。相反，非搜索引擎网络机器人对数据爬取并不必然增加消费者福利，特别是将抓取到的经营者数据进行替代性或同质化利用时，还会引发用户对信息来源的不当混淆。更重要的是，如相关数据涉及用户个人信息，非搜索引擎网络机器人的数据处理活动还可能侵害用户的对个人信息处理活动的知情权、决定权，以及使其难以行使查阅复制权、更正权、删除权等一系列权利。

基于此，二审法院认为：非搜索引擎场景应用的网络机器人，已经不像搜索引擎那样当然地对公众利益以及互联网的互联、互通、共享、开放的精神产生影响。在对网络机器人通过 Robots 协议加以限制时，不宜当然地借用搜索引擎的规则，即《自律公约》仅可作为搜索引擎服务行业的商业道德，而不能成为非搜索引擎场景通行的商业道德，一审法院将《自律公约》作为商业道德的参考显有不妥。实际上，在非搜索引擎场景中，被爬取网站对于数据的收集、整理等基本都付出了相应的人力、物力、财力和时间等经营成本，应当允许网站经营者通过 Robots 协议对其他网络机器人的抓取进行限制，这是网站经营者经营自主权的体现。因此，与搜索引擎场景迥然不同，非搜索引擎场景下 Robots 协议的设置应当以数据有限制流通为原则，以数据无限制流通为例外。

在该案中，字节跳动公司的“ToutiaoSpider”网络机器人不是应用于搜索引擎服务，而是用于内容服务产品，服务于“移植微博内容至今日头条”的目的。字节跳动公司负有证明其数据爬取具有合法性的责任。考虑字节跳动公司的爬取行为没有实质上增加消费者的消费体验，且构成对微博内容实质性替代，其行为欠缺法律上的合法性、正当性。

二、该判决的参考意义

在数字经济时代，数据日益成为重要的生产要素，数据资源的获取与利用是极为重要的一种配置资源。互联网行业中数据的自由流动应控制在合理范围内，符合互联网行业的商业道德，否则将不利于鼓励商业投入与创新。而Robots协议正是对于网站信息和数据如何流通和配置的重要表示，关系到网站的核心权益。该判决清晰指明，“Robots协议在某种意义上已经成为维系企业核心竞争力，维系市场有序竞争的一种手段”，这不啻为Robots协议赋予了更为重要的时代意义。在《反不正当竞争法》修改和《数据二十条》出台的背景下，该判决对于我国未来数据法律规则的成型有着重要的参考价值。

（一）细化数据相关反不正当竞争行为的认定标准

尽管我国《民法典》已经将“数据”纳入保护之下，希冀以此回应网络时代的挑战。但令人遗憾的是，受困于广泛的争议，法律并没有明确数据的法律定位及其保护方式。面对数据纠纷日益增多，法院不得不通过《反不正当竞争法》的一般条款予以回应，经营者利益、消费者利益和竞争秩序利益由此成为判断是否构成不正当竞争行为的“三重审查标准”。不过，由于经营者利益、消费者利益和竞争秩序利益均系不确定法律概念，司法实践亟待更具操作性的裁判规则。为此，《反不正当竞争法（修订草案征求意见稿）》第18条设计数据相关不正当竞争行为专条，禁止“经营者不得不正当获取或者使用其他经营者的商业数据，损害其他经营者和消费者的合法权益，扰乱市场公平竞争秩序”，并将“违反约定或者合理、正当的数据抓取协议，获取和使用他人商业数据，并足以实质性替代其他经营者提供的相关产品或者服务”列入其中。就此而言，该判决可谓对“合理、正当的数据抓取协议”（Robots协议）判断标准的进一步细化。

基于场景区分原则，搜索引擎领域的 Robots 协议可以根据《自律公约》设置，违反“公平、开放和促进信息自由流动的原则”的 Robots 协议可视为“不合理、不正当”；在非搜索引擎领域，则应当尊重网络经营者出于保护自身计算机信息系统安全、数据安全、知识产权、商业秘密、数据权益以及用户个人信息权益的考量，行使自主经营权而设置 Robots 协议。只有在他方充分证明网络机器人的数据爬取行为所带来的利益重于或压倒上述权益时，才能判定 Robots 协议“不合理、不正当”。

放宽视野看，搜索引擎场景和非搜索引擎场景的“二分法”，补充和完善了“百度公司诉奇虎公司不正当竞争纠纷案”的 Robots 协议设置规则，以更为宏观的视角平衡了互联网企业合法权益、公众利益以及互联、互通、共享、开放的互联网精神等多种法益之间的关系，回应了互联网行业新技术发展带来的规制需求。

（二）探索数据“三权分置”的权利内容

2022 年 12 月 19 日，中共中央、国务院发布《数据二十条》提出了“数据资源持有权、数据加工使用权、数据产品经营权三权分置”，为未来数据权利勾勒蓝图。但是，对于数据“三权分置”的权利内容，《数据二十条》并未给出明确的指引。该案判决书通过对 Robots 协议设置规则的确立，为企业数据权利内容进行了有益的探索。

一方面，在非搜索引擎领域，网络经营者设置 Robots 协议，限制他人任意爬取，系“数据资源持有权”的当然之义。依大陆法系的经典解释，“持有权”意味着权利人在物理上能自己支配数据，而且能够阻止其他人支配。[①] 鉴于数据无形无体的特征，上述支配权进一步演化为排他权，即权利人对于社会对抗一切之权能。据此，“数据资源持有权”即针对任何人得主张排除妨害、消除危险、返还原物和损害赔偿，任何人则均须负尊

① 参见［德］弗里德里希·卡尔·冯·萨维尼：《论占有》，朱虎、刘智慧译，法律出版社 2007 年版，第 4 页。

重义务，以保护数据免受任何不法之侵害。[①] 作为对世的消极防御权，持有权的行使以存在或曾经存在对数据的管领为前提。[②] 鉴于数据的无体特征，“管领”可细化为占有（possession）数据的存储载体，托管（custody）数据的存储和传输，或者控制（control）数据访问与处理权限。[③] 基于这一理解，网络经营者对其合法管领的数据有权通过 Robots 协议的方式单方限制他人的访问。

另一方面，在非搜索引擎领域，网络经营者在 Robots 协议中设立“黑名单”和“白名单”，系“数据加工使用权”的延伸。数据加工使用权可分为数据加工权和数据使用权：前者即通过数据清洗、抽取、转换、分析以及其他模型化处理，改变原数据集合的性质、内容，生成新数据集合的权利；后者即在不实质改变数据集合的前提下，对数据进行访问、复制、研究、审查、分析、评估、计算的权利。数据加工使用权的主体并不限于数据控制者，实践中，数据加工使用者与源权利人分离的情形比比皆是，由此衍生出第三人加工使用问题。因此，数据加工使用权与其界定为数据支配权，毋宁转型为“许可他人加工使用权”（right to license），即权利人就其数据集合有限授权他人使用。[④] 这种“有限性”体现为加工利用形式、目的的限定性，期限的限定性以及被许可人的限定性和许可方式限定性（独占、非独占、排他）。当前，一对一、一对众、多对多的数据许可已成为数据流通再利用的主要途径。[⑤] 网络经营者有权通过设置 Robots 协议，

---

① 参见［德］鲍尔、施蒂尔纳：《德国物权法》（上），张双根译，法律出版社 2004 年版，第 12 页。

② 参见章正璋：《我国民法上的占有保护——基于人民法院占有保护案例的实证分析》，载《法学研究》2014 年第 3 期。

③ Justin Hemmings, Justin Hemmings, Sreenidhi Srinivasan & Peter Swire, *Defining the Scope of "Possession, Custody, or Control" for Privacy Issues and the Cloud Act.*, 10 Journal of National Security Law and Policy Vol. 631, (2020).

④ 参见金耀：《数据治理法律路径的反思与转进》，载《法律科学（西北政法大学学报）》2020 年第 2 期。

⑤ 参见许可：《数据交易流通的三元治理：技术、标准与法律》，载《吉首大学学报（社会科学版）》2022 年第 1 期。

授权他人在一定范围内和一定条件下访问其数据，可谓数据许可他人加工使用权行使的典型形式之一。

许可*

【相关法条】

《中华人民共和国反不正当竞争法》

第二条第一款、第二款 经营者在生产经营活动中，应当遵循自愿、平等、公平、诚信的原则，遵守法律和商业道德。

本法所称的不正当竞争行为，是指经营者在生产经营活动中，违反本法规定，扰乱市场竞争秩序，损害其他经营者或者消费者的合法权益的行为。

---

* 许可，对外经济贸易大学副教授，对外经济贸易大学数字经济与法律创新研究中心主任。

十二、胡某诉上海携程商务有限公司侵权责任纠纷案

——国内“大数据杀熟”第一案

编者按

本案系消费者在App平台内订购高溢价房而引发的纠纷。本案中原告在面对被告掌控平台内所有数据且事先亦被告知要进行数据画像等商业利用的情况下，当得知支付了不合理高价订单时，对被告产生了“大数据杀熟”的疑虑，案件审理具有较高的社会关注度，被称为“国内大数据杀熟第一案”。但就本案而言，“大数据杀熟”与否，与本案被告的责任认定无关，且在个案中要论证平台经营者是否存在“大数据杀熟”具有一定困难，通过“大数据杀熟”更应强调的是平台经营者应履行的社会责任。本案裁判对电子商务平台经营者在平台内发布经营者高溢价信息时是否构成价格欺诈，是否构成侵害个人信息，以及在个案中如何把握消费者个人信息保护与数字经济发展的平衡等问题进行了有益探索，是处理类似问题的典型案例。

关键词

民事　平台经营者　欺诈　个人信息保护　数字经济发展

【裁判要旨】

平台经营者未依法以显著标识将自营业务与他营业务予以区分，未依法向消费者披露其所称的平台内经营者信息，对他营业务存在的风险未予告知。同时，对利用其平台发布高溢价房源信息、赚取高额利润的不当行为未尽有效监管，应依法认定构成欺诈。

平台经营者在处理个人信息时应恪守合法、正当、必要原则。平台经营者以“不同意就退出”等方式强制要求用户提供个人信息，且通过概括授权方式强制用户同意其收集、使用超出实现处理目的所必需的个人信息，或将为提供服务而获取的个人信息分享给其他经营者进行数据分析和商业利用等行为的，侵害了消费者的个人信息权益，应当承担民事责任。

【案件索引】

一审：浙江省绍兴市柯桥区人民法院（2021）浙0603民初790号

二审：浙江省绍兴市中级人民法院（2021）浙06民终3129号

【基本案情】

胡某于2016年在携程App上注册为用户，成为上海携程商务有限公司（以下简称携程公司）的钻石贵宾客户。依照携程公司对外宣传，钻石贵宾客户享有酒店会员价8.5折起等特权。2020年7月18日，胡某在携程App中预订了当天舟山希尔顿酒店豪华湖景大床房一间，订单金额为2889元，并于当天上午8:42付款完成。2020年7月18日上午8:53，酒店对外电话接到自称王先生的人来电，以胡某名义直接向酒店预订，房款1377.63元通过微信支付，且注明房价保密。2020年7月19日退房时，胡某要求酒店开具发票，发现酒店房价为1377.63元，胡某遂当即电话向携程公司客服反映，要求按此价格退差价，携程公司客服以潜在顾客名义致电舟山希尔顿酒店进行暗访，并于当日13:50向胡某退款1268元。

案涉订单系案外人帅某提前3日以王先生名义先行预订，但未付费。

帅某发现携程 App 上案涉房型房源中携程公司直采房型已销售完毕后，其通过张家口捷锐信息技术咨询服务有限公司（以下简称捷锐公司）在携程 App 代理商后台系统输入案涉房间价格 2600 元，该价格在附加携程公司收取的 10%服务费等费用后，展示在携程 App 平台上为 2889 元。等胡某通过该 App 下单并付款后，帅某联系案涉酒店更换入住房客为胡某，并支付费用。该 App 向胡某手机发送信息，除告知订单确认号、金额、服务电话等内容外，还有“特别提示：此单通过代理商预定，请直接报胡某办理入住”字样。携程公司按照代理商确定的 2600 元收取 10%的费用。

另根据携程公司自行公布的 2020 年第四季度及全年财务业绩载明该公司连续 3 年居全球在线旅游行业第一位。截至一审判决作出之日（2021 年 7 月 7 日），如新下载携程 App，页面直接跳出服务协议、隐私政策的温馨提示，并仅有两个选择：“同意并继续”“不同意并退出”。用户必须点击同意携程服务协议、隐私政策方能使用携程 App；如不同意，将直接退出携程 App。同时，携程 App 的服务协议、隐私政策含有对用户个人信息采集和使用条款，要求用户允许公司进行数据分析及商业利用。

胡某向一审法院提出诉请：（1）判令携程公司向胡某退还因欺诈销售而多支出的酒店预订款 243. 37 元；（2）判令携程公司向胡某按差额房费的三倍赔付，计为 4534. 11 元；（3）责令携程公司对此次销售欺诈在《中国消费者报》及“中国消费网”上向胡某赔礼道歉；（4）判令携程公司在其开发的携程 App 上增加选项，使客户不同意其服务协议和隐私条款时，仍能使用该 App。

【裁判结果】

浙江省绍兴市柯桥区人民法院于 2021 年 7 月 7 日作出（2021）浙 0603 民初 790 号民事判决：“一、携程公司于判决生效之日起十日内退还胡某订房差价 243. 37 元并按差额房费的三倍支付赔偿金 4534. 11 元；二、携程公司限于判决生效之日起三十日内在其运营的携程旅行 App 中为胡某增加不同意其现有《服务协议》和《隐私政策》仍可继续使用的选项，或者在判决生效之日起三十日内为胡某修订携程旅行 App 的《服务协议》和《隐私政策》，去除对用户非必要信息采集和使用的相关内容（修订版本需提交该院审定同意）；三、驳回胡某的其他诉讼请求。”

宣判后，携程公司提出上诉，浙江省绍兴市中级人民法院于 2021 年 12 月 31 日作出（2021）浙 06 民终 3129 号民事判决：“一、维持浙江省绍兴市柯桥区人民法院（2021）浙 0603 民初 790 号民事判决第一项，即上海携程商务有限公司于判决生效之日起十日内退还胡某订房差价 243. 37 元并按差额房费的三倍支付赔偿金 4534. 11 元；二、撤销浙江省绍兴市柯桥区人民法院（2021）浙 0603 民初 790 号民事判决第二项、第三项；三、驳回胡某的其余诉讼请求。”

法院生效裁判认为：第一，胡某通过携程 App 预订酒店的房价远高于门市价，携程公司对此构成欺诈。本案中，携程 App 上存在第三方代理商预先零费用囤房、择机翻倍加价的“倒房”行为，但携程公司在有义务、有能力、有必要对该不当行为进行监管的情况下，怠于履行平台主体责任，未进行有效监管具有过错。且未依法以显著标识将自营业务与他营业务予以区分，致使消费者陷入对交易对象的认知错误，继而又基于对携程公司的充分信赖而陷入对交易价格优惠的认知错误，携程公司应承担欺诈的惩罚性赔偿责任。

第二，对胡某要求携程公司对其 App 增加不同意服务协议、隐私政策仍可继续使用的选项之诉请不宜支持。本案中，携程公司存在侵害消费者个人信息权益的行为，其“强制且不指明具体内容”的信息收集方式违反有关处理个人信息的正当性原则；其对个人信息的收集超出所必需的信息范围，不符合对个人信息收集的最小范围原则；将信息分享给携程公司可随意界定的关联公司、业务合作伙伴进行数据分析和商业利用，不符合对个人信息最小损害原则。但民事责任的承担方式应与侵权行为相适应，且依法严格保护个人信息应当平衡信息提供者利益、数据平台使用者利益和公共利益。携程公司未对消费者个人信息肆意披露和以极端方式加以侵害，给其否定性评价并要求其承担惩罚性赔偿已可达到胡某使用携程 App 的预期效果和合同订立初衷。同时，必要的信息收集、积累和数据加工是数字经济发展的关键要素和核心竞争力。本案携程公司如果不收集胡某的姓名、手机、身份信息等就无法实现酒店预订的服务事项。如允许消费者不提供任何个人信息仍可使用携程 App 要求携程公司提供服务，系对携程公司的过分苛责。平台经营者会因此丧失支撑起经营模式的基础资源，也无法通过合理的数据处理更好地保障消费者利益。故对增加该 App 选项的诉请不予支持。

【案例注解】

随着数字经济的发展，网络平台经营者对消费者财产权益和个人信息权益侵权的现象逐渐增多。2021 年 8 月，我国首部《个人信息保护法》出台后，国家加大了对个人信息保护的力度，但在新业态经济高速发展的背景下，如何判定网络平台经营者发布高溢价信息是否构成欺诈，其对个人信息的处理是否构成侵害消费者个人信息权益，在个案中如何平衡保护个人信息权益和促进数字经济发展，使民事责任的承担方式与侵权行为相适应等，是目前亟须解决的问题。本案所处理的纠纷正是消费者使用平台 App 经常遭遇的问题，具有广泛的社会性，是公众高度关注的话题。生效判决从网络平台经营者负有以显著方式区分自营义务和他营义务为切入口，结合新业态下消费者对平台 App 过度信赖的现状，呈现此类案件构成欺诈的要件。同时，生效判决结合本案情况阐述了网络平台经营者处理个人信息的正当性原则、个人信息收集的最小范围原则、对个人信息最小损害原则。更为重要的是，生效判决提出了依法严格保护个人信息应当平衡信息提供者利益、数据平台使用者利益和公共利益，个案中民事责任的承担方式应与侵权行为相适应的理念。本案对平台经营者侵犯个人信息权益的认定，对规范广大平台经营者亦存在普遍意义。

一、对于携程公司作为平台经营者承担欺诈责任的认定

本案中，携程公司作为国内经营在线旅游、酒店预订的电子商务平台经营者，携程 App 中以自营各种旅行产品为主，同时允许第三方代理商在其 App 上发布产品，依法应当以显著方式区分标记自营业务和他营业务。但携程公司有违前述法定义务，表现在：（1）在携程 App 预订酒店时，由平台内经营者提供的房源信息旁仅有"代理"两个小字，携程公司自身无酒店客房，其自营业务为代理酒店销售客房。在此情形下，难以认定该"代理"二字能直接、准确、清晰地指向"第三方代理""他营""非自营"。（2）携程公司未在其 App 上公示平台内经营者信息，在携程 App 案涉酒店信息处、订单详情中均无任何有关第三方捷锐公司身份、资质、资信等信息或者链接公示，胡某在订购案涉酒店时无从得知捷锐公司的存在。且在酒店预订的过程中，携程公司自始至终以自己的名义与胡某进行沟通交流，足以使胡某陷入对交易对象的错误认识。再加之携程公司一直在消费者心目中营造"低价""放心"等品牌形象，以及携程公司在线上酒店预订行业中占据优势地位，使消费者有合理理由相信并充分信赖认为，在携程 App 上展示的 2889 元价格应当是低于或者至少是不高于酒店正常对外销售价格的，并基于此作出错误的意思表示。在携程公司作为携程 App 网络服务提供者，有义务、有能力、有必要对平台内经营者利用其平台发布高溢价房源信息、赚取高额利润的不当行为进行监管的情况下，携程公司怠于履行平台主体责任，未采取相应规制措施导致酒店客房高溢价销售，以致胡某遭受损失，对此具有明显的可责性，应承担欺诈的惩罚性赔偿责任。

二、对于本案中涉嫌"大数据杀熟"的分析

在个案中，要论证平台经营者是否存在"大数据杀熟"具有一定的困难，但就本案而言，"大数据杀熟"的确证与否与本案携程公司的责任认定无关。本案通过"大数据杀熟"的疑虑，更应强调的是平台经营者应履行的社会责任。电子商务平台的经营者，因平台内数据的传递高度依赖其提供的存储介质和传输通道，故其对电子商务平台和平台内的电子商务交易活动具有高度的支配力，如其可以关闭数据传输通道或者设置访问权限，使数据发出者无法发送数据或者令数据接受者无法接收信息。其可以对存储在其所控制的物理介质之上的数据进行删除、更正、补充，从根本上改变数据的内容，亦可在平台内预先设置一系列算法程序，相关算法程序会根据相关技术参数自动作出判断，生成相关数据并将其通过数据通道予以传输。具体到本案，携程公司掌握有案涉订单的所有数据信息，其可对第三方代理商报价的任何数据进行监管，可令第三方公司无法发布过高价格的数据，可根据胡某的交易习惯对其进行精准化推送，亦可将储存在平台上的订单数据进行修改或删除。故胡某作为一名普通消费者在面对携程公司掌控平台内所有数据且事先亦告知要进行数据画像等商业利用的情况下，当得知支付了不合理高价订单时，对携程公司产生“大数据杀熟”的疑虑合乎常理。携程公司作为一家在行业内占据优势地位，并在国内享有广泛知名度的数据企业，其理当应有更高的社会责任和使命。其在追求自身利益最大化的同时诚当兼顾广大消费者的合理需求，对其掌握的数据进行合理利用，对第三方代理商在平台发布的相关数据进行有效监管，并制定公平合理的交易规则以约束平台内经营者与交易相对人。此既是电子平台经营者的权利和义务，亦是其积极履行企业社会责任，提高企业社会认同度的应有之义。

三、平台经营者在使用个人信息时，应恪守合法性、正当性、必要性原则

个人信息包括自然人个人身份的任何生物性、物理性资料，包括自然人的身份、家庭、职业和社会交往、网络交易数据等物理性数据，还包括人体基因组成、生物学遗传密码等信息，并可进一步通过分析判断个人的性格，喜好等。因此，携程 App 出现的“强制且不指明具体内容”的信息收集方式不符合信息收集原则。信息作为一种特殊的资料，个人一经让渡，难以再行掌控，对后期加工行为甚至可能完全不知情。因此，平台经营者虽然通过消费者以“知情+同意”的方式，取得处理其个人信息的资格，但平台经营者的处理行为应当恪守合法性、正当性、必要性原则。

平台经营者处理个人信息的活动，不可避免地会对个人权益造成影响。在确保个人信息处理主要、核心目的的实现的情况下，在将信息加工提炼为数据以及在信息数据使用过程中，要以对个人信息影响最小的方式为之，要以个人信息让渡时个人的真实初衷和意愿为之，确保信息数据依法合理有效利用，以营造风清气正的网络空间，推动数字经济持续健康发展。平台经营者未尽前述注意义务，符合侵权行为构成要件的，应承担侵权责任。

四、民事责任的承担方式应与侵权行为相适应，个人权益的保护亦应考虑他人利益和公共利益，司法裁判应寻求各方利益的最佳平衡点，实现个人权益保护和社会经济发展相统一

根据《民法总则》第179条规定，民事责任有停止侵害、赔礼道歉、赔偿损失等责任形式，在案件中需根据原告诉请的一种或几种判定责任形式是否构成。本案中，携程公司的行为虽有过错，但对其行为给予否定性评价并要求其承担惩罚性赔偿已可达到胡某使用携程App的预期效果和合同订立初衷。一方面，携程公司的信息收集和使用虽有不当，但并未肆意披露和以极端方式加以侵害。案涉服务协议、隐私政策中除个别侵犯消费者个人信息权益的条款外，其他条款仍为合法有效，亦是互联网企业开展业务的前提和基础。若增加不同意使用信息仍可使用App的选项，实质上全盘否定服务协议、隐私政策内容，超出权利救济的必要范围，不仅关乎胡某利益，也关乎众多用户利益，在个案中应持谨慎态度。另一方面，胡某在使用携程App时同意服务协议、隐私政策，其个人信息已经为携程公司及其关联企业所掌控。个人信息经个人同意加工为信息数据后再删除要平衡信息提供者利益、数据平台使用者利益和公共利益。在大数据时代，必要的信息收集、积累和数据加工是数字经济发展的必然路径，也是平台经营者订立并履行合同的必然要求。信息采集和使用越慎重，个人信息许可的信任度越高，数字经济发展和个人正当利益扩大相得益彰。反之，数据野蛮采集和滥用必将导致个人信息许可的恐慌，最终导致信息采集渠道枯竭并影响社会公共利益。个人信息经个人自主决定让渡给平台经营者后，平台经营者将众多的个人信息收集、整理形成信息数据库。该信息数据库既关乎个人利益，也关乎平台经营者利益和公众利益。在删除或修改该信息时，要考虑其他个人信息提供者的同等待遇、替代责任方式的可行性、数字经济发展的公共利益是否受损及受损程度。否则，既是对其他个人信息提供者的不公平，也容易造成平台经营者过重的经营负担，并导致数字经济发展的基础数据受损和个人滥诉等损害公共利益和违反诚信行为的发生。因此，在司法裁判中，在依法严格保护个人信息时，应当平衡信息提供者利益、数据平台使用者利益和公共利益，考虑民事责任的承担方式与侵权行为相适应，对超出权利救济必要范围的诉请不宜予以支持。

一审法院合议庭成员：范　晟　宋兴婷　董纪林

二审法院合议庭成员：姚　瑶　梅　云　张百元

编写人：绍兴市中级人民法院　姚　瑶

【专家点评】

该案因消费者认为遭遇“大数据杀熟”而维权引起，受到社会广泛关注，被称为“大数据杀熟第一案”。该案两审法院根据消费者的主要诉请，明确了平台因服务价格远高于市场价格而可能构成欺诈的认定要件，可以为消费者同类案件维权提供了有力指引。在该案中，两审法院虽然分析了消费者对携程公司产生“大数据杀熟”疑虑的合理性，但认为携程公司“大数据杀熟”确证与否不影响对其责任的认定，因而并未对携程公司行为是否构成“大数据杀熟”作出认定，这实际并未正面回答在交易价格上实施差别待遇是否构成“大数据杀熟”的问题。此外，该案二审法院撤销了一审法院关于携程公司为胡某增加 App 选项的判决，但胡某的诉请其实直指现实生活中社会反映强烈的应用程序（App）“一揽子”授权、强制同意等问题。鉴于该案揭示的这些问题在实践中受到高度关注，近期我国相关立法有了新进展，具体法律适用也存在需要澄清之处，以下结合相关法律规定对这些问题作一简要评析。

一、平台因服务价格远高于市场价格而可能构成欺诈的认定要件

当通过平台接受服务的价格远高于市场价格时，如果消费者主张平台公司构成价格欺诈而承担相应责任，则应当按照欺诈构成要件结合具体案情予以审查判断。从该案来看，法院认为此时互联网平台构成欺诈是满足了以下要件：

1. 平台未尽到法定告知义务。该案中，携程公司未依法以显著方式区分标记自营业务和他营业务，未依法向消费者披露第三方代理商信息，对他营模式下存在的风险未予告知。这些所涉信息对消费者是否选择服务，是否全面了解服务的内容、费用等情况产生极为重要的作用，应当认定此时携程公司存有过错。

2. 消费者陷入错误认识作出不真实意思表示。该案中，携程公司因未履行告知义务，而且一直营造“低价”“放心”等品牌形象，使消费者有合理理由充分信赖并认为，在携程 App 上展示的价格应当是低于或者至少不高于酒店正常对外销售价格，使胡某陷入对交易对象的认知错误，继而又基于对携程公司的充分信赖而陷入对交易价格优惠的认知错误，最终作出不真实意思表示，实际支付了远高于门市价格的价款。

鉴于该案涉及平台内经营者，法院还着重指出平台怠于履行平台主体责任是产生欺诈的重要原因。该案中，携程公司作为携程 App 网络服务提供者，有义务、有能力、有必要对利用其平台发布高溢价房源信息、赚取高额利润的不当行为进行监管。但对于携程 App 上存在的第三方代理商预先零费用囤房、择机翻倍加价的“倒房”行为，携程公司怠于履行平台主体责任，未进行有效监管。

从学理上看，欺诈可以分为积极欺诈和消极欺诈两种类型，前者的特征是故意告知虚假情况，后者的特征是负有告知义务但隐瞒真实情况。该案法院主要分析了携程公司未尽到法定告知义务而构成消极欺诈，但从案情来看，携程公司在宣传营销和售后服务方面也存在一些告知虚假信息的情况，也构成积极欺诈。总之，当消费者通过平台接受服务的价格远高于市场价格时，如果平台在达成交易过程中未尽到告知义务而隐瞒真实情况

或者故意告知对方虚假情况，导致消费者陷入错误认知而作出不真实意思表示的，消费者可以主张平台公司承担欺诈责任。

二、在交易价格上实施差别待遇是否必然构成“大数据杀熟”

由于不影响该案主要诉请的判决，两审法院都没有对携程公司行为是否构成“大数据杀熟”作出认定，只是肯定了消费者产生此种疑虑有合理性。法院指出，胡某在携程 App 平台上的数据积累符合价格不敏感、高净值客户的形象，携程公司强制要求用户同意的隐私政策还明示要形成用户“画像”。胡某作为普通消费者在面对携程公司掌控平台内所有数据且事先亦被告知要进行数据画像等商业利用的情况下，当得知案涉订单支付了不合理高价时，在携程公司定价机制并不透明的情况下，对携程公司产生“大数据杀熟”的疑虑合乎常理。在此基础上，法院认为，携程公司作为在行业内占据优势地位且在国内享有广泛知名度的数据企业，理应负有更高的社会责任，改进提升自身的服务以消除消费者疑虑。

法院判决实际并未就在交易价格上实施差别待遇是否构成“大数据杀熟”作出明确回答。实践中有观点认为，只要在交易价格上实施差别待遇就会构成“大数据杀熟”。这涉及“大数据杀熟”应如何在法律上定性和认定。所谓的“大数据杀熟”，是社会公众对互联网平台利用大数据和算法对用户进行画像分析，从而收取不同价格等行为的概括性说法，并非一个严谨的法律概念。这里讨论是否构成“大数据杀熟”，准确地讲是讨论是否构成违反法律规定的“大数据杀熟”，为行文方便以下还是简称“大数据杀熟”。从相关法律规定来看，“大数据杀熟”可能违反《消费者权益保护法》第 10 条规定的“消费者享有公平交易的权利”以及第 16 条第 3 款中“不得设定不公平、不合理的交易条件”的禁止性规定。对于具有市场支配地位的平台经营者来说，该种行为还可能构成《反垄断法》第 17 条规定的滥用市场支配地位的垄断行为。

随着“大数据杀熟”社会关注度越来越高，近年来我国相关立法作出更多具有针对性的规定。2021 年 11 月施行的《个人信息保护法》第 24 条第 1 款规定：“个人信息处理者利用个人信息进行自动化决策，应当保证决策的透明度和结果公平、公正，不得对个人在交易价格等交易条件上实行不合理的差别待遇。”2022 年 3 月施行的《互联网信息服务算法推荐管理规定》第 21 条规定：“算法推荐服务提供者向消费者销售商品或者提供服务的，应当保护消费者公平交易的权利，不得根据消费者的偏好、交易习惯等特征，利用算法在交易价格等交易条件上实施不合理的差别待遇等违法行为。”此外，国务院反垄断委员会于 2021 年 2 月印发了《关于平台经济领域的反垄断指南》（以下简称《指南》），明确“大数据杀熟”可能构成滥用市场支配地位差别待遇行为，并就如何认定提供了具体指引，这对于认定一般情形下的差别待遇行为同样具有重要参考意义。

从这些规定来看，认定平台构成违法的“大数据杀熟”需要考虑以下要件：

1. 根据消费者的偏好、交易习惯等特征向消费者销售商品或者提供服务。偏好、交易习惯等特征也就是常说的对消费者的画像，而平台对消费者画像分析往往是基于其在交易或服务过程中收集的大量个人信息或相关数据。

2. 在交易价格等交易条件上对条件相同的消费者实施差别待遇。构成差别待遇的考虑因素，从《指南》的规定来看，应包括平台经济领域经营者基于大数据和算法，根据消费者的支付能力、消费偏好、使用习惯等，实行差异性交易价格或者其他交易条件；而平台在交易中获取的消费者的隐私信息、交易历史、个体偏好、消费习惯等方面存在的差异不影响认定消费者条件相同。

3. 实施差别待遇没有合理的理由。而合理的理由，从《指南》的规定来看，包括针对新用户在合理期限内开展的优惠活动，基于平台公平、合理、无歧视的规则实施的随机性交易等，此时不应当被认定为差别待遇行为。

综上可知，在交易价格上实施差别待遇，只是认定平台构成“大数据杀熟”的必要条件，是否构成还要看平台实施差别待遇是否具有合理理由。一般来看，这种合理理由的举证责任应当由平台经营者承担。我国近期立法进展为消费者遭遇“大数据杀熟”后及时有效维权提供了更充分的法律依据。当然，很多规定的具体适用仍有待在司法裁判中进一步探讨和明确。

三、对于应用程序以“一揽子”授权、强制同意等方式侵权应如何救济

从“大数据杀熟”的构成特征来看，基于大量个人信息等数据对消费者进行画像是实施不合理差别待遇的基本前提。因此，有效保护个人信息是避免消费者遭受“大数据杀熟”的重要手段。这正是原告以被告采集其个人非必要信息进行“大数据杀熟”为由向法院提起诉讼的原因所在。原告由此诉请携程 App 为其增加不同意其现有服务协议、隐私政策仍可继续使用的选项，一审法院支持了该项诉请，但二审法院撤销了一审法院的此项判决。

二审法院的理由在于：虽然该案中携程公司存在侵害消费者个人信息权益的行为，但民事责任的承担方式应与侵权行为相适应，且依法严格保护个人信息应当平衡信息提供者利益、数据平台使用者利益和公共利益。具体而言，携程公司未对消费者个人信息肆意披露和以极端方式加以侵害，对其行为给予否定性评价并要求其承担惩罚性赔偿已可达到胡某使用携程 App 的预期效果和合同订立初衷；必要的信息收集、积累和数据加工是数字经济发展的关键要素和核心竞争力，携程公司不收集原告的姓名、手机、身份信息等就无法实现酒店预订的服务事项，如果允许消费者不提供任何个人信息仍可使用携程 App 服务，系对携程公司的过分苛责，平台经营者将因此丧失支撑其经营模式的基础资源，也无法通过合理的数据处理更好地保障消费者利益。

笔者完全赞同二审法院的该项判决和说理。对于原告提出的诉请，在《个人信息保护法》尚未生效之前，在只能依据《民法总则》和《网络安全法》“网络运营者收集、使用个人信息，应当遵循合法、正当、必要的原则”等原则性规定的情况下，二审法院从“责任承担与侵权行为相适应”“个人利益与平台利益、公共利益相平衡”两个方面展开，在认定被告侵权的同时对不支持原告增加 App 选项的诉请进行了具有创造性的充分说理，探索了应用程序（App）场景下个人信息保护的规则和界限，这种平衡个人信息保护与产业发展的司法理念值得高度肯定。该案判决的探索也为类案裁判和相关立法提供了良好的司法实践经验。

也应该看到的是，原告的诉请其实直指现实生活中社会反映强烈的应用程序“一揽子”授权、强制同意等问题，该案所认定的携程公司侵害消费者个人信息权益的行为，包括“强制且不指明具体内容”的信息收集方式，对个人信息的收集超出所必需的信息范围，将信息分享给携程公司可随意界定的关联公司、业务合作伙伴进行数据分析和商业利用等，正是这些问题的具体体现。对这些问题的有效解决，从该案判决来看，仅停留在原则性规定层面的《民法总则》《网络安全法》等已经捉襟见肘，无法适应当事人救济和司法裁判的现实需要。这也从侧面反映我国及时制定出台《个人信息保护法》的必要性和重要性。

而对于该案所涉及的社会反映强烈的“一揽子”授权、强制同意等问题，《个人信息保护法》作出了一系列针对性规定。在个人信息处理应遵循的基本原则方面，强调处理个人信息应当遵循合法、正当、必要和诚信原则，具有明确、合理的目的并与处理目的直接相关，采取对个人权益影响最小的方式，限于实现处理目的的最小范围，公开个人信息处理规则，保证信息质量，采取安全保护措施等。在个人信息处理规则方面，特别要求个人信息处理者在处理敏感个人信息、向他人提供或公开个人信息、跨境转移个人信息等环节应取得个人的单独同意，明确个人信息处理者不得过度收集个人信息，不得以个人不同意为由拒绝提供产品或者服务，并赋予个人撤回同意的权利。在个人撤回同意后，个人信息处理者应当停止处理或及时删除其个人信息。此外，对于应用程序（App）过度收集个人信息等新问题，在总结国家网信办等四部门 App 违法违规收集使用个人信息专项治理经验的基础上，除上述规则的完善外，还明确规定履行个人信息保护职责的部门应当组织对应用程序等个人信息保护情况进行测评、公布测评结果；对违法处理个人信息的应用程序，应当责令暂停或者终止提供服务。这些坚持问题导向的制度设计，不仅有助于切实解决“一揽子”授权、强制同意等顽疾，也极大增强了我国个人信息保护法律规范的系统性、针对性和可操作性，从而有利于实现在保障个人信息权益的基础上，推动我国数字经济持续健康发展。

刘金瑞*

【相关法条】

《中华人民共和国民法典》

第一百一十一条 自然人的个人信息受法律保护。任何组织或者个人需要获取他人个人信息的，应当依法取得并确保信息安全，不得非法收集、使用、加工、传输他人个人信息，不得非法买卖、提供或者公开他人个人信息。

第一百七十九条 承担民事责任的方式主要有：

（一）停止侵害；

（二）排除妨碍；

（三）消除危险；

（四）返还财产；

（五）恢复原状；

（六）修理、重作、更换；

（七）继续履行；

（八）赔偿损失；

（九）支付违约金；

（十）消除影响、恢复名誉；

（十一）赔礼道歉。

法律规定惩罚性赔偿的，依照其规定。

---

* 刘金瑞，中国法学会法治研究所研究员。

本条规定的承担民事责任的方式，可以单独适用，也可以合并适用。

《中华人民共和国电子商务法》

第九条 本法所称电子商务经营者，是指通过互联网等信息网络从事销售商品或者提供服务的经营活动的自然人、法人和非法人组织，包括电子商务平台经营者、平台内经营者以及通过自建网站、其他网络服务销售商品或者提供服务的电子商务经营者。

本法所称电子商务平台经营者，是指在电子商务中为交易双方或者多方提供网络经营场所、交易撮合、信息发布等服务，供交易双方或者多方独立开展交易活动的法人或者非法人组织。

本法所称平台内经营者，是指通过电子商务平台销售商品或者提供服务的电子商务经营者。

第十五条 电子商务经营者应当在其首页显著位置，持续公示营业执照信息、与其经营业务有关的行政许可信息、属于依照本法第十条规定的不需要办理市场主体登记情形等信息，或者上述信息的链接标识。

前款规定的信息发生变更的，电子商务经营者应当及时更新公示信息。

第二十三条 电子商务经营者收集、使用其用户的个人信息，应当遵守法律、行政法规有关个人信息保护的规定。

第三十七条第一款 电子商务平台经营者在其平台上开展自营业务的，应当以显著方式区分标记自营业务和平台内经营者开展的业务，不得误导消费者。

《中华人民共和国网络安全法》

第四十一条 网络运营者收集、使用个人信息，应当遵循合法、正当、必要的原则，公开收集、使用规则，明示收集、使用信息的目的、方式和范围，并经被收集者同意。

网络运营者不得收集与其提供的服务无关的个人信息，不得违反法律、行政法规的规定和双方的约定收集、使用个人信息，并应当依照法律、行政法规的规定和与用户的约定，处理其保存的个人信息。

《中华人民共和国消费者权益保护法》

第八条 消费者享有知悉其购买、使用的商品或者接受的服务的真实情况的权利。

消费者有权根据商品或者服务的不同情况，要求经营者提供商品的价格、产地、生产者、用途、性能、规格、等级、主要成份、生产日期、有效期限、检验合格证明、使用方法说明书、售后服务，或者服务的内容、规格、费用等有关情况。

第二十条第一款、第二款 经营者向消费者提供有关商品或者服务的质量、性能、用途、有效期限等信息，应当真实、全面，不得作虚假或者引人误解的宣传。

经营者对消费者就其提供的商品或者服务的质量和使用方法等问题提出的询问，应当作出真实、明确的答复。

第二十九条第一款 经营者收集、使用消费者个人信息，应当遵循合法、正当、必要的原则，明示收集、使用信息的目的、方式和范围，并经消费者同意。经营者收集、使用消费者个人信息，应当公开其收集、使用规则，不得违反法律、法规的规定和双方的约定收集、使用信息。

第五十五条第一款 经营者提供商品或者服务有欺诈行为的，应当按照消费者的要求增加赔偿其受到的损失，增加赔偿的金额为消费者购买商品的价款或者接受服务的费用的三倍；增加赔偿的金额不足五百元的，为五百元。法律另有规定的，依照其规定。

十三、北京四维图新科技股份有限公司诉北京奇虎科技有限公司等著作权及不正当竞争纠纷案

——导航电子地图数据的法律保护第一案

编者按

本案是国内首例明确导航电子地图数据法律地位与性质的司法判例。互联网技术的发展，加快了传统企业的技术变革，极大地便利了人们的社会生活。地图企业将传统地图与计算机技术和互联网技术相结合，形成导航电子地图和地理信息产业，也改变了地图的形态和地图产业的结构。互联网技术背景下的导航电子地图数据能否获得我国《著作权法》的保护，既关乎地图产业能否明晰产权，从而促进行业的健康持续发展，同时对于理解《著作权法》中“独创性”概念，尤其是事实性作品的独创性，也有重要的意义。本案判决对此作出了有益的示例。本案明确将客观地形地貌采集的数据进行加工处理后得到的具有独创性的地图数据图形化表达，可以成为《著作权法》保护的地图作品。

关键词

导航电子地图　地图数据　地图作品

【裁判要旨】

涉案导航电子地图的“独创性”主要表现在将具体地物、地貌、信息点等绘制到地图上的过程中，根据地图使用目的、地图比例尺及相关测量规范等要求，对地物、地貌、信息点以及地物、地貌的绘图颜色、标注方式等进行选择和取舍。导航电子地图的各图层都有图形化表达，且表达方式符合我国《著作权法》关于“独创性”的要求。因此，导航电子地图应属于我国《著作权法》规定的图形作品中的地图作品。

导航电子地图数据是四维图新公司通过数字化的测绘设备针对客观地形地貌采集得到的电子数据。地图数据是导航电子地图的核心，具有较高的经济价值。四维图新公司对地图数据的采集、整理、加工付出了实质性投入。

三被告未经许可擅自使用涉案导航电子地图的图形化表达与地图数据的行为，侵犯了四维图新公司对导航电子地图所享有的著作权。

【案件索引】

一审：北京市海淀区人民法院（2016）京 0108 民初 27234 号

二审：北京知识产权法院（2019）京 73 民终 1270 号

【基本案情】

北京四维图新科技股份有限公司（以下简称四维图新公司）是国内领先的综合地理位置服务提供商，开发生产包括导航电子地图-D007（四维图新数据）、导航电子地图-D008（四维图新数据）等多种电子地图。2014 年 7 月，四维图新公司与被告北京秀友科技有限公司（以下简称秀友公司）签署了共同打造位置服务及相关产品的合作协议，约定四维图新公司提供秀友公司所需的地图及相关数据，四维图新公司提供的数据为 MIFG 格式地图数据产品，数据内容包括 MIF—G 车导标准基础内容及 MIF—G 附件内容，数据覆盖范围为全国现有 31 省市及我国香港特区和澳门特区。秀友公司可将地图数据产品用于自有网站——“我秀中国”网站（www.ishowchina.com）Web端、网站移动App端在线及离线地图应用。“我秀中国”网站可以向企业和公众提供互联网地图位置（WEB和移动端）API服务，不包含任何脱离网站平台及网站服务的其他应用。合作协议还约定，未经四维图新公司书面同意，秀友公司不得以任何形式擅自转发或转卖四维图新公司的数据产品。

在合同履行过程中，秀友公司超出合作协议约定，向被告北京奇虎科技有限公司（以下简称奇虎公司）提供涉案地图数据。奇虎公司未经许可，擅自将从秀友公司处获得的上述地图数据，通过渲染、美化图形色彩，添加、修改部分地理信息标注和绘制的方式，形成互联网地图，应用到其经营的360网站及App中，供用户使用。被告立得空间信息技术股份有限公司（以下简称立得公司）未经许可，复制涉案地图数据，将“我秀中国”网站地图送审测绘局。

【裁判结果】

北京市海淀区人民法院于2018年12月28日作出（2016）京0108民初27234号民事判决，认定涉案导航电子地图数据并未包括一个已被稳定地固定在有形载体上的电子地图，即使在部分数据上体现出一定的个性化选择，也并不足以认定四维图新公司对整个地图数据享有著作权。秀友公司、奇虎公司、立得公司的行为，不构成侵害著作权及不正当竞争。据此，一审法院判决驳回四维图新公司的全部诉讼请求。

四维图新公司不服，提起上诉。

北京知识产权法院认定秀友公司、奇虎公司、立得公司侵害了四维图新公司的著作权。二审法院判决撤销一审判决，改判奇虎公司、秀友公司赔礼道歉、消除影响；奇虎公司、秀友公司、立得公司连带赔偿四维图新公司经济损失1000万元及为制止侵权行为支付的合理费用50万元。

法院生效裁判认为：四维图新公司开发生产的导航电子地图，是一系列以 MIF 格式文件形式存储的电子数据。通过地图软件打开后，呈现图形化表达的道路、水系、建筑等地理要素。导航电子地图的“独创性”主要表现在，根据地图使用目的、地图比例尺和相关测量规范等要求，对地物、地貌、信息点的选择和取舍以及对地物、地貌的绘图颜色、标注方式的选择取舍。导航电子地图虽然在存储形式上有特殊性，但仍然是以图形化要素说明地理信息的地图，故导航电子地图属于《著作权法》保护的地图作品。

【案例注解】

本案是国内首例明确导航电子地图数据法律地位与性质的司法判例。互联网技术的发展，加快了传统企业的技术变革，极大地便利了人们的社会生活。地图企业将传统地图与计算机技术和互联网技术相结合，形成了导航电子地图和地理信息产业，也改变了地图的形态和地图产业的结构。与传统地图表现形式不同，本案中四维图新公司主张的导航电子地图，不是将具有颜色标注的纸质地图电子化后形成的电子地图，而是通过数字化的测绘设备，将客观地形地貌采集的数据进行加工处理后得到的地图数据。导航电子地图表现为一系列按照图层结构储存的 MIF 格式文件，通过地图编辑软件 MapInfo 打开后，地图数据呈现可识读的地图形式，也称为基础地图。导航电子地图数据是导航终端产品应用的数据基础，具有制作成本高、经济价值高的特点。

导航电子地图和地图产业的发展，让地图作品与著作权基本原则之间的内在冲突更加凸显。互联网技术背景下的导航电子地图数据能否获得我国《著作权法》的保护，既关乎地图产业能否明晰产权，从而促进行业的健康持续发展，同时对于理解《著作权法》中“独创性”概念，尤其是事实性作品的独创性也有重要意义。本案判决对此作出了有益的示例。

一、导航电子地图数据的内容和表现形式

互联网技术的发展，加快了传统企业的技术变革，地图企业将传统地

图与计算机技术和互联网技术相结合，形成了导航电子地图和地理信息产业，改变了地图的形态和地图产业的结构。根据《导航电子地图安全处理技术基本要求》（GB 20263—2006）的规定，导航电子地图是指含有空间位置地理坐标，能够与空间定位系统结合，准确引导人或交通工具从出发地到达目的地的电子地图或数据库。①

我国导航电子地图研究始于 1996 年，国家测绘局、四维图新公司、丰田集团启动了中国导航系统试验研究项目。导航电子地图出现早期依托于车载导航仪和手持导航仪，主要面向的用户是汽车用户。与传统纸质地图相比，导航电子地图可以根据用户需求旋转，改变比例尺、显示地理要素，并且有一定的搜索和路线计算功能。

2009 年以后，导航电子地图与互联网技术相结合，发展出互联网地图。根据《互联网地图服务专业标准》规定，互联网地图是指登载在互联网（包括无线互联网）上或者通过互联网发送的基于服务器地理信息数据库形成的具有实时生成、交互控制、数据搜索、属性标注等特性的电子地图。② 与传统的导航电子地图相比，互联网地图的终端由车载导航仪、手持导航仪等专业设备扩展到手机等通用移动设备。除了具备导航电子地图的一般功能，互联网地图具有实时性、交互性等互联网特性。

2018 年以后，自动驾驶需求兴起，这对地图的精确度和承载的信息量提出更高的要求，高精度地图应运而生。高精度地图是指绝对精度和相对精度在亚米级且专门服务于自动驾驶汽车的电子地图，主要拥有匹配定位、辅助环境感知、路径规划和车辆控制辅助的基本功能。③ 与互联网地

① 《导航电子地图安全处理技术基本要求》第 3.2 条规定："导航电子地图是指含有空间位置地理坐标，能够与空间定位系统结合，准确引导人或交通工具从出发地到达目的地的电子地图及数据集。"

② 《互联网地图服务专业标准》备注 1 规定："互联网地图，是指登载在互联网上或者通过互联网发送的基于服务器地理信息数据库形成的具有实时生成、交互控制、数据搜索、属性标注等特性的电子地图。"

③ 参见吴喜庆、吴征、周怡博：《我国高精度地图产业发展现状及政策建议》，载《汽车文摘》2022 年第 7 期。

图对比，高精度地图的绝对坐标精度更高。普通导航电子地图的绝对坐标精度在10米左右，而自动驾驶需要亚米级别的精确定位，高精度地图的绝对精度一般都会在厘米级。① 高精度地图增加了车道属性相关（车道线类型、车道宽度等）数据，高架物体、防护栏、树、道路边缘类型，路边地标等大量目标数据，能够明确区分车道线类型、路边地标等细节。

与传统地图不同，导航电子地图不是将具有颜色的纸质地图电子化后所形成的地图，而是具有地理测绘资质的公司采取数字化的方法，将客观地理信息采集加工形成地图数据，送到国家测绘地理信息局的审图部门进行审核批准获得审图号，具有审图号的地图数据被称为导航电子地图，也称为基础地图。导航电子地图的地理信息主要包括道路、背景、道路边界、水系形状、语音等多种要素信息。② 导航电子地图数据按照图层结构，存储于各个MIF格式的文件夹中。地图数据通过地图编辑软件MapInfo打开后，所展示的基础地图是由点、线、面等基本构图要素组成的图形，图形内容涉及地域内的道路、背景、建筑物、水系形状等多种地理要素信息。尽管由地图编辑软件打开后，地图数据已经形成可识读的地图形式，但是其所展示的地图与终端用户日常生活中使用的高德地图、百度地图等互联网地图有较大差别。公众应用服务提供商通过购买使用导航电子地图数据，在地图数据的基础上，经过选择、加载、渲染等工作后，形成可向企业和个人提供位置服务的互联网地图。

本案中，四维图新公司主张著作权的地图数据存储在光盘中，光盘中包含有多个图层的文件夹，该图层包括但不限于：道路图层、背景图层、功能面、POI、显示文字及附加文件等。除上述数据外，四维图新公司向秀友公司交付当期数据产品之时，需同时交付当期产品规格书等。该规格

① 沈晨等：《高精度地图在智能导航中的研究及应用》，载《电子技术与软件工程》2021年第17期。

② 参见闫光慧：《电子地图中地图数据的著作权保护研究》，中国政法大学2019年硕士学位论文，第10页。

书及相关资料中记载了四维图新公司光盘中各文件夹的详细信息及各文件夹之间、各地图要素之间的匹配关系，为四维图新公司地图数据产品不可或缺的一部分。

二、导航电子地图数据的著作权保护

我国《著作权法》保护的是作品独创性表达，确定了作品的独创性要求。独创性也是划定著作权权利保护范围与公有领域的边界。

我国《著作权法实施条例》（2013 年修订）第 2 条对于作品的定义是"文学、艺术和科学领域内具有独创性并能以某种有形形式复制的智力成果"。根据前述定义，作品的构成要件为：（1）文学、艺术和科学领域内；（2）具有独创性；（3）以某种有形形式复制的智力成果。

其中，"独创性"是《著作权法》对作品的核心要求。对于独创性的概念，一般从两个角度理解：其一为"独"，即"独立创作"；其二为"创"，即表达具有一定程度的智力创造性。[①] "独立创作"是一个是或否的事实判断，而"有一定程度的智力创造性"则包含对创造性高低的价值判断。即表达能够体现作者独特的智力判断与选择，展示作者的个性。[②]

"以有形形式复制"是指作品只能是可以被客观感知的外在表达，[③] 而不能是抽象的思想、概念等。"以有形形式复制"强调的是可以被客观感知，而对表达的具体形式不加限制。

如前所述，导航电子地图数据承载的地理信息，与传统平面地图有很大区别。导航电子地图数据在 MIF 文件格式中，以不同的图层形式存储，除了各个图层，地图数据还包括与图层相关的兴趣点、文字注记等。导航电子地图数据客观性、精确性的特点以及其特殊的存储和表现形式，带来了导航电子地图数据是否能"以有形形式复制"，是否具有"独创性"，能否构成地图作品的疑问。

---

① 王迁：《著作权法》，中国人民大学出版社 2015 年版，第 27 页。
② 王迁：《著作权法》，中国人民大学出版社 2015 年版，第 27 页。
③ 王迁：《著作权法》，中国人民大学出版社 2015 年版，第 17 页。

（一）导航电子地图数据具备独创性

导航电子地图数据独创性认定的主要障碍，是其与客观地理要素和事实的区分。导航电子地图数据本身的功能是为终端用户使用的互联网电子地图提供数据基础。在实际应用中，为了便于公共应用服务提供商可根据不同的应用需求在地图数据上进行后续的选择、调用、加载、渲染处理，地图数据在表达上对颜色的选择和编排非常有限。地图数据分图层存储于各个文件夹内，未形成完整的地图，其打开成图后，过于简单的点、线、面等表现形式，也会使人认为是真实地貌的客观数据。导航电子地图数据的存储方式、表达形式和功能，使其与客观地理要素的界限不易区分，造成法院对独创性标准的判定困难。本案中，一审法院认为，即使在部分数据上体现出一定的个性化选择，也并不足以认定四维图新公司对整个地图数据享有著作权。

2010年《著作权法》[①] 第3条第7项中将地图作品与工程设计图、产品设计图、示意图等一并规定为图形作品。2010年《著作权法》作出这种规定是考虑这些类型的作品具有以图形化的方式反映一定的科学原理、结构的特点。《著作权法实施条例》则针对图形作品的这一特点，对图形作品的内涵作了进一步明确。其中，地图被定义为“反映地理现象的作品”[②]。从2010年《著作权法》和《著作权法实施条例》对地图作品的规定可以看出，我国立法区分了地图以及其他图形作品与同为视觉表达的美术作品的不同：前者的特点在于具有相当强的科学性或技术性，有实用功能或可以反映一定的客观事实，而后者则主要发挥审美功能。

在司法实践中，法院根据前述法律法规的规定认定传统电子地图构成作品时，一般从地图的构图方式、地理要素的选择、颜色标注的选择等方

① 案例所述侵权行为于2017年停止，故适用2010年《著作权法》。

② 《著作权法实施条例》第4条规定：“著作权法和本条例中下列作品的含义……（十二）图形作品，是指为施工、生产绘制的工程设计图、产品设计图，以及反映地理现象、说明事物原理或者结构的地图、示意图等作品……”

面来考察地图作品的独创性，将功能性的、反映客观事实的部分从表达中剔除。

对于传统电子地图而言，其受《著作权法》保护的独创性主要表现为在测量及绘图过程中，把地域范围内的客观地理要素、地理信息通过测绘记录于载体上，并且根据使用者对地理信息的不同需求，按照一定的地图比例尺及测量规范标准对繁杂的客观地理要素、地理信息进行筛选、取舍、编排。客观地理要素的数量繁多和地图容量的有限性决定了地图创作者在制图的过程中，必然要对测绘中记录的地理要素进行筛选、取舍、编排。这一筛选、取舍、编排的过程就是地图创作者智力创作的过程。电子地图的独创性即体现在对地理要素信息的筛选、取舍、编排方式上。

在电子地图的绘制和表达方式上，同样可以体现地图创作者个性化的表达。即便存在统一的技术规范，因为测量方法或记录表达方式的不同，也会导致创作的差异。对于同样的地理信息，不同的创作者采用的绘制和表达方式不尽相同，如对建筑物颜色的选择、道路边界标记方式的选择、水系形状的描绘等。创作者在地图创作过程中独立的选择和编排就构成了地图作为具有独创性的作品而受到著作权法保护的依据。

随着技术的发展，导航电子地图出现了不同于传统平面地图的新特点。导航电子地图服务于导航目的，往往不具有固定的比例尺，可以比例缩放，并且可以根据用户需求旋转，改变图例、颜色。同时，为了满足准确、即时导航的需求，电子导航地图对地图的测绘精度、绘制技术、更新频次等方面提出更高的要求，制作成本远高于传统平面地图。因此，在导航电子地图的独创性的认定中，应当在传统地图独创性考虑因素基础上进行调整，更多考虑地图价值的核心，即对客观地理信息的测量、取舍。

有观点认为，导航电子地图多图层、多文件、逻辑化的存储方式使导航电子地图更类似于数据库，其独创性也体现在对地理信息数据的选择、编排上。因此，即使可以作为著作权的客体，也应属于汇编作品，而非地图作品。法院认为，选择和编排是作品创作的通用过程，而非汇编作品的特征。如果独创性的选择或编排形成的是能够独立表现思想或文艺美感的内容，则选择或编排仅是创作我国《著作权法》第3条各类作品的手段，并不产生汇编作品。对导航电子地图而言，每个图层都有其图形化表达，在满足独创性要求的情况下，都可以成为著作权法所保护的地图作品。即使个别信息点不以图形化的形式存在，也是依附于图形化地图用于解释、说明地图的内容，不足以改变其地图作品的整体定性。因此，导航电子地图虽然在存储形式上有特殊性，但仍然是以图形化要素说明地理信息的地图，应属于著作权法体系中的地图作品的范畴。

本案中，四维图新公司作为基础地理信息数据采集商，通过外业采集形成基础地理信息数据，将基础地理信息数据以计算机语言的方式形成MIFG格式的电子地图数据产品并存储于电子光盘中。四维图新公司向秀友公司交付的电子光盘包括道路、建筑、水系、桥梁、绿地、POI数据等文件夹，通过地图软件MapInfo打开道路、建筑、水系、桥梁、绿地任一文件夹，都会形成数个由线条构成的图形。

四维图新公司选取了道路、建筑、水系、桥梁、绿地五个部分中的89个图形作为示例，经过对比，其主张的导航电子地图的独创性体现在以下方面：

(1) 对于地图中地物、地貌、地点的选择和取舍。涉案导航电子地图将具体地物、地貌、信息点等客观地理信息测量到地图上的过程中，对于地物、地貌、地点、信息点等客观地理信息的选择和取舍，体现了制图者的个性化表达，具有独创性。例如，涉案导航电子地图中安徽合肥新海大厦高速路右侧一条道路显示为矩形道路。使用涉案导航电子地图的图吧地图有此道路，未使用涉案导航电子地图的高德地图没有此道路。通过观察实景图可以看出，涉案导航电子地图中的矩形道路为合肥小康汽车销售公司厂房范围的道路。可见，该道路信息可由制图者自由选择是否通过图形方式表达在地图上。四维图新公司对该道路的选择、取舍，体现了其独创性的表达。

（2）对于地图中相同地物、地貌绘制时，对客观地物地貌、绘图颜色的不同选择，会产生地理事物不同的表达。对于客观地理信息中相同的地物、地貌，不同制图者选择不同颜色的表达，体现了独创性。例如，涉案导航电子地图中关于北京东四十条桥道路图，对于环形路中间位置的绿地部分采用了绿色图示。使用涉案导航电子地图的图吧地图亦有绿色图示，未使用涉案导航电子地图的高德地图对此地理信息没有绿色图示。通过观察实景图可以看出，客观地理信息中，东四十条环路中间为绿地部分。可见，对于客观地理信息中相同的地物、地貌，不同制图者可以选择不同颜色予以表达。四维图新公司对该道路中间绿地部分的颜色选择，体现了其独创性的表达。

（3）对于地图中相同地物、地貌绘制时，对不同标注和绘制方式的选择和取舍，会产生地理事物形状的不同表达。例如，关于长沙市袁家岭立交桥对比，涉案导航电子地图对于立交桥的形状和连接方式采用了弧形的线条。采用涉案导航电子地图的 360 地图中，立交桥六个方向的线条呈弧形，而未使用涉案导航电子地图的高德地图中，立交桥六个方向的线条呈直线型。通过观察实景图可以看出，立交桥沿道路走向而建，具有一定的弧度。四维图新公司对该立交桥的形状选择，体现了其独创性的表达。

值得注意的是，对于包括导航电子地图在内的图形作品，“独创性”的判断不应限于美学上的贡献。就科技类图形作品而言，关于美感的艺术理论几乎难以提供任何参照。① 虽然观念上一般认为，图形作品体现了“科学之美”，但无论是根据《著作权法实施条例》的定义还是日常生活的实践，图形作品的价值都不在于其审美价值。如果从审美价值出发确定图形作品的独创性表达，即使作品能够受到保护，真正的有价值表达也可能被排除在受保护范围之外。图形作品的“独创性”仍应着眼于表达方式是否有独特性，而不是借助美学标准。

① 参见谢晴川：《论独创性判断标准“空洞化”问题的破解——以科技类图形作品为切入点》，载《学术论坛》2019 年第 5 期。

（二）导航电子地图数据具备“可复制性”

导航电子地图数据使用地图编辑软件 MapInfo 打开后，可以呈现图形化界面。地图软件呈现的图形要素与 MIF 文件中的数据形式的数据信息是一一映射关系。通过地图软件，MIF 格式文件可以稳定地呈现图形画面，为人们客观感知。即 MIF 格式文件是对导航电子地图数据的“某种有形形式复制”。

使用计算机打开的 MIF 格式文件有固定的图形化表达，因此仍属于图形作品的范畴。MIF 格式文件中呈现的是图形化的地理信息，用户感知、使用的作品也是图形化的地图，而非抽象的地理信息。数字化的存储方式不会改变地图作品的性质，虽然导航电子地图在计算机上以数据形式存储，但其表现方式还是图形化的，故其本质还是地图作品。

尽管用户在电子地图编辑软件中可以选择叠加不同的图层，或改变地图的初始渲染方式，但这不意味着导航电子地图作品“未完成”或“未固定”。一方面，导航电子地图的各图层都有图形化表达，且表达方式在该电子地图作品完成后就是唯一固定的。因此，即使用户可以根据需要叠加图层，也不能改变导航电子地图作品的表达方式。用户选择呈现的图层只是对作品的利用行为，尽管图层的排列组合可能有多种，但都在作者创作的范畴内，用户选择不会为导航电子地图增加新的独创性的内容。另一方面，导航电子地图作品的不同复制件在任意设备上打开均有相同的图形化表达，这充分说明该作品已经完成并且固定，不会在复制或计算机处理过程中发生改变。

三、结语

本案是首例确认导航电子地图数据构成地图作品的案件，明确了导航电子地图数据可以成为著作权法保护的地图作品。此标准的确立，规范了导航电子地图企业的发展，更好地维护了导航电子地图新业态领域的行业秩序。

一审合议庭成员：卢正新　王栖鸾　袁　卫

二审合议庭成员：冯　刚　杨　洁　陈　栋

编写人：北京知识产权法院　杨　洁

【专家点评】

该案是国内首例明确导航电子地图数据法律地位与性质的案件，该案的核心问题是利用计算机技术，以数字方式存储并使用专门的软件进行查阅等操作的导航电子地图是否具有独创性并能以有形形式复制，因而构成作品。二审法院最终判定导航电子地图是具有独创性并能以有形形式复制的智力成果，构成受《著作权法》保护的地图作品。未经许可利用该地图作品，构成侵权。

计算机技术的发展促进了传统企业的技术变革，地图企业将传统地图与计算机技术结合，形成了用于导航的电子地图。该案中的导航电子地图与传统地图表现形式不同，涉案数字地图不是纸质地图的电子化版本，而是通过数字化的测绘设备，将对客观地形地貌采集的数据进行加工处理后得到的地图数据集合。这些数据集合经过计算机程序调用之后将在导航设备上呈现可视化的地图。由于此类导航电子地图具有特殊的存储和查阅方式，给该案的审理带来一系列复杂的问题。

一、导航电子地图是否具有独创性

对于涉案导航地图数据是否具有独创性，一审法院认为，涉案地图并非传统意义上的图形产品，而是利用计算机技术，以数字方式存储并使用专门的软件进行查阅等操作的数字地图产品，只要上述地图产品具有独创性的表达并能被客观感知，其存储、查阅方式等并不会影响对其属于图形作品的认定。但原告四维图新公司提供的地图数据以翔实、准确为要务，因此其提供的地图数据反映的是客观地理要素、事实。即使四维图新公司在部分数据上体现出一定的个性化选择，也并不足以认定该公司对整个地图数据享有著作权。

二审法院则认为，导航电子地图的“独创性”主要表现在将具体地物、地貌、信息点等测量到地图上的过程中，根据地图使用目的、地图比例尺及相关测量规范等要求对地物、地貌、信息点等进行取舍。在实践中，客观地理信息数以亿计，绘制地图中需要选择、取舍的要素繁多，实际表达方式多元化，给予制图者极大的创作和表达空间。如何利用线条、色彩、图标在地图上呈现筛选确定的信息必然要经过复杂的筛选过程，最终所呈现的地图图形，系制图者智力性选择、编排、取舍的结果。原告四维图新公司主张的导航电子地图，无论是每一个文件夹中通过 MIF 软件打开的图形，还是所有图形形成的完整图形，都具有独创性。

显然，一审法院和二审法院对《著作权法》的基本原理都有准确的认识，即与客观事实相对应的数据本身并不能作为作品受到《著作权法》的保护；只有以客观事实为基础进行智力创作而形成的表达才是受保护的作品。两级法院判决结果的不同，源于对涉案事实认定的差异，即涉案地图数据是否在客观地理要素的基础上对要素进行了个性化的选择和取舍，从而经相关计算机程序调用后形成符合独创性要求的地图图形。

根据《著作权法实施条例》的定义，图形作品是指“为施工、生产绘制的工程设计图、产品设计图，以及反映地理现象、说明事物原理或者结构的地图、示意图等作品”。美术作品虽然也以图形为表现形式，但与工程设计图等图形作品不属一类。这是因为前者处于艺术领域，主要用途在于给人以艺术上美的享受；而后者处于科学领域，虽然也有一定美感，却主要服务于实用功能。如工程设计图和产品设计图用于建造具有实用性的工程或产品，而地图和示意图供公众了解地理现象或事实原理及结构。事实不受保护是《著作权法》的基本原则，而地图和示意图必须反映客观存在的地理现象，说明事物原理或者结构。因此，地图受《著作权法》保护的前提在于，地图不仅要反映客观地理现象，还要追求艺术性与可读性，特别是要追求画面的美观以及对标注对象与方式作出选择和取舍。

无论是传统的纸质地图，还是导航电子地图，虽然必须反映客观存在的地理位置，但仍然为制作者留下不小的创作空间。首先，不同地图绘制者选择的对象可能有不少差异。地图上往往要标出某条道路上有何文化古迹、历史景点、购物中心、机关单位和大中小学校，标出哪一家、不标出哪一家，属于地图绘制者自己的选择，这种选择反映了一定的个性与智力创造性。导航电子地图将具体地物、地貌、信息点等客观地理信息标注到地图上，在此过程中可以体现制图者的选择、取舍，具有独创性。其次，不同的地图绘制者也会使用不同的标注和绘制方式。有的绘制者会为每一类对象设计出独特的艺术性标志、图例或插图。对于街道、河流、各类建筑等标注对象，地图绘制者可以选择不同的色彩，这就使地图能够在整体上反映绘制者对图形色彩搭配与和谐的独特美学观念。只要涉案导航电子地图对于客观地理信息中相同的地物、地貌选择了与其他地图制图者有所差异的颜色和绘制方式，产生了地理事物形状的不同表达，就体现了独创性。最后，导航电子地图与纸质地图相比，往往更具个性化特色。许多电子导航地图在车辆行驶到特定位置，如交叉路口时，为了更加直观清晰地指示方向，会将该处的建筑物或者其他标志性场景以三维画面的形式显示出来。由于不同的地图制作者独立绘制的此类画面总会在比例关系、色彩搭配和细节处理上具有个性化特色，导航电子地图的独创性程度会由此进一步得到提升。

在该案中，二审法院指出导航电子地图是一种能够反映相关地理现象，显示空间地理坐标位置，并且与导航应用系统结合使用的终端地图数据产品。现实世界的地理信息非常丰富，地图上能容纳的信息本身有限，如何利用线条、色彩、图标呈现筛选确定的信息必然要经过复杂的筛选过程，所以结果因人而异。二审法院结合该案中查明的事实，认定涉案导航电子地图达到独创性要求，属于受《著作权法》保护的地图作品。这对于在司法实践中正确理解《著作权法》中“独创性”概念，判断新技术背景下的导航电子地图是否符合独创性要求具有重要的意义。

二、导航电子地图是否具有“可感知性”

作品是沟通作者内心世界和客观外部世界的桥梁，思想感情或“腹稿”如果没有通过一定的语言、艺术或科学符号形式表达出来，就无法使社会公众加以阅读、欣赏或感知，无法被复制和传播，也就没有任何社会价值，当然也无法由著作权法加以保护。2010 年《著作权法》第 2 条所说的“以有形形式复制”强调的是可以被客观感知。

对于涉案导航电子地图数据是否具有“可感知性”，一审和二审法院得出不同结论。一审法院认为涉案的地图数据并未包括一个已被稳定地固定在有形载体上的电子地图，最终形成的地图需由相关人员使用专业的软件，对涉案的电子数据进行必要的选择、加载、渲染等操作方能完成。所形成的地图可能因需求不同及不同操作人员的选择、加载、渲染等操作而产生明显的差异。因此，无法认定原告四维图新公司已整体创作完成其主张的地图作品。

二审法院则认为导航电子地图有其特有的文件格式，在MIF格式中，导航电子地图以不同的图层形式存储，经过一定的规律性计算机处理过程，导航电子地图可以呈现图形化界面。地图软件呈现的图形要素与MIF文件中的数据形式的数据信息是一一映射关系。通过地图软件，MIF格式文件可以稳定地呈现图形画面，为人们客观感知。导航电子地图的各图层都有图形化表达，且表达方式在该电子地图作品完成后就唯一固定。地图作品的不同复制件在任意设备上打开均有相同的图形化表达，充分说明该作品已经完成并且固定。

在该案中，解决这一问题的关键在于，相关的地图数据经过计算机程序的调用之后，能否形成可视化的、符合独创性要求的地图图形？如果回答是肯定的，就说明这些地图数据是地图作品的数字化形式，并不因其需要计算机程序的调用才能显示，或者他人可进行后续修改，就否定其为地图作品。事实上，任何作品在计算机中的存储形式都是数据。如果将一幅油画数字化后输入计算机，在未经计算机程序调用并在屏幕上显示的情况下，也只是0和1的数字组合，是无法直接被人所感知和欣赏的。因此，这些数据是否与特定作品存在对应关系，经过计算机程序的调用后能否呈现可被人类所感知的形式，才是法院调查的对象。仍然以油画为例，将杂乱无章的数据输入计算机，无论用何种计算机程序予以调用，都不会显示有意义的图形。如果数据是构成油画的每一处线条的坐标位置以及表示色彩搭配的数值，只要经过相应的计算机程序予以调用，就能在屏幕上展示由色彩和线条构成的造型艺术作品，而且可供艺术家在此基础之上进行后续创作，如增加图形或者改变原有色彩等。该案的情况也是如此，只要导航电子地图在地图程序中呈现的、符合独创性要求的地图表达性要素与地图数据一一对应，其作为地图作品的性质就不会因为计算机程序的调用和后续处理而改变，即该地图数据在制作完成时就已经符合属于外在表达的要求。

三、关于导航电子地图数据的侵权判定

地图作品的侵权判定也需要遵循长久以来公认的公式："接触+实质性相似"。如果被控侵权地图的制作者曾接触过原地图作品，同时该被控侵权地图又与原地图作品在受保护的表达方面存在实质性相似，则除非有合理使用等法定抗辩理由，否则即可认定其侵权。当然，地图因其在整体上符合独创性而成为受著作权法保护的作品，并不意味着其中每一个要素都要受到保护，任何处于公共领域内的要素以及无独创性的选择、编排和处理都将被排除在著作权法保护范围之外。地图中反映客观事实的成分也不能受到保护，地图绘制者只能阻止他人未经许可而使用地图中的艺术性成分，而不能禁止他人借鉴其中反映的事实。

对该案的处理也是如此。二审法院根据相关事实和证据，认定被告秀友公司超出其与原告四维图新公司约定的使用地图数据的方式和使用范围，允许奇虎公司调取并使用其服务器中的地图、相关数据及在线服务功能，导致奇虎公司具有获取四维图新公司的涉案导航电子地图相关数据的高度可能性。与此同时，在原、被告双方的导航电子地图在外观上高度近似的情况下，如果被诉侵权方不能举证证明相似之处源于公有领域、不受保护的要素或其他地图绘制者的创作成果，则可以认定相似之处源于原告的地图作品。这样一来，"接触+实质性相似"的要求就得到满足，认定侵权行为就有了事实和法律依据。

总之，导航电子地图为制图者留下充分的智力创作空间，完全可以构成受著作权法保护的地图作品。其数据集合只要经计算机程序的调用，能够显示符合独创性要求的地图，就属于地图作品的一种表现形式，能够受到著作权法的保护。他人未经许可利用并以此为基础进行加工，仍可构成对著作权的侵权。对导航电子地图的侵权认定应当遵循“接触+实质性相似”的要求。该案作为我国导航电子地图第一案，对一系列复杂的著作权问题进行了较为全面和深入的阐释，对今后审理此类案件具有积极的影响和参考价值。

王迁*

【相关法条】

《中华人民共和国著作权法》(2010年修正)

第三条 本法所称的作品，包括以下列形式创作的文学、艺术和自然科学、社会科学、工程技术等作品：

(一) 文字作品；

(二) 口述作品；

(三) 音乐、戏剧、曲艺、舞蹈、杂技艺术作品；

(四) 美术、建筑作品；

(五) 摄影作品；

(六) 电影作品和以类似摄制电影的方法创作的作品；

(七) 工程设计图、产品设计图、地图、示意图等图形作品和模型作品；

(八) 计算机软件；

(九) 法律、行政法规规定的其他作品。

第四十七条 有下列侵权行为的，应当根据情况，承担停止侵害、消除影响、赔礼道歉、赔偿损失等民事责任：

---

* 王迁，华东政法大学教授、博士生导师、校学术委员会副主任委员。

（一）未经著作权人许可，发表其作品的；

（二）未经合作作者许可，将与他人合作创作的作品当作自己单独创作的作品发表的；

（三）没有参加创作，为谋取个人名利，在他人作品上署名的；

（四）歪曲、篡改他人作品的；

（五）剽窃他人作品的；

（六）未经著作权人许可，以展览、摄制电影和以类似摄制电影的方法使用作品，或者以改编、翻译、注释等方式使用作品的，本法另有规定的除外；

（七）使用他人作品，应当支付报酬而未支付的；

（八）未经电影作品和以类似摄制电影的方法创作的作品、计算机软件、录音录像制品的著作权人或者与著作权有关的权利人许可，出租其作品或者录音录像制品的，本法另有规定的除外；

（九）未经出版者许可，使用其出版的图书、期刊的版式设计的；

（十）未经表演者许可，从现场直播或者公开传送其现场表演，或者录制其表演的；

（十一）其他侵犯著作权以及与著作权有关的权益的行为。

第四十八条 有下列侵权行为的，应当根据情况，承担停止侵害、消除影响、赔礼道歉、赔偿损失等民事责任；同时损害公共利益的，可以由著作权行政管理部门责令停止侵权行为，没收违法所得，没收、销毁侵权复制品，并可处以罚款；情节严重的，著作权行政管理部门还可以没收主要用于制作侵权复制品的材料、工具、设备等；构成犯罪的，依法追究刑事责任：

（一）未经著作权人许可，复制、发行、表演、放映、广播、汇编、通过信息网络向公众传播其作品的，本法另有规定的除外；

（二）出版他人享有专有出版权的图书的；

（三）未经表演者许可，复制、发行录有其表演的录音录像制品，或者通过信息网络向公众传播其表演的，本法另有规定的除外；

（四）未经录音录像制作者许可，复制、发行、通过信息网络向公众传播其制作的录音录像制品的，本法另有规定的除外；

（五）未经许可，播放或者复制广播、电视的，本法另有规定的除外；

（六）未经著作权人或者与著作权有关的权利人许可，故意避开或者破坏权利人为其作品、录音录像制品等采取的保护著作权或者与著作权有关的权利的技术措施的，法律、行政法规另有规定的除外；

（七）未经著作权人或者与著作权有关的权利人许可，故意删除或者改变作品、录音录像制品等的权利管理电子信息的，法律、行政法规另有规定的除外；

（八）制作、出售假冒他人署名的作品的。

第四十九条 侵犯著作权或者与著作权有关的权利的，侵权人应当按照权利人的实际损失给予赔偿；实际损失难以计算的，可以按照侵权人的违法所得给予赔偿。赔偿数额还应当包括权利人为制止侵权行为所支付的合理开支。

权利人的实际损失或者侵权人的违法所得不能确定的，由人民法院根据侵权行为的情节，判决给予五十万元以下的赔偿。

十四、北京链家房地产经纪有限公司、天津小屋信息科技有限公司诉北京神鹰城讯科技股份有限公司、成都神鹰城讯科技有限公司不正当竞争纠纷案

——房源数据涉网络“黑灰产”不正当竞争第一案

编者按

在司法实践中，网络“灰产”集中出现的案件类型之一为不正当竞争纠纷，所涉行为包括刷粉刷量、游戏账号和视频网站会员账号租赁、视频网站“屏蔽广告”以及与网络文库相关的文档“代下载”，与浏览器相关的强制锁定主页、变更默认设置，与社交软件相关的群控群发、自动化操作、制作虚假聊天记录、虚拟位置信息等。本案抓取、存储和传播房源数据的行为，被主要用于发布“虚假房源”并为此提供重要工具和便利条件。该行为严重损害了消费者的知情权、选择权和交易安全等社会公共利益，使相关行业的有效激励机制失灵，造成消费者整体福祉的减损。案件的审理不仅涉及房源数据这一新型数据形式的认定与法律适用，更涉及数据抓取行为的技术事实查明，是涉网络“黑灰产”数据竞争行为直接损害社会公共利益的典型案例。

关键词

网络“黑灰产”　房源数据　公共利益

【裁判要旨】

贝壳网中的房源数据是二原告投入大量经营成本，建立、维护和不断扩充的具有相当数据规模的房源数据集合，二原告据此享有合法权益。涉案数据本质上是反映房屋客观情况的事实类信息，而涉案数据的价值即体现在其所承载的信息本身。被诉行为是对涉案数据这一整体成果实施抓取和使用行为，故无论二原告对房源图片是否享有著作权，均不影响本案对被诉行为正当性的认定。本案被告抓取、存储和传播贝壳网房源数据的行为，主要用于发布“虚假房源”并为此提供重要工具和便利条件，成为房产经纪行业中网络灰色产业链上的重要环节，严重损害了消费者的知情权、选择权和交易安全等社会公共利益，使相关行业的有效激励机制失灵，并将最终造成消费者整体福祉的减损，构成不正当竞争。

【案件索引】

一审：北京市海淀区人民法院（2021）京 0108 民初 9148 号

二审：北京知识产权法院（2022）京 73 民终 4201 号

【基本案情】

北京链家房地产经纪有限公司（以下简称链家公司）在经营“链家”房产经纪业务过程中投入巨大人力、物力、财力，收集、制作、积累了海量真实房源数据，建立了“楼盘字典”真房源数据库，形成房源大数据集合。贝壳网（网址为 www. ke. com）作为房地产交易信息平台，在“楼盘字典”的数据基础上成立，由天津小屋信息科技有限公司（以下简称天津小屋公司，与链家公司共同简称二原告）经营。贝壳网基于其平台运行规则，吸引大量房产经纪人在贝壳网上发布房源信息，不断扩大“楼盘字典”的数据规模。

北京神鹰城讯科技股份有限公司、成都神鹰城讯科技有限公司（以下简称二被告）是推推 99 网、推推微店 App、“推推 99 经纪人端”微信公众号、蜂鸟全景 App（上述各平台以下共同简称推推 99 产品）的运营者。二被告通过其运营的推推 99 产品，利用技术手段抓取、存储贝壳网中的房源基本信息、交易信息、特色信息、实勘图、VR 图（全景图）、户型图（上述房源数据以下共同简称涉案数据，其中前三类信息为文字形式，后三类信息为图片形式）。在上述过程中自动去除贝壳网房源图片的水印，并将上述抓取、存储的涉案数据通过信息网络向其用户或公众传播，包括将涉案数据打上用户水印后发布至第三方房产信息平台以及微信等社交媒体。

二原告认为上述行为构成不正当竞争行为，请求判令二被告立即停止侵权、消除影响，并连带赔偿经济损失及合理开支共计 1050 万元。二原告在诉讼中同时提出行为保全申请，要求二被告立即停止涉案行为。

二被告否认侵权，抗辩称涉案数据中的房源实勘图、户型图、VR 图均应受著作权法的保护，不应在本案审理范围之内。推推 99 产品的核心定位是多平台账户管理工具，二原告主张的抓取、存储及传播涉案数据的行为，均是服务于房产经纪人多平台传播房源信息，目的是增加相关房源的曝光量从而寻找买家，最终实现帮助二原告的房源更快成交，而非争夺二原告房源。由于房产经纪人指令所抓取、存储及传播的特定房源并不包含该房源的具体信息（包括门牌号、业主信息），从而无法脱离二原告进行自主交易，只能依靠上述房源信息寻找到买家后，再回归二原告处联系贝壳网推荐的经纪人进行交易，因此不会对二原告的营业收入造成任何实际损失。

【裁判结果】

北京市海淀区人民法院于 2022 年 6 月 17 日作出行为保全民事裁定书，裁定二被告立即停止抓取、存储和传播涉案数据的行为，并于 2022 年 7 月 30 日作出民事判决书，认定上述行为构成不正当竞争，判令二被告连带赔偿二原告经济损失及合理开支共计 550 万元，并消除影响。

一审宣判后，二被告提起上诉，后撤回上诉。北京知识产权法院于2022年10月12日作出民事裁定书，准许二被告撤回上诉，一审民事判决书生效。

法院生效裁判认为：涉案贝壳网中的房源数据是二原告投入大量经营成本，建立、维护和不断扩充的具有相当数据规模的房源数据集合，是二原告的核心经营资源。二原告据此获得的商业利益本质上是一种竞争性权益，应当受到反不正当竞争法的保护。关于著作权法与反不正当竞争法的适用，涉案数据本质上是客观反映房屋情况的事实类信息，而涉案数据的价值即体现在其所承载的信息本身。被诉行为是对涉案数据这一整体成果实施抓取和使用的行为，因此，从被诉行为的行为方式和所造成的损害后果层面考虑，被诉行为无法被著作权法所涵盖。案涉“虚假房源”问题是指房产经纪人发布其无授权的房源信息或者房源信息与房屋实际情况不符的房源信息。发布“虚假房源”的目的在于增加其个人联系方式的曝光度以吸引消费者与其联系，再借机推荐其实际掌握的房源，“虚假房源”问题是房产经纪行业的顽疾和重点治理对象。现有证据证明推推99产品抓取和传播的贝壳网房源数据实被主要用于发布“虚假房源”，二被告为“虚假房源”的发布提供了重要工具和便利条件，客观上助长了房产经纪行业这一典型违规行为的蔓延，成为该行业网络灰色产业链上的重要环节，并据此牟利年均超千万元。该行为不仅抢夺了本属于二原告的用户流量，更使消费者知情权、选择权和交易安全因“虚假房源”直接受损，严重损害了社会公共利益，甚至造成房产经纪行业“劣币驱逐良币”的后果，构成不正当竞争。诉讼中，二被告以更隐蔽的技术手段变相、持续涉案行为，北京市海淀区人民法院作出行为保全裁定，裁定二被告立即停止涉案行为。

【案例注解】

本案是国内首例房源数据涉网络“黑灰产”的不正当竞争案例。随着科技信息的高速发展，网络“黑灰产”应运而生。行为体现从电信诈骗、钓鱼网站、木马病毒、黑客勒索，到非法获取贩卖个人信息、刷单炒信、网络水军刷帖控评、数据交易等，几乎遍布互联网中的各个角落。“黑灰产”利用互联网平台实施网络犯罪，进行不正当竞争，不仅扰乱市场正常经营秩序，更加危害公民的个人人身、财产安全，对正常社会秩序造成严重冲击。打击治理网络“黑灰产”一直是我国治理网络安全和犯罪的重点与难点。

虽然网络“黑灰产”受到社会各界的广泛关注，但是对于网络“黑灰产”这一概念的内涵和外延尚无统一的认识和界定。一般情况下，业内人士大多认为网络“黑产”通常与触犯刑法的犯罪行为有关，对该产业链的打击往往也是以刑事手段为主；而网络“灰产”则通常指向那些虽然违法，但尚不足以明显构成犯罪的营利行为，对其规制大多是以相关权利人提起民事诉讼的方式进行。司法实践中，网络“灰产”集中出现的案件类型之一为不正当竞争纠纷，所涉行为包括刷粉刷量、游戏账号和视频网站会员账号租赁、视频网站“屏蔽广告”以及与网络文库相关的文档“代下载”，与浏览器相关的强制锁定主页、变更默认设置，与社交软件相关的群控群发、自动化操作、制作虚假聊天记录、虚拟位置信息等。

本案所涉抓取使用房源数据的软件，即为服务于房产经纪行业中发布“虚假房源”这一违法违规行为而产生。本案不仅涉及房源数据这一新型数据形式的认定及法律适用，数据抓取行为的技术事实查明，更是涉网络“黑灰产”数据竞争行为直接损害社会公共利益的典型案件，为网络“黑灰产”的治理提供了司法保障。

一、变相、持续实施数据抓取行为的技术事实审查

涉网络“黑灰产”不正当竞争案件中，被诉不正当竞争行为通常高度依赖技术手段实现，且十分隐蔽。正如本案中，被告抓取房源数据的技术手段是：当用户在推推 99 产品输入贝壳网目标房源的网址并发出复制房源的指令后，该产品使用计算机程序，模拟真实用户向贝壳网的服务器目标位置发出访问请求，并在贝壳网返回的数据中提取涉案房源数据，存储在二被告的服务器中。二被告特别通过不同IP地址、变换用户识别信息和载有浏览器信息等方式欺骗贝壳网，以规避和绕开贝壳网的技术保护措施。

在该类案件中，当原、被告双方对技术事实存在争议时，一方面，法院可以借助专家辅助人和技术调查官作为查明事实的辅助力量，针对相应技术问题，由了解和掌握专业知识的人当庭进行技术问题说明、技术勘验、技术实验，辅助合议庭准确查明技术事实；另一方面，也可以结合个案情况，通过现场勘验，借助关键证据确认案件争议事实。

本案中，二被告对于上述抓取数据的技术手段并不持异议，亦在行为保全程序中主动承诺停止上述抓取行为。但是，二原告随后取证显示，当将贝壳网某一房源的网址粘贴到被诉产品复制框中进行复制时，会显示“失败”“不支持这个网站”，即无法通过原有途径复制贝壳网的房源网址。但二被告实际通过其运营的另外两个仅有IP地址的无域名网站，将贝壳网房源网址转化为带有该IP地址的网址，进而将新生成的网址粘贴到复制框中时，可以成功实施抓取贝壳网房源数据行为。原告以时间戳的取证方式对上述情况进行取证。当法院与二被告确认被诉行为确已停止时，二被告明确表示已经停止。

上述情形有力印证涉网络“黑灰产”数据竞争行为的逐利性以及隐蔽性。诉讼中为了防止二被告在得知上述证据后采取应对措施，法院在未告知二被告上述新情况、亦未向二被告送达相关证据的情况下，组织双方进行了现场勘验，按照二原告取证的步骤再现取证中的相关结果，并对勘验结果当场固定。据此确认了被告以更隐蔽的方式变相、持续实施被诉行为的事实，并最终作出行为保全裁定。被告在行为保全裁定作出后，彻底停止被诉行为。上述情形也充分表明，二被告在完全有能力停止被诉行为的情况下，一方面明确承诺立即停止被诉行为，另一方面又以更隐蔽的方式变相、持续实施被诉行为，拒不停止被诉行为的主观恶意极为明显，亦反映网络“黑灰产”治理行为的现实之困。

二、"虚假房源"问题及对社会公共利益的损害

在房产经纪行业和互联网房产信息平台中，"虚假房源"问题是该行业的顽疾。"虚假房源"是指房产经纪行业从业人员在互联网上发布的，其无权或无法居间撮合的房源信息，或者房源数据信息与房屋实际情况不符的房源信息。经纪人发布"虚假房源"的目的，在于通过在房产信息平台上以本人名义发布大量"虚假房源"，从而增加其个人联系方式的曝光度，吸引消费者与其联系，再借机推荐其实际掌握的房源。发布"虚假房源"的行为违反多个行政规章及管理文件的规定。如住房和城乡建设部（以下简称住建部）、国家发展和改革委员会、人力资源和社会保障部联合颁布的《房地产经纪管理办法》第22条规定，房地产经纪机构与委托人签订房屋出售、出租经纪服务合同，应当查看委托出售、出租的房屋及房屋权属证书，委托人的身份证明等有关资料，并应当编制房屋状况说明书。经委托人书面同意后，方可以对外发布相应的房源信息。北京市住房和城乡建设委员会等五部门联合发布的《北京市关于规范互联网发布本市住房租赁信息的通知》第5条规定，互联网交易平台应当按照下列要求审核、管理住房租赁信息：（1）房屋照片与实际相符；（2）租金、佣金等明码标价……北京、上海等城市的监管机关均多次对"虚假房源"问题予以重点打击，部分房产信息平台已因此受到相关行业主管部门的约谈或处罚。

本案中，二被告认为被诉产品是服务于房产经纪人多平台传播房源信息，最终实现帮助二原告的房源更快成交，未损害竞争秩序和消费者权益。但是，经纪人多平台发布房源信息应是将合法持有的房源信息进行发布，而二被告并未提交证据证明存在该种情形。且在二被告履行行为保全裁定后，其并未因删除其服务器中的涉案数据而接到其用户投诉，也进一步印证了被诉行为被主要用于发布"虚假房源"，而非真实房源。因此，二被告本身虽非制造"虚假房源"的房产经纪公司或经纪人，但是其通过被诉产品所提供的相关服务，包括自动去除房源图片水印、仅复制房源图片、将房源图片与任意房源对接并传播、自动在传播的房源图片中加入其

用户联系方式、将房源信息批量发布至第三方房产信息平台等，实为房产经纪公司或经纪人发布“虚假房源”提供了重要工具和便利条件，使“虚假房源”的产生、发布和扩散速度大大提升，客观上助长了“虚假房源”的蔓延，明显违背房产经纪行业的商业道德。

上述行为造成的直接后果是，具有房产交易需求的消费者在“虚假房源”的欺骗、误导下对房源情况完全陷入错误认知，损害了消费者在房产交易中极为关键的知情权、选择权和交易安全。对房源信息真伪缺乏辨别能力的消费者，不得不花费更多的时间和精力去房源现场进行实地察看，无法享受如贝壳网这类房产信息平台提供的在线看房服务所带来的福利，无法实现便捷的信息沟通和房产交易，造成消费者交易成本不降反升，直接损害了消费者的合法权益。如果允许被诉行为在市场中普遍存在，会间接鼓励房产经纪公司或经纪人肆意攫取他人竞争资源以牟利，造成“虚假房源”在房产交易市场中的泛滥，无疑将导致通过诚信经营、提升自身产品或服务水平的方式获取竞争优势的房产经纪公司和房产信息平台，因交易机会和生存空间被抢占而无法从市场竞争中获得相应的回报和有效的激励，极大地打击其继续投入资源积累数据的动力，从而使其降低对相应产品和服务的研发与投入，甚至退出市场，造成“劣币驱逐良币”的后果。长此以往，将引发市场激励机制失灵，破坏房产经纪行业的竞争生态，导致符合社会需求的产品和服务供应不足，最终阻碍社会总体福利的提升。

三、房源数据权益保护的法律适用

本案二原告主张保护的房源数据包括房源基础信息、房源交易信息、房源特色信息、房源实勘图、房源户型图、房源 VR 图，认为其对涉案数据享有竞争性权益；同时，二原告亦明确，其对涉案数据中的房源实勘图、户型图、VR 图可能享有的著作权，在本案中不予主张。二被告则认为，涉案数据中的房源实勘图、户型图、VR 图（上述三类图片以下统称为房源图片）均属于著作权法的保护范围，应当适用著作权法寻求保护，故有关房源图片的被诉行为不应在本案审理范围之内。

《最高人民法院关于适用〈中华人民共和国反不正当竞争法〉若干问题的解释》第 1 条规定，经营者扰乱市场竞争秩序，损害其他经营者或者消费者合法权益，且属于违反《反不正当竞争法》第二章及《专利法》《商标法》《著作权法》等规定之外情形的，人民法院可以适用反不正当竞争法第二条予以认定。上述规定明确了如果权利人主张保护的客体，是属于著作权法、商标法、专利法所保护的客体的，应首先适用上述专门法予以保护；如果不属于上述专门法所保护的客体，则需考虑被诉行为是否为《反不正当竞争法》第二章所列的类型化不正当竞争行为；如果不属于，则需考虑是否适用《反不正当竞争法》第 2 条予以规制。本案即涉及涉案数据在著作权法与反不正当竞争法之间的适用问题，并对此进行了充分回应。

首先，二原告提交的证据虽然表明其可能对房源图片享有著作权，但是二原告明确在本案中不主张与房源图片相关的著作权，是就涉案数据整体主张享有竞争性权益。其次，房源图片只是体现房源客观情况的载体，如房源图片体现房屋户型、房屋陈设、房屋位置等与房屋本身相关的信息，而该类房源信息本身因其客观反映房屋情况而具有独立的价值。因此，涉案数据，无论是以文字形式体现的房源基础信息、交易信息、特色信息，还是以图片形式体现的房源实勘图、户型图、VR 图，本质上是客观反映房屋情况的事实类信息，而涉案数据的价值即体现在其所承载的信息整体本身。二原告通过对涉案数据的整体经营获得了竞争性权益，该种权益并非著作权法的保护对象。最后，被诉行为是对涉案数据这一整体成果实施抓取、使用和传播的行为，而非单张图片。因此，从被诉行为的行为方式和所造成的损害后果层面考虑，被诉行为亦无法被著作权法所涵盖。综上，无论二原告对房源图片是否享有著作权，均不影响本案对被诉行为是否构成不正当竞争的认定。

关于涉案数据是否应当受到反不正当竞争法的保护。由于涉案数据是平台公开数据，权利人应当对其就平台经营所付出的管理、经营成本及其附加成果等情况进行积极举证。对此，本案判决考虑：首先，链家公司在经营“链家”房产经纪业务的过程中，长期、大量地投入人力、物力、财力等经营成本，收集、制作、积累了海量真实房源信息，由此建立了“楼盘字典”房源数据库。在作为房产信息平台的贝壳网成立后，二原告将“楼盘字典”中的涉案数据在贝壳网中公开并使用，吸引房产经纪公司在贝壳网上发布房源信息，并通过与房产经纪公司订立相关服务协议，合法地对贝壳网中的涉案数据进行利用和传播，以此获得房产交易佣金等商业收益。其次，二原告不仅为贝壳网中的房产经纪公司发布房源信息提供网络服务，还对所发布的房源信息进行加工和审核，依托“楼盘字典”保障房源信息的真实性。最后，经过二原告的收集、存储、制作、管理、传播等经营活动，一条条分散的、原始的房源信息汇集到贝壳网及“楼盘字典”中，通过贝壳网标准化地、整体地向其用户和社会公众进行传播，并由此产生巨大的商业价值，帮助二原告建立起市场竞争优势。综上，涉案数据是在二原告长期、大量的资金、技术、服务等经营成本的投入下，建立、维护和不断扩充的具有相当数据规模的房源数据集合。原告据此为自身建立起市场竞争优势并获得商业利益，该种商业利益本质上是一种竞争性权益，尽管该权益并未在知识产权专门法或《反不正当竞争法》第二章中被具体列明，但应属《反不正当竞争法》第 2 条所保护的合法权益，故原告有权在本案中就其所享有的合法权益依法提出相应主张。

四、结语

近年来，网络“黑灰产”的行为方式日趋多样化，产业链条化、逐利化、生态化的特点更加明显，已成为危害公民权益和数字经济发展的“毒瘤”。网络“黑灰产”治理并非一蹴而就，需要立法部门、司法部门、行政机关以及社会公众的共同参与。本案通过认定抓取使用房源数据行为构成不正当竞争，首次对平台房源数据集合这一极具公益价值的新型数据形式进行司法保护，从根本上阻断了房产经纪行业中利用涉案软件炮制和发布“虚假房源”的行为，有力遏制了“虚假房源”的产生和蔓延，维护了消费者权益和社会公共利益，是人民法院打击网络“黑灰产”中涉数据不正当竞争行为的典型案例。此外，本案还对规范房产经纪行业的竞争秩序起到极强的正向引导作用，对网络“黑灰产”中的类似行为具有警示意义，也极大鼓舞和激励了房产经纪行业从业者以诚信经营积累数据资源、以诚信服务赢得消费者信赖的信心，充分体现了司法裁判的示范效应，为数字经济法治保障贡献了司法力量。

一审合议庭成员：王栖鸾　陆　燕　梁铭全

二审合议庭成员：谢甄珂　兰国红　李迎新

编写人：北京市海淀区人民法院　王栖鸾

【专家点评】

一、涉商业数据竞争行为的特点和司法保护路径

涉商业数据新型竞争行为与传统竞争行为的行为方式和特点不尽相同，以《反不正当竞争法》保护商业数据权益、规制不正当竞争行为既具挑战，也是必然。

第一，权益基础是商业数据。数据作为新型生产要素，在企业资源优化、增强竞争优势中发挥着重要作用。与传统权益不同的是，数据具有无形性、抽象性和动态变化性，其运用方式多样，能够为企业带来的效益也无法量化和预测。因此，以数据为基础的权益内容难以被精确定性和衡量，这也是涉商业数据不正当竞争判定中的难点之一。

第二，涉商业数据竞争行为易对行业秩序产生较大影响，各类网络“黑灰产”现象层出不穷。互联网具有规模效应和协同效应，不正当竞争行为在网络中不仅更易实现，同时其负面影响还会被放大。通过数据抓取和搬运等技术工具低成本发布大量不实信息，波及行业整体秩序，助长“黑灰产”现象。此类行为与《网络安全法》和《数据安全法》关于保护网络和数据安全的要求不符，也违背《反不正当竞争法》促进市场经济健康发展的目标。

第三，涉商业数据竞争行为适用具体条款有难度。商业数据的权益性质和权益内容目前仍有争议，通过专利、商标、著作权或者商业秘密加以保护存在各种局限。此外，涉商业数据新型竞争行为样态新，难以被归类为类型化条款列举的行为。但商业数据的价值已被普遍认可，《反不正当竞争法》第 2 条在规制新型竞争行为中发挥了重要作用。当然，涉商业数据新型竞争行为的复杂性对该法第 2 条适用的论证和逻辑也提出了更高的要求。

二、《反不正当竞争法》第 2 条的适用要件

最高人民法院在“海带配额案”中明确提出适用《反不正当竞争法》第 2 条的三要件：一是法律对该种竞争行为未作出特别规定；二是其他经营者的合法权益确因该竞争行为而受到实际损害；三是该种竞争行为因确属违反诚实信用原则和公认的商业道德而具有不正当性或可责性。最高人民法院于 2022 年 3 月 16 日发布的《关于适用〈中华人民共和国反不正当竞争法〉若干问题的解释》（以下简称《解释》）也对《反不正当竞争法》第 2 条的适用要件作出进一步阐释。

（一）适用前提

1. 法律对该种竞争行为未作出特别规定

《解释》明确了《反不正当竞争法》第 2 条与该法具体条款及其他单行法之间的关系，指出“经营者扰乱市场竞争秩序，损害其他经营者或者消费者合法权益，且属于违反反不正当竞争法第二章及专利法、商标法、著作权法等规定之外情形的，人民法院可以适用反不正当竞争法第二条予以认定”。互联网业态发展过程中，涉数据新型竞争行为层出不穷，《反不正当竞争法》第 2 条在维护市场竞争秩序方面发挥了独特的作用。该案涉房源数据竞争行为便属于《反不正当竞争法》第 2 条应予适用的非类型化行为。

此外，通过《专利法》《商标法》《著作权法》等保护商业数据存在局限。知识产权客体由法律明确规定，目前，商业数据尚不属于我国法定知识产权权利保护客体。尽管房源图片可能涉及著作权，但涉案数据内容由房源图片、房屋信息、联系方式等多种要素构成，是具有整体性、规律性、动态变化的数据合集。原告对涉案数据享有的核心或者主要权益并非其中个别图片的著作权。一审判决关于“无论二原告对房源图片是否享有著作权，均不影响本案对被诉行为是否构成不正当竞争的认定”的分析，明晰了涉数据竞争行为的权益与著作权保护权益的区别。

2. 相关主体存在竞争关系

关于主体之间存在竞争关系是否属于《反不正当竞争法》第 2 条的适用前提存在不同观点。有观点认为竞争关系是认定不正当竞争行为必须遵循的前置标准；[①] 还有观点认为竞争关系已不再是不正当竞争行为的限定条件和一般条款的适用前提。[②] 从《反不正当竞争法》的历史发展来看，其保护对象呈现从个体利益转向公共利益和消费者利益的总体趋势。[③] 该法第 2 条“其他经营者”和“消费者”的表述也印证了这一点。该案中，一审判决对被告“不存在竞争关系”抗辩作出回应，指出虽然两方提供的服务有所不同，但二被告属于《反不正当竞争法》所规制的经营者，不影响竞争关系的成立。

（二）行为要件

1. 行为违反诚实信用原则和商业道德

违反诚实信用原则和公认的商业道德是《反不正当竞争法》第 2 条的核心，抑制和惩罚市场竞争中具有损害性的不道德的行为也是《反不正当竞争法》的目标。认定涉数据新型竞争行为中的商业道德，应强调商业规则中普适性的道德标准，也要考虑数据新型竞争行为的独特规律，结合《解释》指出的“行业规则或者商业惯例、经营者的主观状态、交易相对人的选择意愿、对消费者权益、市场竞争秩序、社会公共利益的影响等因

① 参见焦海涛：《不正当竞争行为认定中的实用主义批判》，载《中国法学》2017 年第 1 期。

② 参见黄细江：《涉企业数据竞争行为的法律规制》，载《知识产权》2021 年第 2 期。

③ 参见孔祥俊：《反不正当竞争法新原理 · 原论》，法律出版社 2019 年版，第 51~61 页。

素”综合分析。

一审判决结合被告行为性质、行为客观后果和主观恶意三方面，透彻分析了被诉行为违反房产经纪行业的商业道德。首先，二被告故意通过技术手段规避贝壳网的保护措施，大规模抓取涉案数据，并去除房源图片的水印，掩盖其真实来源。除运用不正当手段利用原告的正当劳动成果，还抓取、搬运原告数据，属于“不劳而获”和“搭便车”行为，违反商业伦理基本准则。其次，行为客观后果对公共利益和行业秩序造成负面影响，且行为因互联网的规模效应被进一步放大，助长了房产经纪行业“黑灰产”现象。二被告不仅发布“虚假房源”，还制造和传播发布“虚假房源”的工具，加剧行业内使用技术工具攫取不正当利益的现象，扰乱房产经纪行业公平竞争秩序。最后，二被告在使用技术的方式上，规避、模仿、去除水印等行为具有明显恶意；在行为特点上，抓取行为频率高、数据量大且持续时间长；在表示已停止行为后仍持续抓取，且使用更加隐蔽的技术，未及时制止损害进一步扩大，主观恶意明显，不符合商业道德要求。

互联网产业中商业模式和竞争类型更迭迅速，尚未形成公认的商业道德标准。《反不正当竞争法》将“公认的商业道德”修改为“商业道德”，也是对新兴市场领域较难形成公认的商业道德问题的回应。[①] 但是，诚实、善意、恪守信用仍是商业道德的基础。[②] 因此，互联网不正当竞争行为中的商业道德的认定必须根据个案情况把握，强调诚实信用原则。该案中，二被告投机取巧，运用不正当手段利用他人正当劳动成果的损害性行为，既不符合互联网产业商业道德，更不被普适性商业规则价值所接受。

2. 行为具有不正当性或可责性

被诉行为的不正当性或可责性亦是判定的重点和难点。实际上，被诉

① 参见王艳芳：《商业道德在反不正当竞争法中的价值与标准二重构造》，载《知识产权》2020 年第 6 期。

② 参见杜颖、魏婷：《互联网不正当竞争行为中的商业道德认定问题研究》，载《知识产权与市场竞争研究》2020 年第 1 期。

行为性质及其是否违反商业道德是相辅相成的，最高人民法院在“腾讯诉奇虎不正当竞争纠纷案”中指出，认定行为正当性的关键在于该行为是否违反诚实信用原则和互联网行业公认的商业道德。① 虽然数据抓取行为本身并不一定构成不正当竞争，但该案被告抓取、存储和传播涉案数据是为了发布“虚假房源”而采取的技术手段。而发布“虚假房源”的目的是欺骗、误导消费者，本身属于违法违规行为，对行业秩序产生极大的负面影响。一审判决指出，发布“虚假房源”涉嫌违反《广告法》《消费者权益保护法》《房地产经纪管理办法》等法律法规和规章，也被相关主管部门行政管理文件所明确禁止。住房和城乡建设部等 8 部门发布的《住关于持续整治规范房地产市场秩序的通知》特别提出要重点整治发布虚假违法房地产广告，发布“虚假房源”信息的行为，由网信部门查处通过网络发布的虚假房地产信息。因此，涉案行为确具有不正当性或可责性。

（三）损害要件

1. 对竞争者的损害

该案二被告行为对竞争者的损害，不仅体现在对二原告凭借涉案数据获得的竞争优势和交易机会的不当剥夺，还在于对房产经纪行业其他经营者的正常经营、整体行业秩序的扰乱。

房产经纪行业是典型的客户需求导向型行业，建立与消费者的信赖关系是房产经纪开展服务的基础。掌握房源信息、建立客户关系并维护市场声誉是房产经纪行业的核心竞争力。二原告设计开发“楼盘字典”和贝壳网，并投入巨大人力、物力运营和更新在线房源数据库，一方面是通过互联网宣传掌握房源，增加交易机会；另一方面也有利于形成良好的经营形象，获得用户的持续关注和使用。而贝壳网房源信息被不当传播后，用户会难以辨别和确信房源信息的真实性和准确性，影响消费者、租售人对二原告的信赖关系，损害其长期经营、累积的商誉和形象。此外，为了避免

① 参见最高人民法院民事判决书，（2013）民三终字第 5 号。

房源数据被批量抓取，二原告不得不持续投入技术措施，增加网站识别和拦截不当抓取行为的功能，给贝壳网服务器的运行造成额外的负担。

网络“虚假房源”的蔓延更加剧了房产经纪行业“黑灰产”现象，扰乱行业秩序，降低行业透明度，增加信息不对称，对行业整体形象和其他竞争者造成损害。“虚假房源”乱象是房产经纪行业久治不绝的问题，互联网更为低成本、高频次的手段进行房源信息搬运提供了技术条件。二被告不仅搭建“虚假房源”信息平台，不当利用其他经营者的劳动成果，还发布房源信息搬运工具视频教程，宣传去除房源图片水印的方法，唆使其他从业者发布“虚假房源”。二被告的行为客观上助长了房产经纪行业“黑灰产”等违规现象，加剧消费者购房、租房的难度，挤占诚信经营从业者的空间，损害了行业的正常竞争秩序。

2. 对消费者的损害

发布“虚假房源”行为本身具有欺骗性和误导性，阻碍消费者购房、租房目的的实现，徒增消费者的潜在风险与搜寻成本，对消费者利益造成了巨大损害。一审判决指出，被诉行为损害了消费者在房产交易中极为关键的知情权、选择权和交易安全。

二被告抓取贝壳网房源数据后发布于推推 99 产品并进行宣传，目的是吸引消费者与其联系，获取消费者联系方式，并借机推销实际掌握的其他房源，而非协助消费者租购意向房源。不仅如此，二被告故意去除房源图片水印的行为，还阻断消费者通过水印识别中介服务的来源，消费者不得不投入更多时间辨别房源信息真伪，客观上增加了消费者寻求房源的搜索成本。除房产交易外，“虚假房源”现象还增加了消费者个人信息和安全保障的风险。消费者的联系方式等个人信息不仅被“虚假房源”不当扩散，还存在被二次转卖的风险，并且在实地看房过程中还存在安全隐患。《房地产经纪管理办法》第 22 条规定的房产经纪机构发布房源需获得授权要求，目的就在于确保房源信息的准确性，加强对消费者的权益保障。因此，二被告的行为导致消费者合法权利的减损，且增加了消费者面临的潜在风险。

三、结语

司法实践在规制数据不正当竞争行为中已经积累了一定经验，该案不仅具有一般互联网数据不正当竞争行为的共性，还涉及网络“黑灰产”和房产经纪灰色产业链的独特问题，对互联网竞争秩序和房产经纪行业规范发展具有重要意义。该案正确适用《反不正当竞争法》第2条，在准确理解互联网商业道德和商业数据权益的基础上，对竞争者、消费者和行业及公共利益的损害进行深入把握，并兼顾《反不正当竞争法》保障市场经济健康发展的目标，对遏制房源数据“黑灰产”具有重要作用，对类案处理具有较高的参考价值。

杜颖*

【相关法条】

《中华人民共和国反不正当竞争法》

第二条　经营者在生产经营活动中，应当遵循自愿、平等、公平、诚信的原则，遵守法律和商业道德。

本法所称的不正当竞争行为，是指经营者在生产经营活动中，违反本法规定，扰乱市场竞争秩序，损害其他经营者或者消费者的合法权益的行为。

本法所称的经营者，是指从事商品生产、经营或者提供服务（以下所称商品包括服务）的自然人、法人和非法人组织。

第十七条　经营者违反本法规定，给他人造成损害的，应当依法承担民事责任。

经营者的合法权益受到不正当竞争行为损害的，可以向人民法院提起诉讼。

---

* 杜颖，中央财经大学法学院教授，博士生导师。

因不正当竞争行为受到损害的经营者的赔偿数额，按照其因被侵权所受到的实际损失确定；实际损失难以计算的，按照侵权人因侵权所获得的利益确定。经营者恶意实施侵犯商业秘密行为，情节严重的，可以在按照上述方法确定数额的一倍以上五倍以下确定赔偿数额。赔偿数额还应当包括经营者为制止侵权行为所支付的合理开支。

经营者违反本法第六条、第九条规定，权利人因被侵权所受到的实际损失、侵权人因侵权所获得的利益难以确定的，由人民法院根据侵权行为的情节判决给予权利人五百万元以下的赔偿。

十五、北京微梦创科网络技术有限公司诉湖南蚁坊软件股份有限公司不正当竞争纠纷案

——对平台数据进行区分保护的不正当竞争第一案

编者按

随着互联网技术的深度融合和数字经济的日渐繁荣，数据成为新经济下一种重要的新型生产要素，有关数据的中央政策和法律体系不断完善，推动平台数据的商业价值不断走高。针对平台数据的不正当竞争行为形式日益多样化，与数据权益相关的纠纷更多地进入诉讼。在尚未“完全赋权”数据的当下，如何在现有法律框架下遏制阻碍平台经济创新发展的不正当竞争行为，在对平台数据进行保护的同时，恰当平衡平台经营者的合法权益、数据互联互通的价值以及社会公共利益。本案针对上述问题提出了具有参考价值的观点，首次探索将平台数据区分为公开数据、非公开数据，并在此基础上界定抓取、使用他人不同类型平台数据的行为的正当性边界，在一定程度上解决了司法实务中素来存在争议且长期缺乏统一适用标准的难题。

关键词

公开数据　非公开数据　行为不正当性

【裁判要旨】

结合用户协议约定、平台经营者对数据的投入、数据价值等各因素，平台经营者对其数据享有经营利益，可依据《反不正当竞争法》互联网专条提出相应主张。对平台数据进行分类并界定他人抓取、使用相应类型数据的边界，是判断被诉行为是否具有不正当性的必要前提。本案在平衡技术和规范层面的分类效果后，首次提出可对微博平台数据采用“公开数据”和“非公开数据”的区分。在此基础上，明确基于互联网环境中数据互联互通的特点，平台经营者对他人抓取其公开数据负有一定的容忍义务，但如抓取手段并非正当，则相应抓取行为和后续使用行为难谓正当；如抓取手段正当，则需要结合个案的数据数量、规模、价值以及后续使用行为对原平台的实质性替代等因素对相关行为正当性进行判断。对于非公开数据，其他经营者仅能利用技术手段破坏或绕开平台设定的访问权限加以获取，故此类行为具有不正当性。

【案件索引】

一审：北京市海淀区人民法院（2018）京0108民初28643号

二审：北京知识产权法院（2019）京73民终3789号

再审：北京市高级人民法院（2021）京民申5573号

【基本案情】

北京微梦创科网络技术有限公司（以下简称微梦公司）系微博平台的运营者，提供社交平台服务；湖南蚁坊软件股份有限公司（以下简称蚁坊公司）系网页版、安卓手机端鹰击系统运营者，提供与舆情相关的数据采集和分析服务。一审庭审中经法庭勘验查明，鹰击系统中展示的部分新浪微博信息较微博平台更为详细；在用户未登录微博的状态下，可在脱离微博平台的情况下实时查看、浏览大量本应登录或获得微博相应许可后才可访问的微博内容；且其用户可查看微博用户发布微博后自行删除或因其他原因已被删除的微博内容。在蚁坊公司未能对此作出合理解释或提出相反证据的情况下，可以认定蚁坊公司未经微梦公司许可，通过非法手段擅自抓取、存储、展示新浪微博非公开数据。对于蚁坊公司在本案中抓取的部分公开数据，结合蚁坊公司通过技术手段绕开微梦公司设置的用户行为触发展示的规则等事实，可以认定蚁坊公司抓取微博公开数据的手段并非正当，具有不正当性。此外，蚁坊公司基于对新浪微博数据的整理分析形成数据分析报告后向用户提供的行为，有损微梦公司基于微博平台数据开展的舆情监测业务或对外许可业务所获得的经营利益，亦具有不正当性。

【裁判结果】

北京市海淀区人民法院于2019年9月20日作出（2018）京0108民初28643号民事判决，认定蚁坊公司实施的前述抓取、使用新浪微博数据的行为妨碍、破坏了微梦公司提供的微博产品及服务的正常运行，构成不正当竞争，判令其停止前述不正当竞争行为；在其经营的蚁坊软件网址和网页版鹰击系统及安卓手机端鹰击应用上连续30日刊登声明，为微梦公司消除影响；赔偿微梦公司经济损失及为制止不正当竞争行为所支付的合理费用共计528万元。

法院生效裁判认为：微梦公司对涉案数据享有一定经营利益，有权依据《反不正当竞争法》对他人擅自抓取并使用涉案数据的行为提出主张。

涉案数据应以“公开数据”和“非公开数据”加以区分，对于微梦公司未设定访问权限的数据，应属其已在新浪微博中向公众公开的数据；但对于其通过登录规则或其他措施设置访问权限的数据（如用户即便登录新浪微博账号亦无法访问的数据），则应属新浪微博中的非公开数据。

本案中，对于公开数据，虽网络平台对他人抓取行为负有一定的容忍义务，但蚁坊公司抓取新浪微博公开数据的手段并非正常手段，故其抓取行为具有不正当性。在此基础上，其存储、后续使用所抓取的数据行为因数据来源不合法而不具有正当性基础。对于非公开数据，通过实时比对新浪微博和鹰击系统展示的信息，法庭勘验显示新浪微博中已删除的微博在鹰击系统仍可展示等事实，可以认定蚁坊公司抓取了新浪微博非公开数据。在其与微梦公司不存在合作的情形下，蚁坊公司要获取该些非公开数据，仅能利用技术手段破坏或绕开微梦公司所设定的访问权限，此种行为显然具有不正当性。

蚁坊公司的被诉行为影响了微梦公司与用户间协议关于数据处理和安全条款的履行，加重其服务器压力和安全隐患而增加其运营维护收入，影响微博平台产品的正常运行，对新浪微博构成实质性替代，影响微梦公司的市场交易机会及相应收益，亦影响新浪微博数据安全而破坏微梦公司所提供服务的正常运行，侵害用户合法权益。综上，蚁坊公司被诉行为具有不正当性，破坏了微梦公司新浪微博服务的正常运行，违反《反不正当竞争法》第 12 条第 2 款第 4 项的规定。

对于蚁坊公司的法律责任，应停止构成不正当竞争的被诉行为，消除影响。关于经济损失，结合被诉行为持续时间、被诉行为实施的端口、蚁坊公司主观恶意、鹰击系统的市场占有率和用户量、蚁坊公司与其他用户订立的合同显示的标的额等因素，酌定蚁坊公司因其不正当竞争行为应向微梦公司支付的经济损失赔偿数额为 500 万元。

北京知识产权法院于 2021 年 2 月 2 日作出（2019）京 73 民终 3789 号民事判决，驳回上诉，维持一审判决。蚁坊公司不服二审判决，向北京市高级人民法院申请再审，北京市高级人民法院于 2022 年 3 月 4 日作出（2021）京民申 5573 号民事裁定，驳回蚁坊公司的再审申请。

【案例注解】

本案为我国首例将平台数据区分为公开数据、非公开数据，并在此基础上界定抓取、使用他人不同类型平台数据的行为正当性边界的不正当竞争纠纷，在一定程度上解决了司法实务中素来存在争议且长期缺乏统一适用标准的难题。

随着互联网技术的深度融合和数字经济的日渐繁荣，数据在各类产业发展中起到重要的支撑和推动作用，成为新经济下重要的“石油”“矿山”资源。2019 年，党的十九届四中全会通过了《中共中央关于坚持和完善中国特色社会主义制度　推进国家治理体系和治理能力现代化若干重大问题的决定》，明确将数据作为一种新型生产要素。2020 年 4 月，中共中央、国务院印发的《关于构建更加完善的要素市场化配置体制机制的意见》，首次将“数据”作为市场要素之一纳入市场化改革。2022 年 6 月，习近平总书记主持召开中央全面深化改革委员会第二十六次会议，审议通过了《数据二十条》，明确构建数据基础制度的四个重点：数据产权、流通交易、收益分配、安全治理，其中的“数据产权”包括传统意义上的权利和权益。此外，近些年，我国相继颁布实施《网络安全法》《数据安全法》《个人信息保护法》等法律法规，初步形成了数据基础制度体系的“四梁八柱”。

中央政策和法律体系的进一步完善推动着平台数据商业价值的不断走高，与此同时，针对平台数据的恶意行为层出不穷且形式日益多样化，使与数据权益相关的纠纷更多地进入诉讼。应该适用何种路径对平台数据进行保护，如何恰当地平衡平台经营者的合法权益、数据互联互通的价值以及社会公共利益。在尚未“完全赋权”数据的当下，如何在现有法律框架下遏制阻碍平台经济创新发展的不正当竞争行为，充分保障平台经营者的数据权益，落实政府工作报告中提到的“大力发展数字经济，提升常态化监管水平，支持平台经济”，且恰当地平衡好平台经营者的合法权益、数据互联互通的价值以及社会公众之间的利益，为法律适用带来极大的挑战。本案判决针对上述问题提出了具有参考价值的观点。

一、平台数据的司法保护路径选择

（一）平台数据的司法保护现状梳理

在 21 世纪初互联网行业刚刚兴起的初期，平台经营者逐渐意识到平台数据的价值，并在相关诉讼中不断试探既符合其需求又能得到司法肯认的保护路径。基于对相关典型案件的梳理，可以看出平台经营者在著作权、商业秘密等不同保护路径之间的探索和努力。①

1. 著作权保护路径

数据作为一种智力成果，如其可以被认定为具有独创性的作品，则有可能被纳入《著作权法》的调整范围：一类是平台经营者经授权取得用户生产的相关数据，该类数据可能构成文字、美术作品等，如“用户点评内容著作权侵权纠纷案”②。另一类为平台经营者对其平台中的相关数据所作的选择和编排具有独创性，可主张数据库构成汇编作品，如“学位论文数据库侵害著作权纠纷案”。③

2. 商业秘密保护路径

互联网技术的发展使信息存储更加便捷有效，部分企业平台也因此汇集了众多技术和商业数据。如果平台数据符合商业秘密的秘密性、价值性、实用性、保密性等要件，则可以认定其构成商业秘密，并适用《民法典》《反不正当竞争法》中关于商业秘密的规定对其加以保护，如“用户数据库侵犯商业秘密纠纷案”。④

3. 商业秘密之外的竞争法保护路径

由于《反不正当竞争法》系行为法，其并不要求原告据以提出主张的权利基础必须达到与《著作权法》等权利法一样的条件，故实践中，只要原告有一定依据，即可针对他人抓取、使用其数据的行为提起反不正当竞争纠纷。在被称作“大数据不正当竞争第一案”的“脉脉案”为平台数据的一般条款（《反不正当竞争法》第2条）保护提供了成功范例后，平台经营者逐渐倾向于根据一般条款提出主张，如“生意参谋数据产品案”。

---

① 参见仲春：《数据不正当竞争案件的裁判规则》，载《人民司法》2019年第10期。

② 参见北京市海淀区人民法院民事判决书，（2010）海民初字第4253号。

③ 参见《中国学术期刊（光盘版）》电子杂志社与赵某某等侵害著作权纠纷案，上海市第一中级人民法院（2006）沪一中民五（知）终字第16号民事判决书。

④ 参见浙江省衢州万联网络技术有限公司与周某某等侵犯商业秘密纠纷案，上海市第二中级人民法院（2010）沪二中民五（知）初字第57号民事判决书；上海市高级人民法院（2011）沪高民三（知）终字第100号民事判决书。

2018 年新修订的《反不正当竞争法》中引入互联网专条（《反不正当竞争法》第 12 条）后，平台经营者亦开始主张互联网专条的适用，如"'超级星饭团 App'不正当竞争纠纷案"。

4. 其他保护路径

在侵权救济之外，当双方就平台数据开展合作而存在合同关系时，如相对方超出双方约定范围对平台数据进行获取、使用，则构成违约。此时面临侵权责任和违约责任的竞合，平台经营者在前述的侵权救济之外，亦可以选择根据合同追究相对方的违约责任。

（二）平台数据司法保护路径的选择

在对上述保护路径进行选择前，需要对平台数据的属性、特征予以明晰，从平台数据所包含和承载的利益范畴出发加以判断。

通常而言，平台经营者对自身平台数据的获取往往投入大量人力、物力、财力，不仅在初期需要搭建基础平台并对此加以维护，还需要不断通过付出成本招揽和增加流量以保证用户留存。加之平台经营者可以利用基础数据资源从事广告等商业活动，亦可将这些数据用于平台优化和衍生产品开发，进而赋予平台数据更大的商业价值。因此，平台数据必然关系到平台经营者的经营利益。

同时，平台数据更由于其与个人数据的紧密联系和在社会经济中的重要地位，关系到普通用户的个人隐私利益和社会公共利益。尤其是当下实名制全面落实，数字经济与日常生活的深度融合，线上线下业务的相互交融，个人隐私信息均会在平台中留存而构成平台数据的一部分。对于这部分平台数据，附加于其上的相关利益能否为平台经营者所享有，抑或应该与平台数据进行适度分离而归属用户个人，仍存争议。而对于平台数据在多大程度上应当考虑社会公众的信息共享权从而容忍他人使用数据，以及对于政务等公共领域应承担何种程度的数据开放义务，则关系平台数据中社会公共利益部分的界定和划分。此为平台数据的其他利益的体现。

而《反不正当竞争法》一般条款或互联网专条的适用，均需对市场竞争秩序、其他经营者合法权益、消费者合法权益进行叠加考虑和统筹兼顾。此外，正是由于《反不正当竞争法》所提供的法益保护不具有排他效力，而需要针对个案行为进行主张和判断，反而在面对实践中纷繁复杂的数据侵害问题时更加灵活和可调整。因此，从这两个角度看，“商业秘密之外的竞争法保护路径”不失为当前最适合平台数据保护的较优路径，本案即其中的典型。

二、平台数据的类型化

在确定了平台数据的较优保护路径后，继而需要判断的是平台经营者到底对其主张的平台数据享有何种权益，而不同的数据类型决定了相应权益的归属。因此，平台数据的类型化是此类不正当竞争案件中首先需要判断的关键。

（一）平台数据类型化现状

理论探讨中平台数据存在多种类型化区分。例如，根据平台数据的不同处理阶段对其进行“初始数据”和“数据资产化”分类。在前一阶段，用户基于个人信息对初始数据享有人格权和财产权；在后一阶段，数据经营者则基于数据权益对数据集合或加工产品享有数据经营权和数据资产权。① 又如，根据所指向的内容和规模将平台数据区分为“单一数据”和“整体数据”。用户对原始的个人身份数据或个人行为数据享有人格权和财产权，平台经营者则可以对平台数据资源整体享有竞争性权益。② 在诉讼实践中，平台经营者则更多从技术的角度，将平台数据区分为“前端数据”和“后台数据”。前者通常指在平台中可视的、可为用户直接感知的数据，后者则是在此基础上的代码类数据、用户向平台提交的个人信息、需经平台或用户许可才可获得的其他信息等。

---

① 参见龙卫球：《数据新型财产权构建及其体系研究》，载《政法论坛》2017 年第 4 期；龙卫球：《再论企业数据保护的财产权化路径》，载《东方法学》2018 年第 3 期。

② 参见袁康、黄港航：《网络平台用户数据的确权规制和权利体系》，载李玉华主编：《数据法学》第 2 卷，中国人民公安大学出版社 2022 年版，第 18 页。

在“无讼”场景下，前述分类均有其存在的合理性，但对于涉诉的平台数据，则均会因难以充分举证、严格区分而面临适用困境。如根据数据的生产、形成时间对平台数据进行类型化，基于数据处理的复杂性且可能涉及商业秘密等特点，双方难以在时间点的界定上达成一致意见，而平台经营者单方孤证的证明力亦有限。根据数据的组成、规模对平台数据进行类型化，则面临如何确定用户个人数据实现“从量变到质变”进而形成整体数据的临界点等问题。而诉讼中最常见的双方均使用的“前端数据”和“后台数据”，持不同立场的当事人往往对“前端”“后台”本身的理解和定义存在较大差异，且从技术角度看，使用前述概念区分平台数据亦可能存在范围重叠之情形，或可能出现分类不严谨之问题。

（二）“公开数据”“非公开数据”类型化的提出

基于前述不同分类存在的不同问题，法院认为，从规范层面看，将微博平台数据做公开和非公开数据之区分更能体现法律意义。且结合进入诉讼的平台数据案件所反映的事实，将“公开数据”界定为平台经营者未设定访问权限的数据，也就是说在其平台中无论是否注册、登录、购买会员等，均可以无差别展示和由用户获取的数据。“非公开数据”则应为平台经营者通过技术手段或其他手段设定访问权限的数据，无论该种访问权限是登录规则、会员规则还是其他访问限定，只要不是所有人都可以获取的，都应属于平台非公开数据的范畴。

据此，本案中，对于微梦公司未设定访问权限的数据，应属微梦公司已经在微博平台中向公众公开的数据。例如，用户在未登录状态下即可查看的新浪微博，系博主本身未限制他人浏览且微梦公司未通过登录规则等措施限制非用户浏览的数据，即微博平台中的公开数据。但对于微梦公司通过登录规则或其他措施设置了访问权限的数据，则应属微博平台中的非公开数据。例如，需用户登录后才可查看的或在微博产品任何前端均不再展示故用户登录后亦不可查看的新浪微博，均属于微博平台中的非公开数据。

（三）平台经营者对他人适度抓取使用其公开数据的容忍义务

无论是公开还是非公开数据，均是平台经营者通过自身经营活动吸引用户所积累的平台数据，均属于平台经营者重要的经营资源，平台经营者通过经营使用这些数据能够获得相应的合法权益。但需要强调的是，基于网络环境中数据的可集成、可交互之特点，平台经营者对他人合法、适度收集或采取合法正当的途径进行二次利用其平台中已公开的数据应持一定容忍的态度，否则将可能阻碍以公益研究或其他有益用途为目的的数据运用，有违互联网互联互通之精神。网络爬虫等技术手段虽系自动抓取网络数据的程序或脚本，但如其遵守通用的技术规则，亦无须访问权限即可访问前述平台公开数据。因此，无论是通过用户浏览还是网络爬虫获取该部分数据，其行为本质均相同。平台经营者在无合理理由的情形下，不应对通过用户浏览和网络爬虫等自动化程序获取数据的行为进行区别性对待。

具体到本案，对于微博平台的公开数据，微梦公司并不会阻止他人在未登录微博账号的状态下浏览该部分信息甚至采取合法正当的途径进行二次利用。

（四）涉案数据系非公开数据的判断

在诉讼实践中，被告通常否认其所抓取、使用的数据为非公开数据，原告也面临举证难的困境。本案对于如何判断被告抓取、使用的数据为非公开数据，亦进行了有益尝试。

1. 根据在案证据比对双方平台呈现的同类数据差异

本案鹰击系统中展示的新浪微博发布时间较之微博平台前端的发布时间更为精确，蚁坊公司虽称该展示效果系因其网络爬虫抓取了微博平台网页源代码中存在精确到秒的代码所致，但其并未就此提交证据。其专家辅助人所展示的微博平台网页爬虫视图截图来源及制作时间均不明确，不足以证明微博平台中微博精确到秒的发布时间系微梦公司未设定访问权限的公开数据。

此外，微博平台用户发布微博后自行删除或因其他原因被删除的微博内容，用户即便在登录状态下亦无权限查看，但这部分数据却可在鹰击系统中得以展示。根据微梦公司专家辅助人阐述，此部分数据虽在微博产品任何前端无法展示，但仍存储在微博平台服务器中并需调用特定接口才可获取。蚁坊公司虽称该些数据系在其被删除之前采集，但该种说法显然与其关于鹰击系统只有在用户输入相关关键词后才开始采集微博平台数据的说法存在矛盾。

2. 准确运用法庭勘验比对双方平台实时展示的数据差异

通过法庭勘验，一审法院查明用户在未登录状态下，仅可查看数量有限的新浪微博，仅可使用有限的微博平台功能；用户登录后才可访问到更多数据，使用更多功能。而当鹰击系统用户输入关键词时，无论是否属于微博平台用户登录后才可访问的微博平台数据，均可被实时采集和展示。此外，鹰击系统中的数据分析报告显示其监测到的、与一个关键词相关的新浪微博数量及内容均超出用户在非登录状态下可正常访问到的内容。蚁坊公司称数据分析报告中显示的新浪微博数量包括微博的转发数，明显与其产品逻辑矛盾。其所称“实时”采集仅指实时响应用户需求，亦与其公开宣传的产品特点存在矛盾。

需要另外说明的是，法庭勘验还可使用“数据污染”的方式判断涉案数据是否为非公开数据。即在原告平台后台设置某一特定数据，但不在前端进行展示，比对同时间内被告平台前端是否出现该特定数据。如果被告平台出现，在其无法作出合理解释的情况下，结合其他在案证据可推定原告的主张成立，如“‘超级星饭团 App’不正当竞争纠纷案”。

三、被诉行为的正当性判断

对于平台非公开数据，在不存在合作或用户授权的前提下，其他经营者如要获取，必然会破坏或绕开平台经营者所设定的访问权限，此种行为显然不具有正当性。由于该获取行为本身即不正当，因此，无论后续是否使用，抑或以何种目的和方式进行使用都不能消除该不正当性。因此，对于行为正当性判断的讨论则主要集中在公开数据。

如前所述，由于公开数据具有公示性和公益属性，平台经营者基于此而应承担的容忍义务主要体现在一定程度上针对遵循通用技术规则的获取行为（如个人浏览、网络爬虫等）的包容。但需要注意的是，前述平台经营者应当容忍的他人抓取、使用其公共数据的行为应当符合以下条件：第一，抓取、使用他人平台公开数据的主体如非普通用户或者承担公共服务或公益职能的其他主体的，对其行为目的必要性的审查应当更加严格；第二，抓取、使用他人平台公开数据的行为手段应系正当，未因行为的实施导致他人平台的正常运行遭到破坏；第三，抓取、使用的他人平台公开数据的数量、规模应当在适度范围内，尤其不能产生实质性替代他人产品或服务的后果。

在此基础上，如果被告获取平台公开数据的手段并非正当（如采用破坏性技术手段大量抓取原告平台数据），则获取行为本身及后续使用行为均无法获得正当性评价。如果被告抓取平台公开数据的行为手段正当，对抓取以及后续使用公开数据的行为正当性的认定则还需要结合涉案数据数量是否足够多、规模是否足够大进而具有数据价值，被告是否有后续使用行为以及使用行为是否实质性替代原平台等因素作进一步判断。

本案中，一审法院即结合微博平台公开数据有其特定的展示规则（如需要用户行为触发才能查看更多的已公开微博评论），微梦公司专家辅助人从技术层面对网络爬虫技术无法实现用户行为触发后才能展示的结果进行了合理解释，但蚁坊公司未就此作进一步回应或提交相反证据等因素，认定蚁坊公司关于其抓取微博平台公开数据系使用网络爬虫技术的辩称缺乏事实证明，不能证明其系通过正常途径抓取微博平台公开数据。

四、结语

当前互联网环境下，数据作为重要的竞争资源，围绕数据展开争夺的现象愈发普遍，明晰数据权益归属，合理划定数据竞争行为边界，既是行业关注的热点，也是法律评价的难点。数据抓取行为是否违反《反不正当竞争法》的关键，在于对抓取数据的性质和抓取数据的方法是否恰当的判断。本案判决全面地阐述了互联网语境下“竞争”和“不正当竞争”的定义，首次在司法裁判中采用“公开数据”和“非公开数据”的分类，并对抓取、使用不同类型的前述数据的行为边界进行界定。既考虑了对数据权利人的保护，也尊重了大数据时代社会和经济发展的规律，对各市场主体合理、规范地使用数据的行为具有重要的参考和指引作用。

一审合议庭成员：张　璇　李莉莎　梁铭全

二审合议庭成员：潘才敏　徐　雁　黄斯蓓

再审合议庭成员：亓　蕾　宋　川　闻汉东

编写人：北京市高级人民法院　张　璇

【专家点评】

数据产业的发展和数据规则的确立正在深刻影响企业的市场行为、行业的竞争秩序以及在此基础之上构筑的技术、经济的宏伟蓝图。2022 年 12 月 2 日，中共中央、国务院发布《数据二十条》提出“探索有利于数据安全保护、有效利用、合规流通的产权制度和市场体系”。

在互联网行业风起云涌的当下，数据成为各方争夺的重要资源，数据权益是热点话题之一。微梦公司与蚁坊公司不正当竞争纠纷案作为我国首例对平台数据进行区分保护的不正当竞争案，具有典型意义，其对抓取、使用平台数据的行为划定了界限。

一、该案依据《反不正当竞争法》对数据权益进行保护，是现行法律框架之下的最优解

（一）《反不正当竞争法》的路径更契合数据权益保护

虽然法律法规尚未明确规定平台对平台内数据享有一项法定权利，但《民法典》《网络安全法》《数据安全法》《个人信息保护法》等涉及数据的法律为数据的保护提供了有效支持。理论界对数据保护路径的争议较多，涉及著作权、商业秘密、一般性竞争性法益等。不可否认的是，运用知识产权专门法保护平台数据仍存在障碍和局限，如数据能否达到著作权对独创性的判断标准等。

当前司法实践倾向于在《反不正当竞争法》的体系内对基于数据产生的权益进行保护。数据作为新型生产要素，相较于传统的产权制度，具有无形性、非消耗性等特点。数据的聚集成本高，而数据的复制成本趋近于零，数据的有序共享与互通不仅不会损害数据本身的价值，反而可以发挥数据的规模化效应，因而亟须构建与大数据时代相匹配的新型关系，让数据既受到保护也得到充分利用。此时，《反不正当竞争法》中行为正当性判断模式的开放性、包容性，使其能够适应新经济、新业态、新模式、新技术的发展。该案中微梦公司亦是选择不正当竞争作为案由，寻求《反不正当竞争法》的保护路径，并最终获得法院的支持。

（二）从多维度肯定平台的数据权益

具有用户感召力的平台，其平台数据按照来源可大致分为两类，一类是用户在使用平台服务的过程中所产生的数据，数据由用户直接提供或产生，如该案中微博用户发布的博文内容等；另一类是平台对平台内用户使用行为的记录，如记录用户行为的时间、IP 地址等。用户通过数据携带权利用数据的可能性低，如限制平台对数据主张权益，那么数据将难以流动。因此，从价值层面考量，数据的有序流转需重视平台作为数据收集者的利益。在数据的初次分配阶段，一般是按照“谁投入、谁贡献、谁受益”原则对数据权益归属认定。根据洛克的劳动理论，任何人只能在播种之处收获，那么平台可以主张与其投入的劳动、成本相适应的权益。

微梦公司系微博平台的运营方，微博服务使用协议作了约定。第 1.3.2 条规定：未经微博运营方事先书面许可，用户不得自行或授权、协助任何第三方非法抓取微博内容，“非法抓取”是指采用程序或者非正常浏览等技术手段获取内容数据的行为。第 1.5 条规定：在法律法规允许的范围内，用户同意并授权微博运营方就侵犯用户合法权益的行为（包括但不限于私自复制、使用、编辑、抄袭等行为）采取任何形式的法律行为，包括但不限于投诉、诉讼等必要的维权措施。第 5.1 条规定：微博运营方是微博平台和微博产品的所有权及知识产权权利人……

该案一审法院认定，微梦公司在该案中就微博平台数据所主张的权益，除其对数据本身所享有的权益外，还包括运营微博平台、维护数据安全而产生的成本控制，以及其基于所享有权益的数据进行衍生性利用或开发所获得的经营利益等。此外，微博平台中已经开放的公开数据应当允许他人合法获取和使用，亦不代表微梦公司对该部分数据即无合法权益。该案二审法院认定，微梦公司通过大量投入所积累的微博数据显然具有商业价值，并可为微梦公司带来直接或间接的经济利益，提供竞争优势。

当前，对数据的保护采用的是相对折中的方式，没有认定基于数据产生的所有权或产权，但赋予其竞争性财产权益。该案法院从两个角度对数据权益受《反不正当竞争法》保护作出认可：一是认可微梦公司在数据的收集、存储等环节付出了成本，对数据享有合法权益；二是认定数据属于经营者的竞争性资源。

二、对平台数据进行差异化保护，该案首次探索将平台数据区分为公开数据、非公开数据

（一）对平台数据进行差异化保护具有必要性

近年来，对平台数据采取赋权保护和行为规制这两种观点逐步呈现融合的态势。主张赋权保护的观点，亦同意数据赋权不能“一刀切”，在利益平衡之下要基于数据的类型进行差异化保护。主张行为规制的观点，亦积极寻求在《反不正当竞争法》中对数据进行专条规划，如 2022 年 11 月发布的《反不正当竞争法（修订草案征求意见稿）》第 18 条对依法收集、具有商业价值并采取相应技术管理措施的商业数据作了专门规定，亦是对数据进行划分和分类。

（二）将平台数据划分为公开数据、非公开数据具有现实意义

数据的差异化保护问题已被不少学者所关注，但对数据如何分类、如何进行差异化保护却存在不少的分歧。例如，有的学者提出，基于数据加工处理的程度不同，将数据划分为原始数据、数据集合和数据产品。原始

数据是未经加工处理的数据，数据集合是原始数据收集、清洗后的产物，数据产品则是对数据集合深加工。主张原始数据应以行为规制的方式进行保护，数据集合可以赋予有限权利，数据产品则可以考量赋予新型财产保护。但原始数据、数据集合和数据产品的界限模糊，加工、处理的深浅亦难以量化等问题，可能使这类数据差异化保护模式难以落地。

该案法院从规范层面出发，首次提出将平台数据区分为公开数据、非公开数据。对于微梦公司未设定访问权限的数据，应属微梦公司已经在微博平台中向公众公开的数据。例如，用户在未登录状态下即可查看的微博，系博主本身未限制他人浏览且微梦公司未通过登录规则等措施限制用户浏览的数据，即为微博平台中的公开数据。但对于微梦公司通过登录规则或其他措施设置了访问权限的数据，则应属微博平台中的非公开数据。例如，该案中微梦公司主张的需用户登录后才可查看的，或在微博产品任何前端均不再展示故用户登录后亦不可查看的微博，均属于微博平台中的非公开数据。

公开数据与非公开数据的划分依据是平台是否设置了访问权限，这充分体现了对平台数据权益的尊重，认可平台在自主经营范围内设置平台规则，平台规则体现了平台作为数据控制者的意愿。平台规则的设置不能脱离其所在市场，那么平台基于市场情况所设置的访问权限，也体现其所在市场的商业规则。

（三）非公开数据可以受到类似专有权利的保护

该案中，蚁坊公司作为有数据需求的一方均选择通过技术手段从享有数据的一方即微梦公司处获取大量互联网数据。法院主要着眼于互联网数据的获取方式：当获取非公开数据时，只能利用技术手段破坏或者绕开访问权限，而此种行为显然具有不正当性，属于违背“诚实信用的商业道德”的数据获取行为。此时，有数据需求一方是零成本地侵占享有数据一方的财产性利益。利用技术手段破坏或者绕开访问权限，破坏安全管理措施侵入计算机服务器获取数据，还可能危害计算机信息系统安全，影响平台的正常运行。

针对具有可保护性的平台数据，行为正当性的判断不应过于复杂化，更应该接近权利保护的思路。为了激励平台对数据进行商业化利用，弥补其为数据收集等所投入的成本，对非公开数据给予更高程度的保护是必要的。针对非公开数据，平台既可以基于合同关系平等自愿地共享数据，合法地进行数据交易流转，支配数据并获得收益，也可以排除他人的非法干扰，对未经授权的获取和利用行为进行禁止。

（四）对公开数据可以从整体意义上给予有限的保护

基于互联网互联互通的特性，平台对公开数据享有有限权益，允许第三方合理地获取和利用公开数据，不会影响平台的经济利益。数据的保护并不以平台设置技术保护措施等为必要的前提，针对公开数据，仍需要考虑被告的技术手段是否合理，获取数据的量是否过度，是否构成实质性替代，是否减少原告流量或预期利益，数据的获取、使用是否违背商业道德和诚实信用原则等事项。

三、在平台数据进行差异化保护的基础之上，重视对数据收集、使用行为的正当性判断

（一）合法收集、使用数据是行为正当性的前提

基于互联网的锁定效应，用户在权衡现有产品和更换新产品所需的学习成本后，在现有产品具备一定用户规模的前提下，往往会停留在现有产品之上。当一个互联网产品的用户量达到一个量级的时候，它就有能力继续存活下去，并且不断壮大，形成一个赢家通吃的局面。互联网数据的集中，有利于数据资源的整合和高效利用，与此同时，初创平台或体量较小的平台由于在短时间内难以自主收集数据，则更渴望对数据的共享。随着留存用户、积累数据的成本水涨船高，刚刚加入互联网市场的新主体想要快速开展市场活动，便绕不开数据收集、使用的问题。

该案中，法院认定，无论是公开数据还是非公开数据，如果获取数据的行为存在不正当性，那么对这部分数据进行展示和分析的后续使用行

为，则因数据来源不合法而不具有正当性之基础。

公开数据被合法获取的可能性较大，或者难以证明被告方非法获取公开信息，因此，双方可能会将争议的焦点集中在公开数据的获取、使用是否正当。公开数据是互联网数据的重要部分，互联网的互联互通在很大程度上有赖于公开数据。公开数据与非公开数据一样，都是平台在经营活动中日积月累而来的重要资源，能够帮助企业树立并维持竞争优势。公开数据的公开性并不代表公开数据可以被任意一方随意获取、使用。获取公开数据的技术手段是否合法、获取数据的量是否过度等是判断行为正当性的要点之一。即使是合法途径获得的公开数据，如果直接采用对平台构成实质性替代的方式来处理和使用，那也是不正当的，因为数据的使用方式已经超出必要的限度。

加工成数据产品的使用方式，相对于搬运式使用而言争议更大。该案中，被告辩称其通过技术创新运营鹰击系统故不属于不劳而获。但事实上，被告辩称的“技术创新”是根据自身平台的性质、服务的特点，对数据进行了少量的整合，如将平铺式的展示方式变更为层叠式的展示方式，从按热度排序变更为按时间排序，利用文本比对统计特定关键词的搜索结果等。这些初级的数据筛选和整合无法达到深度清洗、提炼并脱离原始数据形态的程度，究其本质，这与搬运式的使用方式本没有差异。

在原始数据缺乏合法来源的情况下，被告辩称经其加工整合形成新产品，那么被诉行为的正当性应如何判断。目前，法律层面上暂时没有给出明确的答案，但在地方条例中，如《上海市数据条例》《深圳经济特区数据条例》《重庆市数据条例》《四川省数据条例》《北京市数字经济促进条例》等，既肯定了市场主体对合法取得的数据可以进行使用、加工，也将合法来源作为数据交易活动的前提条件之一。

此外，该案中，法院认为，目的的正当性并不等同于行为的合法性，服务模式具有正当性及其所处市场的存在具有必要性，并不代表其提供该项服务的行为当然具有正当性。即便其所使用的技术本身系创新性技术，亦不意味着其通过该技术实施的行为正当，更不意味着其因该技术创新投入的成本可以弥补或降低平台因其不当行为所遭受的损失。

（二）合理分配举证责任，促进数据权益的保护

该案中，蚁坊公司自认其系以营利性为目的的商业公司，其使用网络爬虫技术抓取微博平台前端数据并在鹰击系统中展示和进行数据分析，据此，被诉行为系在网络环境中发生，并因利用技术手段开展经营性活动而引发，应适用《反不正当竞争法》第 12 条，即经营者利用网络从事生产经营活动，应当遵守该法的各项规定，不得利用技术手段，通过影响用户选择或其他方式，实施妨碍、破坏其他经营者合法提供的网络产品或服务正常运行的行为。二审判决直接指出，该案的核心问题在于，蚁坊公司开发的鹰击系统通过何种方式获取微梦公司的大量微博数据，这种获取方式是否属于《反不正当竞争法》所禁止的不正当竞争行为。

在网络不正当竞争案件中，各种新技术手段层出不穷，在技术手段的认定上仍遵循“谁主张，谁举证”的原则。但利用技术手段获取数据具有隐蔽性，平台难以掌握被告通过何种手段获取数据的直接证据，而被告对此清楚知晓且掌握其自身使用该种技术手段的证据。在网络技术不断更迭的情况下，被告作为技术实施者有义务就其采取的具体技术手段进行举证。

在已证明用户未登录状态下仅可查看有限的微博，微博平台前端无法显示用户已删除或被删除的微博等情况下，微梦公司无须直接证明蚁坊公司所采取的具体技术手段，举证责任便已转移至蚁坊公司。蚁坊公司主张鹰击系统获取微博数据的渠道有两个：一是通过登录 5 个数据接口账户获取高权限的微博数据；二是通过网络爬虫技术，抓取微博公开的数据后予以集成。但蚁坊公司并未证明 5 个接口账号是否可以下载数据，以及可获取数据的权限大小和范围，也不能证明上述接口的提供方式、目的以及是否与鹰击系统存在关联。在案证据表明，在微博未登录状态下，获取数据的内容十分有限。蚁坊公司主张的其数据源于网络爬虫技术，对此一审判决指出其诸多不能自圆其说之处。因此，法院对蚁坊公司的抗辩意见没有

采信。

此外，法院认定微博平台公开数据有其特定的展示规则，微梦公司专家辅助人从技术层面对网络爬虫技术无法实现用户行为触发后才能展示的结果进行了合理解释。但蚁坊公司未就此作进一步回应或提交相反证据等，法院认定蚁坊公司关于其抓取微博平台公开数据系使用网络爬虫技术的辩称缺乏事实证明，不能证明其系通过正常途径抓取微博平台公开数据。

四、结语

在互联网行业快速更新迭代的现状下，需要为市场的自我调节和技术创新留出空间，《反不正当竞争法》为数据权益的保护提供了依据。该案进行了细致入微的事实查明和理论剖析，公开数据、非公开数据的分类为数据权益保护引领了方向。

数据的重要性日益凸显，平台在遵循合法、正当、必要的信息收集原则的基础上，也应加强对自身数据权益的保护。相较于传统的商业模式，在互联网数据商业化的背景之下，我们需要用更为宏观、前瞻的视角审视社会的变化。

吴沈括*

【相关法条】

《中华人民共和国反不正当竞争法》

第二条第一款、第二款 经营者在生产经营活动中，应当遵循自愿、平等、公平、诚信的原则，遵守法律和商业道德。

本法所称的不正当竞争行为，是指经营者在生产经营活动中，违反本法规定，扰乱市场竞争秩序，损害其他经营者或者消费者的合法权益的行为。

第十二条 经营者利用网络从事生产经营活动，应当遵守本法的各项规定。

---

* 吴沈括，北京师范大学刑事法律科学研究院暨法学院副教授、硕士研究生导师，中国互联网协会研究中心秘书长。

经营者不得利用技术手段，通过影响用户选择或者其他方式，实施下列妨碍、破坏其他经营者合法提供的网络产品或者服务正常运行的行为：

（一）未经其他经营者同意，在其合法提供的网络产品或者服务中，插入链接、强制进行目标跳转；

（二）误导、欺骗、强迫用户修改、关闭、卸载其他经营者合法提供的网络产品或者服务；

（三）恶意对其他经营者合法提供的网络产品或者服务实施不兼容；

（四）其他妨碍、破坏其他经营者合法提供的网络产品或者服务正常运行的行为。

第十七条 经营者违反本法规定，给他人造成损害的，应当依法承担民事责任。

经营者的合法权益受到不正当竞争行为损害的，可以向人民法院提起诉讼。

因不正当竞争行为受到损害的经营者的赔偿数额，按照其因被侵权所受到的实际损失确定；实际损失难以计算的，按照侵权人因侵权所获得的利益确定。经营者恶意实施侵犯商业秘密行为，情节严重的，可以在按照上述方法确定数额的一倍以上五倍以下确定赔偿数额。赔偿数额还应当包括经营者为制止侵权行为所支付的合理开支。

经营者违反本法第六条、第九条规定，权利人因被侵权所受到的实际损失、侵权人因侵权所获得的利益难以确定的，由人民法院根据侵权行为的情节判决给予权利人五百万元以下的赔偿。